El método del salario emocional

El aumento que no afecta el presupuesto

Dr. Jaime Leal

Emotional Paycheck® Publishing

Autor: Jaime Leal

www.emotionalpaycheck.com

Edición y corrección de prueba: Yasmín Rodríguez

The Writing Ghost®, Inc.

www.thewritingghost.com

Diseño gráfico y arte de portada: Gil Acosta Design

www.gilacosta.com

Ilustraciones: Diana Nezhivova

Fotografía del autor: Daniela Lisi

A mi hermosa madre, quien con su bendición siempre me acompaña,

a mi esposa Daniela, que me demuestra su amor diariamente de mil y una maneras,

a mi hijo Javier, que me comparte sus logros y aprendizajes permitiéndome ser el padre que siempre soñé ser,

y a mi padre, cuyas últimas palabras hacia mí fueron: ¡Soy el hombre más feliz del mundo!

Agradecimientos

No creo en el mito del hombre que se hace a sí mismo. Todos somos impactados de una u otra forma por el entorno en el que nos desarrollamos, las personas con las que coincidimos e incluso por aquellas con las que esperábamos coincidir pero que, con su ausencia, nos dejan una enseñanza. ¡Tal es mi caso! Y por ello, mi agradecimiento eterno a todas aquellas personas que me han ayudado con sus consejos y enseñanzas, a familiares, maestros y alumnos, profesionales y estudiantes, millonarios y mendigos con los que coincidí en el camino de la vida, porque todos me compartieron algo. Aunque algunas veces la lección fue dolorosa y en otros casos me llevó años comprenderla, siempre es útil el aprendizaje. ¡Gracias!

Muchas gracias a quienes, desde el inicio, confiaron en el proyecto del *Emotional Paycheck*, a quienes sugirieron mejoras y quienes aún siguen empujando fuerte para generar espacios de bienestar en las organizaciones. A mis compañeros entrenadores, Bianca Negrón, Carlos Argüello, Carmelina Peguero, Claudia Quintero, Daniela Lisi, Debbie Yarhi, Horacio González, Jacky Levy, Jesús Cerda-López y Olga Lucy López, les agradezco su apoyo pasado y presente promoviendo los cursos de salario emocional. Agradezco también al equipo de desarrollo tecnológico, pieza fundamental para que el sistema de educación a distancia se mantenga en funcionamiento y actualizado y a todo el equipo de administración y ventas que creen firmemente en la misión del instituto - un embajador del salario emocional en cada líder.

Gracias a mis maestros, con quienes no siempre llevo una relación amistosa pero sí de respeto, y con los cuales debato en aras de aprender y descubrir nuevos puntos de intersección. Gracias a aquél maestro psicoanalista (me reservo el nombre) que en la universidad se burlaba de mí diciendo que yo vivía en un mundo color de rosa, que el bienestar no era posible en una empresa capitalista y que el positivismo no ayudaba para nada a la vida del ser humano. ¡Aquí vamos, profesor! Más de 5,000 alumnos en dieciocho países concuerdan en que sí se puede tener espacios de bienestar en nuestras vidas. ¡Aún tenemos lugar para que se nos una! Aún tengo la esperanza de que deje de ser un terrorista del salario emocional de los alumnos de sus clases.

Gracias a todos y cada uno de los alumnos, clientes y aliados estratégicos de distintos países que han confiado en mí, en el equipo de profesionales del instituto, en la certificación de embajadores del salario emocional y en los programas que desarrollamos constantemente.

¡Gracias! ¡Gracias! ¡Gracias!

Lenguaje inclusivo

Este libro es para todos

Estimado embajador, el uso del masculino genérico o masculino con carácter colectivo tiene la intención de simplificar la comunicación en atención al principio de economía lingüística. El género gramatical (masculino, femenino) suele asociarse al sexo biológico; sin embargo, gramaticalmente no tiene la intención de discriminar a nadie por su sexo biológico o por su identidad sexual.

En la lengua española el empleo de un colectivo mixto del género gramatical masculino no es una práctica discriminatoria, sino que, al emplearlo, se evitan repeticiones innecesarias y permite el uso de un lenguaje llano, caracterizado por la concisión y la claridad. En este libro y en el *Emotional Paycheck Institute of Canada*, las comunicaciones escritas y electrónicas están formuladas en masculino genérico o masculino con carácter colectivo; por consiguiente, no solo se refieren a la población del género masculino, sino a la de todos los géneros que forman parte de la comunidad.

Uso de nombres y marcas registradas

En este libro utilizaremos los nombres *Instituto Canadiense de Pago Emocional*, *Emotional Paycheck Institute of Canada*, *Instituto Canadiense de Salario Emocional* y *Emotional Paycheck* de manera indistinta para referirnos al instituto especializado en bienestar y salario emocional y su metodología.

Los términos *Emotional Paycheck*®, *Salario Emocional*® y *Tarrix*® son propiedad intelectual y marcas debidamente registradas por su dueño, Jaime Leal.

El nombre oficial del instituto es *Emotional Paycheck Institute of Canada* y se encuentra ubicado en Ontario, Canadá.

Contenido

No solo es para RR. HH.

Apesar de que a menudo se relaciona el bienestar, el clima organizacional y el salario emocional con el departamento de recursos humanos (RR. HH.), estos temas no deberían limitarse al mismo. Hoy en día, ya no se espera que el departamento de gestión de talento sea el principal responsable de promover el aprendizaje y el desarrollo entre los empleados (Torraco & Lundgren, 2019).

Esta función se ve delegada frecuentemente a los mandos medios, gerentes de línea y supervisores de área que tienen mucha más información para tomar decisiones sobre las capacitaciones que se necesitan.

Vivimos en ambientes sumamente dinámicos, donde las empresas pasaron de solicitar nuevos productos o mejoras en un plazo de un año, a solicitar el mismo nivel de cambios en una semana (Hardy, 2016). Ante un entorno que se mueve a ese ritmo, lo mismo debe suceder con la capacitación.

No podemos seguir esperando los muchos pasos que conlleva el cambio actualmente. Primero, hay que esperar la revisión de la encuesta de satisfacción que se aplica cada año. Tres meses después, tenemos el análisis de los resultados. Toma seis meses adicionales que la dirección autorice el presupuesto. Luego, vienen los tortuosos y muchas veces excesivamente burocráticos procedimientos para obtener la aprobación del presupuesto y el tiempo para la capacitación. ¡Es demasiado tiempo!

Para cuando tenemos todo listo, la capacitación tal vez ya no sea necesaria. Lo vemos todo el tiempo, ¡la capacitación es una ventaja competitiva! Y como tal, debe seleccionarse, impartirse y modificarse de manera constante.

Desde hace una década se vive una era de hiperespecialización (Malone et al, 2011), en la que cada departamento o área de la empresa se presenta como un universo complejo de oportunidades de capacitación. **Ahí es precisamente donde surge la necesidad de que sean los mandos medios, esos que están en contacto directo con los colaboradores día a día, quienes decidan sobre las necesidades primordiales de capacitación de sus equipos.** Ellos deben ser quienes midan el éxito de esta capacitación y su aplicabilidad en el entorno laboral que enfrentan. ¡Es lo lógico! La pregunta es: ¿están los mandos medios listos para afrontar este reto?

Un embajador del salario emocional lo está, y al leer este libro, tú estás en camino a unirte a los miles de embajadores que ya están implementando programas de capacitación y comunicación estratégica. Esos programas mejoran el bienestar en las organizaciones y el salario emocional. ¡Cada vez somos más embajadores, menos terroristas!

No solo es para RR. HH. Todos los profesionales que tienen personal a su cargo deben leer este libro y poner en práctica su contenido. Esto aplica a gerentes, directores, supervisores, jefes de turno y mandos medios en general.

¿Terrorista o embajador?

¿Conoces a alguien que renunció a un buen empleo por el simple hecho de no tolerar a su jefe? ¿Has considerado cambiar de trabajo porque no ves un futuro esperanzador en el actual? ¿Consideras que tu trabajo no te permite tener una vida personal saludable y plena? Todo esto podría evitarse teniendo un mejor balance entre la vida personal y la laboral, desarrollando y nutriendo una relación saludable con tus compañeros de trabajo y proyectando un crecimiento futuro para ti y tus colaboradores. En pocas palabras, todo esto podría evitarse teniendo un buen salario emocional.

Soy Jaime Leal, padre, esposo, hijo, psicólogo positivista, maestro en educación positiva, negociador, mercadólogo, empresario, catedrático en la maestría de recursos humanos y ferviente promotor de los espacios de bienestar en las organizaciones.

Nacido en México y radicado en la hermosa ciudad de Niagara Falls, Ontario, Canadá, me reconozco como un amante de la vitamina «T»: Tacos, Tostadas, Tortas, Tamales y Toda la comida mexicana. Yo amo la comida mexicana y la comida mexicana me ama a mí. Yo me la como, y ella se queda aferrada a mi «pancita».

Profesionalmente, me especializo en la formación de líderes que brinden un alto salario emocional a sus colaboradores, o como yo digo - **enseño a los líderes a dar un aumento sin afectar el presupuesto.**

A lo largo de mis más de veinticinco años de carrera en el mundo de los recursos humanos he capacitado a empresarios, líderes y mandos medios de todo tipo de industria en dieciocho países de América y Europa. Actualmente, entre otras cosas, me desempeño como director del primer instituto dedicado a incrementar el salario emocional en las organizaciones, el *Emotional Paycheck Institute of Canada*, ubicado en Ontario, Canadá.

Más que un libro, el escrito que tienes en tus manos es un diálogo interactivo que te permitirá entender, medir y mejorar los distintos componentes del salario emocional, empoderándote para desarrollar estrategias de bajo presupuesto económico pero con alto impacto en tu bienestar y el de tus colaboradores en la organización. Este libro es un resumen de los aprendizajes de más de veinte años de estudio del bienestar. Contiene experiencias de miles de alumnos que han transitado las aulas presenciales y virtuales del instituto *Emotional Paycheck* y ejemplos seleccionados de entre cientos de proyectos en los que he trabajado como consultor para empresas del *Fortune 500* en América, Latinoamérica y Europa.

Algunos de los objetivos específicos de este libro son:

- Reconocer las cinco categorías que consideramos esenciales para tu felicidad y la de tus colaboradores.

- Obtener ideas prácticas para incrementar tu nivel de bienestar desde el primer día.

- Identificar ideas para generar bienestar en cada uno de los nueve elementos del salario emocional de tu equipo de trabajo.

- Reconocer las siete formas en las que puedes conectar con tu equipo de trabajo, convirtiéndote en un líder magnético que ofrece un alto salario emocional.

- Aprender el método para crear una estrategia de salario emocional para tus equipos de trabajo.

Por medio de nuestra certificación de embajadores del salario emocional, estos aprendizajes han cambiado la vida de miles de personas. Te doy el ejemplo de Raúl, quien se desempeña como CFO (*Chief Financial Officer*) de una empresa multinacional en Sudamérica. Abiertamente nos compartió que la metodología que se imparte en este libro es la primera que le hace sentido al trabajar con emociones dentro de la organización. En sus palabras, «hemos logrado conectar las emociones con el retorno financiero de la organización».

Cecilia, directora de recursos humanos en una empresa de gran tamaño en México, comenta que la metodología del *Emotional Paycheck* marcó «un antes y un después» en la forma en que se maneja la comunicación de las iniciativas de bienestar en su empresa. La lista sigue y sigue. Hay miles de líderes profesionales que ya utilizan las estrategias de salario emocional para distinguirse en un mercado laboral cada vez más competitivo, brindando a sus empresas un valor agregado con los programas de bienestar y alto salario emocional que aprendieron en el instituto.

¿Por qué debes leer este libro? Aunque dicen por ahí que es de mala educación, te respondo con tres preguntas. ¿Conoces a alguien que renunció a un empleo por el simple hecho de que no toleraba la relación con su jefe inmediato? ¿Alguien renunció debido a que no veía un crecimiento profesional en su futuro en la empresa en la que trabajaba? ¿Alguien renunció porque no tenía tiempo de descanso para estar en familia?

Muchas personas responden que sí a las tres interrogantes, y esto debería ser razón suficiente para adentrarse más en el tema del salario emocional. Sin embargo, con el fin de compensar mi falta de educación al comenzar mi respuesta con otra pregunta, te quiero adelantar que en este libro abordaremos los nueve elementos fundamentales para un alto salario emocional. Específicamente, me gustaría contarte de uno con el que seguramente te vas a sentir relacionado, que es el elemento del balance vida-trabajo. A pesar de no ser el único, sí es uno de los más afectados por las tendencias digitales en tiempos recientes.

¿Recibes mensajes de trabajo en tus días de descanso laboral? ¿Tal vez respondiste a una llamada de trabajo mientras disfrutabas de una reunión familiar? ¿Incluso has respondido algunos correos mientras estás en el baño? ¡Responde sin pena! Puede que en el baño estuvieras solo, pero cuando hablamos de las víctimas de la falta de desconexión digital definitivamente no lo estás.

La falta de desconexión digital se convierte rápidamente en una de las mayores amenazas para el bienestar y el salario emocional. Lo vemos ya en el lado oscuro del trabajo a distancia, que incluye estrés por exceso de tecnología, ansiedad por sobrecarga de trabajo y, por si esto fuese poco, la adicción que los medios tecnológicos generan (Marsh et al, 2022). Aunque es solo una entre cientos de amenazas, juntos podemos detenerla.

El balance entre la vida laboral y la vida personal amenaza con desaparecer en un mundo cada vez más conectado, especialmente cuando se trabaja desde casa (Vyas, 2020). Líderes, empresas y clientes «bombardean» a los empleados con constantes requerimientos que siempre parecen urgentes y frente a los cuales es prácticamente imposible tener el privilegio de dejar de trabajar, pero esto no es todo.

Esta hiperconectividad nos lleva a tener una versión de bolsillo de nuestro jefe inmediato que se resguarda en el teléfono inteligente. Lo llevas a todos lados (incluso al baño). ¡Como si no fuese suficiente tenerlo en los horarios laborales!

Sé que hay muchos jefes muy buenos, incluso algunos con los que puedes tener una relación de amistad fuera de tu trabajo. Pero, aún en su versión electrónica, el jefe siempre está listo para asignar la siguiente tarea, solicitar avances del proyecto o enviar mensajes para sugerir algunos cambios y en el mediano plazo. Esa dinámica no es saludable. ¿Te suena familiar?

La necesidad de desconexión digital es solo una de las más de cien ideas de bajo o nulo costo que sirven para incrementar el salario emocional y que abordaremos en este libro. Desarrollaremos estos conceptos para ayudarte a revaluar, medir y mejorar la calidad de tu salario emocional y el de tus colaboradores, convirtiéndote en un líder magnético que genera bienestar y resultados financieros en el negocio. Hay que aclarar que ambas cosas nunca han estado peleadas, aunque pareciera que muchos líderes no logran entenderlo.

Es posible ganar dinero y ser exitosos en el trabajo mientras se logra el bienestar, todo esto con ideas y consejos prácticos de bajo o nulo presupuesto que explicaremos en detalle.

Al seguir leyendo este libro, estás aceptando unirte a la comunidad de embajadores del salario emocional, donde podemos hacer la diferencia. Juntos combatiremos contra aquellos «terroristas del salario emocional» que aún utilizan frases como: «debería agradecer que tiene trabajo», «hay muchos que ya quisieran su empleo» y «si no le gusta, ahí está la puerta». Esas frases son como bombas destructivas del salario emocional en cualquier industria. Este es un excelente primer paso para formar parte de esa comunidad de embajadores. Disfrútalo a fondo, pues estoy seguro de que posteriormente te unirás también a la certificación internacional que ofrecemos 100% en línea. ¡Nos espera todo un viaje de aprendizaje!

Lee este libro, realiza los ejercicios, aplica las mediciones y conviértete en un verdadero embajador del salario emocional. Esta carrera gana cada vez mejores espacios en la cultura organizacional, con puestos como experto en la experiencia del empleado (*Employee Experience Manager*), director de la felicidad y el bienestar (*Chief Happiness Officer*) y jefe de la experiencia de la gente (*People Experience Expert*). Estos y muchos otros puestos se abren hoy en día como grandes oportunidades para generar espacios de bienestar en las organizaciones, logrando conectar la felicidad de los colaboradores con el resultado financiero del negocio. O bien, cierra este libro y arriésgate a vivir rodeado de terroristas del salario emocional sin siquiera darte cuenta, o peor aún, a convertirte en uno.

¿Serás embajador del salario emocional? ¿Te convertirás en terrorista del bienestar en las empresas? Como diríamos en inglés, *choose your side* (elige en qué lado te encuentras). Tú eliges, porque es tiempo de generar un cambio de fondo en las empresas, mejorar el desbalance entre la vida personal y la laboral y poner un alto a los malos jefes. Estos, sin saberlo, terminan por reducir o eliminar el salario emocional en sus organizaciones, causando alta rotación, bajo compromiso y bajos niveles de productividad. Es tiempo de unirse a la comunidad más grande de embajadores que ya generan espacios de bienestar en sus empresas.

¿Deseas ser un líder magnético que genera espacios de bienestar que además son altamente productivos? ¿Te unes a los embajadores del *Emotional Paycheck*? Si la respuesta es sí, ¡BIENVENIDO, EMBAJADOR! Espero que disfrutes este libro.

Nota: Si la respuesta es «no» pero sigues leyendo, eres un embajador en potencia. Te invito a seguirlo haciendo. Seguro que en el camino te unes a nosotros.

Terrorista del salario emocional: Persona cuyo comportamiento y actitudes reducen el nivel del bienestar de los colaboradores en la organización. No necesariamente es un líder de la empresa, ¡puede ser tu compañero de trabajo!

Personajes de este libro:

Dani, una profesional que busca la mejor forma de brindar un incremento al bienestar de sus colaboradores en la empresa.

Camilo, un jefe con buenas intenciones pero que, con su poca capacitación en salario emocional, en ocasiones se vuelve un terrorista del bienestar en la empresa.

Javi, un joven de dieciocho años que recién se incorpora al mundo laboral mientras sufre el choque entre la automatización de su vida personal y la burocracia de la empresa en la que trabaja.

Carito, una empleada adicta al trabajo que busca que las cosas siempre estén bien, incluso si esto significa que ella no lo esté.

Tu servidor y amigo, el **Dr. Jaime Leal**, pionero del salario emocional y ferviente promotor del bienestar en las organizaciones.

La felicidad a través del tiempo

El concepto de felicidad cambia a través del tiempo, y estoy seguro que seguirá evolucionando tanto en tu persona como en la sociedad en general. Esto se debe a que una nueva definición de felicidad se gesta conforme se logra la actual. Es una especie de carrera sin fin en la que debemos encontrar el balance para poder disfrutar del camino de la vida. ¡Tal vez es el primer aprendizaje que quiero compartirte en este libro!

Pero, antes de entrar directamente en materia, quiero compartirte algunas historias que están vinculadas a mi percepción de la felicidad. Para mí, es crucial establecer el ángulo desde el cual percibo la felicidad y por qué este tema es tan importante.

Desde pequeño, vivo la vida de una manera diferente a la mayoría de las personas. Formé parte de equipos de rescate, fui voluntario de la cruz roja, participé en misiones de rescate humanitario al lado de la Organización de las Naciones Unidas (O.N.U), salté en paracaídas como deporte, volé parapentes (*paragliding*) desde una montaña, corrí motocicletas en el desierto, he emigrado dos veces y soy empresario y emprendedor desde pequeño. En pocas palabras, como se lo comento a mi esposa frecuentemente, mi vida ha sido de todo un poco, ¡menos aburrida!

En este constante experimentar la vida desde distintas circunstancias, mi percepción de la felicidad ha cambiado. En algunas ocasiones encontré felicidad en la aventura de saltar desde un avión, en otros casos en formar parte de un equipo de entrenamiento SWAT en México. La experimenté en carreras en motocicleta que estaban llenas de adrenalina y también en mi paz al ver las flores crecer en mi jardín después de un crudo invierno en Canadá. La encuentro en la convivencia con mi hijo, en la sonrisa de mi esposa o en las largas conversaciones con mi madre. La felicidad puede ser muchas cosas, ¡pero no es solo una!

Aún recuerdo la emoción que me embargaba al acudir a mi primera misión de rescate humanitario. La expectativa de poder ayudar a otros utilizando mis herramientas psicológicas era sumamente motivadora. Por un tiempo me pareció genial, sin embargo, conforme transcurrió el tiempo fui requiriendo de otros objetivos para experimentar la misma sensación.

Acudir a otro país, salvar la vida de alguien, recibir en mis brazos a un bebé, cambiar la vida de un ser humano o de una familia, ver el milagro del altruismo en primera persona... Con cada una de las motivaciones (definiciones de la felicidad) terminaba por aparecer otra que le seguía, una carrera aparentemente sin fin.

Rápidamente aprendí que para ser feliz hay que aprovechar el camino hacia el objetivo, porque la emoción del objetivo cumplido es tan efímera que en ocasiones se vuelve imperceptible.

¿La felicidad cambia a través de la historia? ¡Por supuesto! Comencemos un viaje en el tiempo para comprobarlo.

La realidad supera a la ficción

Desde pequeño me gusta la lectura. En la casa de mis padres, mis hermanas me pedían asesoría para encontrar algún tema en las enciclopedias que mi padre compraba casi compulsivamente. La Salvat, El Mundo de la Naturaleza, Clásicos de la Literatura, Fábulas, Cuentos y Leyendas, biografías de grandes personalidades y una colección de libros con la historia de las religiones en el mundo eran libros que leí tantas veces que, prácticamente, me los sabía de memoria.

En las tardes de estudio, mis hermanas me compartían el tema de una tarea y yo me sentía orgulloso de poder decirles el tomo e incluso la página en el que se encontraba la información. Me agradaba ser en una versión casera del bibliotecario.

Recuerdo pasar las tardes hincado en el piso y apoyado en mi cama, con la abundante luz del sol entrando por la ventana. Disfrutaba las interminables historias en las que me imaginaba descubriendo animales exóticos, aprendiendo las capitales del mundo y acumulando datos que posteriormente utilizaba para hacer reír a mis amigos. Lo mismo leía sobre biología que sobre historia o religión. Una curiosidad muy desarrollada me llevaba a leer constantemente, buscando la próxima respuesta mientras me sorprendía encontrando nuevas preguntas en el camino. Ese mismo talento me acompaña hasta hoy en día y, como les cuento a mis clientes, «tengo muchos defectos, pero uno de mis talentos es que soy muy curioso».

Eso sí, debo aclarar que desde pequeño tuve un problema con las novelas. Me gustaban mucho, pero pronto aprendí a dejar de leerlas. Una vez que comenzaba no podía parar, y tenía una lucha interna queriendo conocer el desenlace. Temiendo por el fin de la aventura, quería alargarlas y terminarlas. Tanto es así, que algunas de ellas no tienen un final claro en mi mente. Agregaba capítulos y aventuras mientras dormía. Al despertar, tenía que releer para verificar la versión oficial de los hechos. ¿Invadieron el faro del fin del mundo? ¿El viaje alrededor del mundo duró más de ochenta días? ¿Me lo soñé? ¿Sucedió? ¿Qué importa?

Al final del día, las novelas me divertían mucho, pero me apasionaban tanto que preferí no comenzarlas. Mis padres a menudo entraban a mi cuarto a apagar la luz para que dejase de leer y me durmiera. Después de reconocer mi adicción, concentré mi enfoque en otro tipo de lectura: ciencia, historia y el mundo de las curiosidades, los cuales se convirtieron en mis géneros preferidos en aquél tiempo.

Conforme crecí encontré que, si bien las historias atraen, es el aprendizaje práctico el que verdaderamente aporta valor. En un libro busco encontrar no solo una linda historia con la que me pueda relacionar, sino también un aprendizaje que me ayude a enfrentar los retos que actualmente tengo.

Este libro no es una novela, cada caso y ejemplo que ves reflejado en el mismo es real. Los nombres se cambiaron con fines de confidencialidad y por inverosímiles que parezcan los ejemplos que encontrarás aquí, ocurrieron en algún entorno de trabajo, tal vez no muy lejano al tuyo.

¿Cómo defines la felicidad?

Mi actitud casi compulsiva por aportar a las historias escritas no paró ahí. En la universidad agregaba tantos apuntes, comentarios e incluso correcciones al calce de mis libros de texto que un maestro me dijo, entre risas, que si seguía escribiendo tanto en ese libro debería firmar el mismo como coautor. Él seguramente lo dijo en broma, pero yo terminé por hacerlo en un intento por arrebatarle una sonrisa. ¡El buen humor siempre ha sido mi fiel compañero!

Sé que escribir en los libros no es algo que muchos aprecian. A pesar de que muchas personas lo consideran una ofensa, para mí es un halago, una forma de hacer propio el conocimiento adquirido para complementarlo con el que ya se posee, una unión entre la idea propuesta y la aplicación en la vida de quien lee. Me enorgullece decir que, ¡siempre escribo sobre mis libros! Espero que termines subrayando y comentando en este libro. Hazlo tuyo, y agrega las ideas que el mismo traiga a tu mente. Añade tu nombre, haz los ejercicios, haz tus comentarios y compárteme una fotografía en las redes sociales con el *hashtag* #emotionalpaycheck.

Como muestra de que es un halago que escribas en este libro, te invito a que lo hagas respondiendo a cada ejercicio. Si ya tienes esa costumbre, no te costará trabajo. Si aún no la tienes, atrévete a «romper las reglas» y diviértete escribiendo. Tus aportes serán un excelente punto de inicio en este viaje del salario emocional.

La felicidad para mí es...

Te tengo una pregunta que aparenta ser sencilla pero que envuelve tanta profundidad como tú lo desees. La pregunta es: **¿qué es la felicidad para ti?** Toma un momento para definir la felicidad en tu vida.

Este es un ejercicio sencillo en apariencia, pero con un contenido que te puede sorprender. Puedes incluir momentos, situaciones, personas, actividades u objetos que traigan felicidad a tu vida. Sé tan específico como te sea posible.

Tal vez quieras hacer una pausa en la lectura, asegurar que estás en un lugar cómodo, colocar tus auriculares con tu música favorita y asegurar que tienes al menos unos minutos sin interrupciones. ¿Listo? Haz dos o tres respiraciones profundas mientras recuerdas todos aquellos momentos, personas y situaciones que te ayuden a definir la felicidad. Es tu espacio, es tu ejercicio y tú decides cuánto tiempo te llevará realizarlo.

Fecha:

La felicidad para mí es…

De acuerdo a esta definición de felicidad que tú mismo expresaste, responde las siguientes preguntas.

En una escala del 1 al 10, donde 1 es nada y 10 es mucho, ¿qué tan feliz te sientes ahora?

¿Qué tanto depende tu felicidad de ti en este momento? (nada, algo, mucho)

¿Qué tendría que suceder para que la calificación que le otorgaste a tu felicidad actual mejore?

Estoy seguro de que encontraste este ejercicio interesante y, por sencillo que parezca, diste el primer paso en este viaje hacia el mundo del salario emocional. Analizaste lo que para ti significa ser feliz y le echaste un vistazo a qué tanto esa felicidad depende de factores que puedes controlar. Además, tienes una definición de felicidad única en el mundo, la tuya, que seguramente ha cambiado en el tiempo y cambiará en un futuro cercano.

Como de seguro ya intuyes, la definición de felicidad es muy elusiva, dinámica, aparentemente efímera y pareciera diferente en cada persona.

Personajes famosos y el concepto de felicidad

La felicidad es un término bastante utilizado en la vida del ser humano que, desgraciadamente, se analiza muy poco en la vida de la mayoría de las personas. Es decir, es un término del que hablamos mucho pero sobre el cual profundizamos poco.

En términos generales, lo más probable es que si le preguntas a alguien qué cosas desea en la vida, la persona menciona la felicidad como una de esas cosas. Pero, en el momento en el que le preguntes qué es la felicidad, ¡se quedará en silencio! Pareciera que muchos de nosotros simplemente nos conformamos con desear la felicidad, así, por «encimita», sin entrar en detalles, sin importar lo que eso signifique. Sin embargo, eso no es lo más adecuado para alguien que se embarca en el viaje para convertirse en embajador del salario emociona. Entonces, es tiempo de seleccionar cuál de las siguientes definiciones te parece más afín a la definición de felicidad que tienes actualmente.

A continuación, parafraseo algunos de los más grandes pensadores en la historia de la humanidad que dedicaron un momento en sus investigaciones para abordar el tema de la felicidad. Veamos con quién de ellos te identificas más.

- De Lao Tse (601 a.C.–531 a.C.) podemos aprender a vivir en el presente, evitando la depresión causada por sucesos del pasado que no se pueden cambiar y la ansiedad por un futuro en el que aún no habitamos y que probablemente no suceda. Podemos inferir entonces que, para Lao Tse, la felicidad se encuentra al vivir en el presente. Si él está en lo correcto, ¿debemos dejar de planificar para el futuro?

- Se atribuye a Siddharta Gautama (Buda), quien vivió alrededor de 500 a.C., que no hay un camino a la felicidad, porque la felicidad es el propio camino. Con ello podemos inferir que para Buda la felicidad es la vida misma con todos sus matices. Si es así, ¿cualquier cosa debería hacernos felices?

- De sus escritos se infiere que para Platón (427 a.C. - 347 a.C.) la felicidad consiste en lograr que aquellas cosas que nos llevan a esa tan deseada emoción dependan de nosotros mismos. Se le atribuye la frase: «El hombre que hace que todo lo que le lleva a la felicidad dependa de él mismo, ha adoptado el mejor plan para vivir feliz». ¿Será esto una declaración de renuncia a lo que no podemos controlar? ¿Es una invitación a la total aceptación de nuestra realidad?

- Para Aristóteles, seguidor de Platón 350 años a. de C., la *eudaimonia* (buena fortuna o buena vida) es el resultado de llevar una vida en virtud y tener buena fortuna. Con esto podemos inferir que la felicidad depende parcialmente de nosotros mismos, basada en nuestras propias virtudes, y por otro lado requiere de un toque de buena suerte o buena fortuna (Aristóteles, 2001).

- De Séneca (4 a.C.- 65 d.C.) podemos inferir que las grandes bendiciones de la vida se encuentran dentro del mismo ser humano, por lo que siempre están a nuestro alcance. Describe que el sabio es aquél que se contenta con lo que tiene sin desear aquello que no posee (Veyne, 1995). ¿Será la felicidad entonces tener un enfoque conformista de la vida?

- Santo Tomás de Aquino (1225-1274), en su investigación sobre la felicidad, nos dice que, «el fin último del hombre no puede consistir en las riquezas, ni en los honores, ni en los placeres, ni en la salud y placeres del cuerpo, ni en los bienes del alma, ni en el hombre mismo». Luego, respalda esta afirmación con siete argumentos (Tomás de Aquino, 1988). Si esto es cierto, entonces ¿dónde está la felicidad?

- Del gran Immanuel Kant (1724-1804) podemos aprender que la felicidad, más que un deseo, es una obligación, un deber del ser humano. Kant nos dice que la felicidad no depende de nadie más que de nosotros mismos y que es nuestro deber encontrarla. ¿Estarías de acuerdo con que la felicidad sea tu único y más importante enfoque?

- Por otro lado, John Stuart Mill (1806-1873) pareciera invitarnos a procurar aquello que nos produce placer y a alejarnos de todo aquello que nos cause dolor (utilitarismo). En este sentido, ¿qué cosas o personas tendrías que abandonar para ser feliz? ¿Es este enfoque un poco egoísta?

- De Henry David Thoreau (1817-1862), en su célebre escrito *Walden*, podemos aprender su concepto de felicidad en la siguiente analogía. «La felicidad es como una mariposa, que cuanto más persigues más elusiva se vuelve, pero que si concentras tu mente en otras cosas, pronto llegará a posarse en tu hombro.» (Thoreau, 2005.) Si esto es verdad, la clave sería dejar de intentar y ocuparse en algo más. ¡Muy opuesto a lo sugerido por Kant!

- Del tan mencionado Friedrich Nietzsche (1844-1900) podemos inferir que la felicidad solo se logra al superar adversidades. Es ese momento en el que nos sentimos poderosos y llenos de vitalidad. Si es así, ¿la felicidad depende de cuántos problemas has superado? ¿Aquellos que no enfrentan problemas graves no pueden ser felices?

- José Ortega y Gasset (1883-1955) en cierta forma relaciona la felicidad con el tiempo que invertimos en aquellas actividades que nos producen un estado de pasión. ¿Qué actividades te producen pasión?

- Y por supuesto, ___________________________ (aquí va tu nombre), nuestro lector y su definición de felicidad, misma que puede ser completamente diferente a cualquiera de las anteriores o una combinación de ellas.

¿Qué definición de felicidad te parece más afín a ti? ¿Por qué? (Puedes combinar dos o más autores en tu respuesta.)

Esas son las definiciones de grandes pensadores en la historia de la humanidad. Sin embargo, te aseguro que al preguntarle a tus vecinos, amigos y familiares, encontrarás definiciones igual de diversas y fascinantes.

Al preguntarle a otros sobre el significado de la felicidad, es probable que opten por referirse a cosas materiales, logros académicos, estados de salud, momentos de su vida o sueños por cumplir. Difícilmente lograrán definir la felicidad de manera específica. La definición cambiará de acuerdo al momento, edad, contexto y experiencias que esta persona experimenta. ¡Así de diverso y escurridizo es el concepto de felicidad!

El Dalai Lama nos dice que si existen dos billones de personas en el mundo, existen dos billones de religiones. Pues bien, con esa cantidad de personas, creo que también existirán dos billones de definiciones de felicidad, y todas ellas serán válidas. La felicidad es única.

La diversidad de la definición de felicidad no sólo se afecta por las experiencias y expectativas que un ser humano recibe de forma individual. Al ser seres sociales, también se reciben estímulos de la cultura en la cual este ser humano se desenvuelve. De alguna forma, también aprendemos a ser felices dependiendo del círculo en el que nos desenvolvemos.

De hecho, **podríamos decir que la felicidad también es un concepto que se aprende a través del tiempo basado en la información que se recibe de la cultura que nos rodea. Podemos**

asumir entonces que una persona de una cultura diferente podría tener una definición de felicidad que sea completamente opuesta a la tuya. Maravilloso, ¿no crees? Así de complejo y único es el concepto de felicidad.

Como ya hemos visto en las secciones anteriores, aunque pocos se preocupan por definir el concepto de felicidad con exactitud, no eres el primero que está interesado en comprenderlo. Muchos filósofos e historiadores han analizado este término desde la antigüedad. La mayoría de ellos coinciden en que, en la antigüedad, el concepto de felicidad se atribuía a la buena suerte y fortuna. Mientras, corrientes culturales más contemporáneas ven la felicidad como algo sobre lo cual se tiene cierto grado de control, que en realidad se puede perseguir (Shigehiro, 2013).

Tal vez en culturas como la latinoamericana, la idea de la felicidad como una cuestión de suerte aún se ve reflejada en frases como, «unos nacen con estrella y otros nacen estrellados». La misma deja entrever un rol de la suerte y la buena fortuna en la cantidad de felicidad que se experimenta en la vida. Mientras que otra frase popular dice, «al que madruga, Dios le ayuda», brindando un rol de mayor control sobre la posibilidad de enfrentar buenos resultados en la vida.

¿Cuál de estas dos frases te resulta más cercana a tu realidad? ¿Consideras que las personas nacen con buena o mala fortuna? ¿Consideras que la felicidad y buenos momentos dependen de las acciones que cada uno de nosotros ejecutemos en la vida? Como hemos visto en los ejercicios anteriores, a lo largo de la historia filósofos, científicos y grandes pensadores tienen opiniones divididas sobre este dilema. ¡Sigue leyendo!

Felicidad a través de la historia

Retrocedamos algunos siglos en la historia de la humanidad. Vayamos a 1,000 años antes de Cristo. Los griegos fueron una de las primeras culturas que hace referencia a un término que puede ser traducido como felicidad. Ellos usaban la palabra *eudaimonia*, la cual en algunos textos de traducción se presenta como «buena fortuna» o «buen espíritu». Con esto podemos deducir que para los griegos la felicidad tenía que ver con la suerte, un poco similar a la frase que comentamos previamente (unos nacen con estrella y otros nacen estrellados). Ellos pensaban que la felicidad era un elemento que la persona encuentra y sobre el cual no se tenía mayor control.

Algunos siglos después, San Agustín, en su escrito *La ciudad de Dios* (Augustine, 1470) describe la búsqueda de la felicidad como algo que no tiene sentido. Esto, debido a que la felicidad no podría conseguirse en la vida presente, sino que se nos presentaría en un plano distinto al terrenal. ¡Él sí que era radical al colocar la felicidad fuera de cualquier alcance!

Santo Tomás de Aquino (practicante de la misma religión católica) aclara el rol importante del esfuerzo del ser humano en el proceso de lograr la *eudaimonia* (felicidad o buena fortuna), la cual incluso, según él, «nos acerca a Dios». Entonces la felicidad, según Santo Tomás, estaba al alcance de todos nosotros y, al acercarnos a Dios, se convierte en obligación de un buen cristiano.

Como podemos observar, incluso dentro de las mismas creencias religiosas, en este caso el cristianismo, el concepto de felicidad se ve afectado por las interpretaciones que cada uno de los seres humanos que la persigue le brinda. ¡Vaya tema tan diverso!

Años más adelante, a miles de kilómetros de distancia y en otro continente, en el año de 1776 se declaraba la independencia de los Estados Unidos de Norteamérica. Thomas Jefferson incluía la búsqueda de la felicidad como un derecho inalienable del ser humano, convirtiendo así a EE. UU. en el primer país en declarar la felicidad como un derecho para sus ciudadanos (McMahon, 2006).

Shigehiro, en su análisis de las definiciones de felicidad a través de las culturas y el tiempo, logra reunir definiciones de felicidad de treinta naciones y examina detalladamente los conceptos de felicidad en los diversos lenguajes. Este estudio provee información valiosa para entender de mejor manera la forma en que las distintas culturas abordan el concepto de felicidad. Sus resultados encuentran que el concepto de fortuna o suerte aún se encuentra presente en las definiciones de felicidad de la mayoría de las naciones. Algunas otras toman un rol más activo en la búsqueda de la felicidad en sus vidas. ¿Será la felicidad algo que podemos controlar? ¿Será la felicidad una cuestión de suerte? ¿Qué opinas? Tal vez tu opinión cuenta con la influencia del lugar donde has nacido. ¡Veamos cómo influye la geografía en este tema!

Felicidad a través de las culturas

En el estudio de Jan Pflug, *Folk theories of happiness: A cross-cultural comparison of conceptions of happiness in Germany and South Africa*, se hicieron entrevistas espontáneas con la pregunta: ¿qué es la felicidad para ti? Las contestaciones sugieren que la definición de felicidad también puede recibir influencia de la riqueza de la nación en la que se habita, el estatus con el que se cuente, la cantidad de enfermedades en el ambiente o incluso la distancia geográfica con respecto al ecuador (Pflug, 2009).

En su estudio del 2013, Shigehiro nos dice que el 80% de las naciones consideradas en su estudio aún conservan un aspecto de buena suerte o buena fortuna en sus definiciones de felicidad. Pero, este concepto de suerte se encuentra ausente en países como los Estados Unidos, España, Ecuador, India y Kenia. Estos países cuentan con una definición de felicidad con un enfoque de mayor control sobre su aparición en nuestras vidas.

Como podemos observar, el concepto de felicidad es mucho más diverso de lo que podríamos imaginar, y su compleja composición y constante influencia cultural lo vuelve difícil de analizar. Sin embargo, esto no termina aquí. La definición de felicidad no solo habrá de cambiar de cultura a cultura a través del tiempo, sino que también lo hace a través de la vida del ser humano. ¡Vaya, vaya!

Un niño no tiene el mismo concepto de felicidad que un adolescente o un adulto. Incluso dentro de la misma edad, cada ser humano podrá tener una definición de felicidad completamente diferente dependiendo del contexto en el que se encuentre en ese momento de su vida.

Por ejemplo, la definición de felicidad de un adulto de clase media podría ser completamente diferente de la que tendría un adulto de la misma edad en situación de desventaja, ¿de acuerdo?

La definición del concepto de felicidad es tan elusiva y personalizada que se vuelve prácticamente imposible de medir de forma universal. De ahí que grandes esfuerzos de las organizaciones para mejorar la felicidad de sus colaboradores terminan por perderse en la intangibilidad y dinamismo de la definición del término.

En resumen, hicimos un viaje a través de las definiciones que grandes pensadores (tú inclusive) le han dado a la felicidad, y encontramos sus variaciones a través de las culturas, épocas y edades. Así mismo, abordamos las siguientes interrogantes sobre las cuales te invito a reflexionar y expresar tu opinión:

¿Consideras que tenemos control sobre la felicidad propia? ¿Por qué?

¿Crees que es posible experimentar la felicidad en este plano terrenal?

¿Cómo podríamos facilitar la aparición de ese estado tan deseado y a la vez tan elusivo?

Después de haber leído estas páginas, ¿Qué es la felicidad para ti?

Todas estas respuestas varían continuamente, y vuelven el proyecto de medir la felicidad en uno muy complejo y emocionante a la vez. Pero, si la felicidad es tan elusiva, ¿cómo podemos medirla? Pues bien, para allá vamos. Como siguiente paso, debemos descubrir la diferencia entre felicidad y bienestar. Para ello, te invito a que juntos hagamos un asado y conversemos al respecto. ¿Aceptas? ¡Yo preparo la fogata mientras tú sigues leyendo!

Cómo encender la fogata del bienestar

La felicidad vive en su calidad de ser única. Tiene una definición dinámica, efímera y por ello, diferente en cada ser humano. En su mayor parte, proviene de la práctica y promoción de ciertos elementos que, cuando se encuentran equilibrados, facilitan la aparición de las emociones que reconocemos como felicidad.

Para efectos de este libro, y de acuerdo a la filosofía del Instituto Canadiense de Salario Emocional, la felicidad depende de nosotros mismos y del cuidado que le otorgamos a cada una de las categorías del bienestar. Esto, además de contar con factores que pudieran estar relacionados con la buena fortuna.

Estos elementos (a los cuales llamaremos «categorías») son una especie de estado previo a la felicidad, una preparación que permite el estado de felicidad en las más diversas interpretaciones y definiciones que cada individuo le brinde. Es una base de **bienestar** compuesta por varios elementos o categorías que facilitan la *eudaimonia* y las buenas relaciones, el propósito, la plenitud y el compromiso. A estos elementos les llamamos categorías de la *Percepción Subjetiva del Bienestar* (de aquí en adelante referidas como P.S.B.).

Las P.S.B. son seis, cinco a nivel profesional y una más personal. Se conectan de forma interdependiente para generar ese fuego interno que genera dopamina, oxitocina, serotonina y endorfinas en nuestro cerebro. Ese fuego nos brinda un estado de flujo en lo que hacemos, y nos hace trabajar más eficientemente y disfrutar más plenamente del fuego de la felicidad.

Hablando de fuego, yo te invité al asado, así que seguimos conversando mientras enciendo la fogata. Así, te cuento sobre mi ciudad natal y sobre algo que la mayoría de los regiomontanos (gentilicio de quienes nacimos en Monterrey, N.L.) ha hecho alguna vez en su vida. Me refiero a la magia de encender una fogata.

Como ya comenté en más de una ocasión, soy originario del norte de México, nacido en Monterrey, ¡ajua!, tierra conocida como la ciudad de las montañas. De pequeño viví precisamente en las faldas del cerro de las Mitras, uno de los más grandes y distintivos de la ciudad. Recuerdo con gusto y nostalgia los frecuentes viajes a Cadereyta Jiménez N.L., a Allende, Atongo y el

Barranquito, lugares a los que simplemente llamábamos «el rancho de mis tíos». Esos lugares aún se utilizan para sembrar maíz, calabaza, frijol y «engordar» alguno que otro animalito. En ellos no podía faltar una buena carne asada después de un día de convivencia familiar.

Precisamente, para una buena carne asada es necesario prender el carbón, es decir, encender una fogata. Esa es una tarea que, aunque parece sencilla, a menudo termina requiriendo de ciertas habilidades y conocimiento.

Para hacer una buena fogata, es importante contar con buena madera, o en su defecto, carbón vegetal. Si utilizas madera, esta debe encontrarse bien seca y, en mi gusto personal, debe ser del árbol del mezquite. Los trozos no deben ser muy grandes para que el fuego los cubra rápidamente. También hay que contar con algún iniciador, de preferencia que no sea químico (gasolina, diésel o aceite). Según los conocedores, esto terminaría por dañar el sabor de la carne. En estos casos, un poco de yesca y hojas secas cumplen bien los requisitos para iniciar el fuego. Ahora es tiempo de construir «el castillo». *¿Me pasas la leña?*

Recuerda: Hay que atizar la llama de la felicidad, mantenerla, arroparla, agregar nueva leña y darle oxígeno. De lo contrario, ¡puras cenizas!

«El castillo» es una pequeña estructura formada con las propias maderas que arderán en la fogata, pero ordenadas de tal forma que permita el contacto entre las maderas y a la vez la circulación del aire entre las mismas. Al centro va la yesca y las hojas secas, y poco a poco se van construyendo las paredes del «castillo». Esas se van cerrando en la altura, formando una cúpula que apenas permite introducir el elemento final de nuestro proyecto, el cerillo. Una vez lanzado al centro de nuestro flamante castillo, el cerillo comenzará la cadena de sucesos que completan el triángulo del fuego: comburente (oxígeno presente en el aire), combustible (representado por la madera) y una fuente de calor (el cerillo). Entonces, ¡shazam!, tenemos fuego. ¡Ahora, a darle su tiempo a la fogata!

Si la madera está mojada, existe poca ventilación o no tenemos una buena fuente de calor, el fuego será mucho más difícil de conseguir. No es imposible, pero ciertamente es más difícil lograrlo. Mientras el fuego se estabiliza y encontramos la temperatura ideal para colocar los primeros cortes de carne, te contaré de cuando me faltaba el aire en Bolivia.

En una de mis visitas a Bolivia, específicamente a la ciudad de El Alto, un grupo de clientes y amigos me invitaron a disfrutar de un asado. Como buen regio, puse especial atención a cómo iniciaban la fogata.

Con asombro, vi cómo conectaban un ventilador que tenían junto a la parrilla. Por supuesto, a más de 4,000 metros de altura sobre el nivel del mar, El Alto no tiene la suficiente cantidad de oxígeno en el aire para mantener la fogata. No es imposible encenderla, pero es más difícil hacerlo por medios naturales. ¡Lo mismo sucede en esta analogía!

Estos tres elementos (comburente, combustible y oxígeno) son necesarios para que tengamos un fuego generoso que cocine nuestros alimentos. Son elementos interdependientes entre sí para lograr el objetivo final. Pues bien, en nuestra analogía, la felicidad es la fogata que trae calor humano a nuestras vidas, pero esta solo aparece si existen los elementos necesarios para que aparezca. En un plano personal, estos elementos son las seis categorías de la percepción subjetiva del bienestar, o las P.S.B. En el plano organizacional, esta plataforma de la felicidad son los nueve elementos del salario emocional que también analizaremos en este libro.

Aquí la fogata ya está tomando su temperatura ideal, analizamos los distintos componentes de la misma y es tiempo de colocar la carnita en el asador. Mientras eso sucede, te pregunto, ¿estás listo para evaluar la calidad de tu fogata de la felicidad tanto en tu vida personal como laboral? ¡Realiza el siguiente ejercicio!

Midiendo la calidad de tu bienestar

A manera de comenzar a «medir» nuestro bienestar y ver cómo estas categorías impactan nuestra vida, utilizaremos una escala simple pero que sirve para nuestro objetivo primordial.

Usaremos una escala del 1 al 5, donde 1 es muy malo y 5 es muy bueno.

Aquí vamos. En esta escala, ¿cómo evalúas tu situación actual en cada uno de los siguientes elementos?

- ___ ¿Cómo evalúas la cantidad y calidad de amor que percibes de las personas a tu alrededor?

- ___ ¿Qué tan conectado profesional y emocionalmente te sientes a otros grupos de personas a tu alrededor? (Amistades en otros equipos o departamentos, grupos, clases, etc.)

- ___ ¿Qué tanto utilizas tus talentos y habilidades actualmente? (Si esta pregunta te parece compleja o no conoces tus talentos, ahí tienes una tarea pendiente. Más adelante la abordaremos con detalle.)

- ___ ¿Cómo evalúas tu estado de salud física y emocional actualmente?

- ___ ¿Cómo evalúas tu salud financiera en este momento?

- ___ ¿Cómo evalúas tu conexión espiritual con tus creencias religiosas o espirituales?

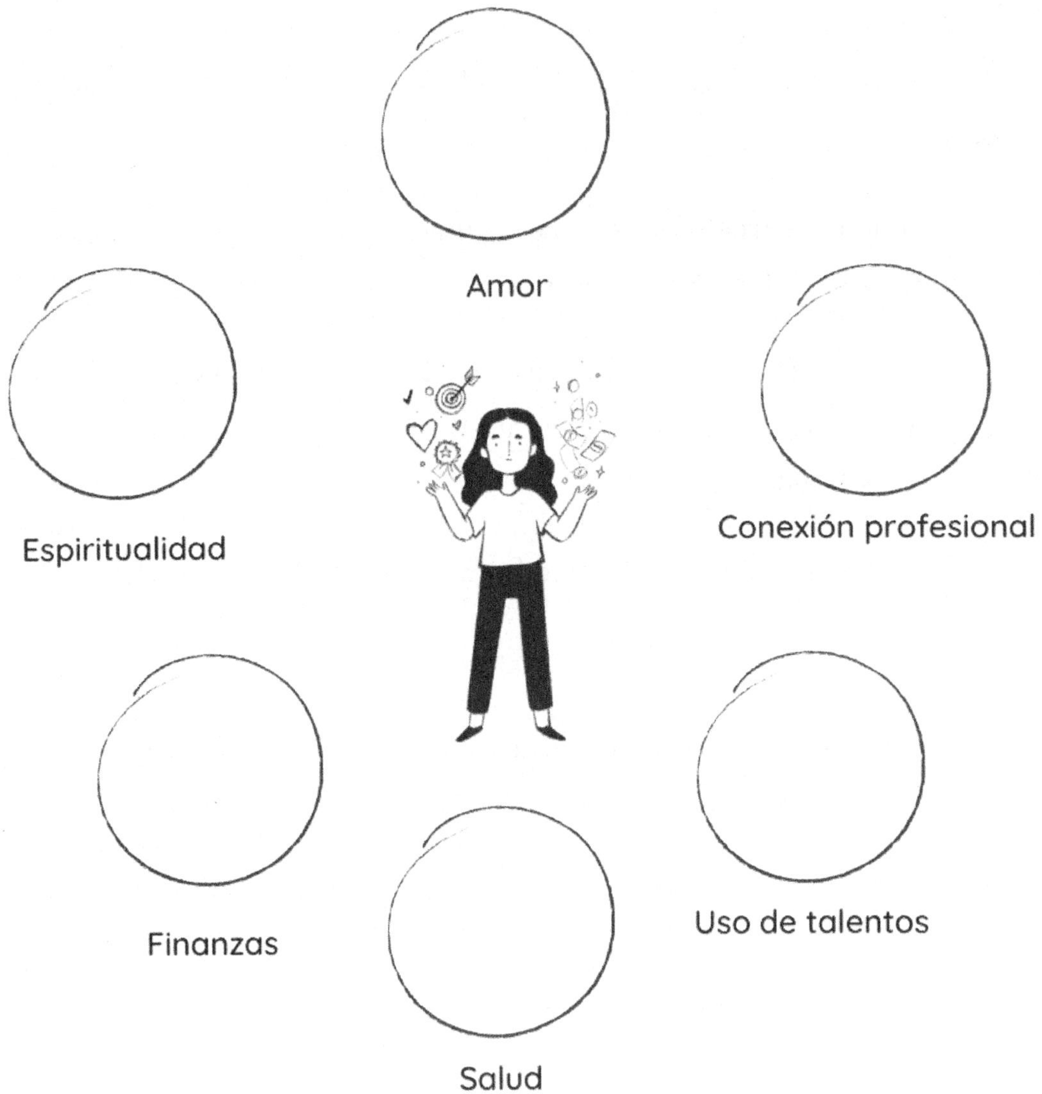
Amor
Espiritualidad
Conexión profesional
Finanzas
Uso de talentos
Salud

El impacto del lenguaje en la percepción del bienestar

«Suavizamos» el lenguaje

Ya hemos viajado por las distintas definiciones de felicidad a través de las culturas. Vamos revisando ideas de grandes pensadores en la historia y buscando definir específicamente aquello que nos hace felices. Es tiempo de abordar una de las características que más nos distingue del resto de los seres vivos que habitan sobre la tierra: el lenguaje complejo.

En lo personal, me enorgullece no haber perdido la capacidad de asombro y admiración acerca de las múltiples cosas que encuentro mientras viajo. Esa sensación de curiosidad es algo que resguardo con recelo y que busco alimentar para mantener viva la emoción. Desde niño, cuando encuentro lugares nuevos, enfrento situaciones y experiencias novedosas y me expongo a entornos que nuestros ancestros simplemente ni siquiera hubieran imaginado, me emociono.

Esa curiosidad, reflejo de mi creatividad, es una de mis fortalezas de carácter, misma que valoro y nutro constantemente. Me encanta viajar y maravillarme con los milagros cotidianos que están presentes en el día a día y que, por ser constantes, terminamos por obviar.

Desde que comenzamos el viaje para promover el salario emocional, hace ya más de veinticinco años, he recorrido dieciocho países de América y Europa. A muchos de ellos fui en más de una ocasión, acumulando tantas millas de viajero como experiencias de viaje.

Atenuación semántica: Cambiar de nombre a las cosas con el fin de que generen un impacto menor en nuestras emociones. I.e. *No te despedimos, solo te desvinculamos de la organización.*

Algo que noto con frecuencia es que algunos pasajeros en el avión se quejan de cosas tan simples como la cantidad de hielo en su bebida, la temperatura del café, la calidad de la comida o la velocidad del wifi. Todo esto siempre me llama la atención al considerar el lugar en el que nos encontramos.

Esos pasajeros parecen estar insensibles al hecho de que viajamos en una pieza de metal, atados con un trozo de nilón a un sillón plástico. Eso, mientras nos movemos a 900 km/h a alturas que ningún ave logra alcanzar. Es algo que hubiera sido completamente inimaginable hace algunos años, un milagro moderno que ellos dan por hecho mientras reclaman porque su bebida solo trae un trozo de hielo.

¿Por qué lo hacen? ¿Por qué se sienten tan seguros en un espacio en el que deberían estar agradeciendo por cada segundo que el avión sigue volando? ¿Acaso soy el único que se cuestiona las condiciones climatológicas en la parte externa del avión? Por supuesto que no. Lo que sucede es que estos pasajeros, como muchos otros, fueron impactados por la **atenuación semántica**.

Desde el ingreso al aeropuerto, a los viajeros nos bombardean con frases y rituales que nos dan seguridad a cada paso: filtros de seguridad con chequeos constantes; procedimientos de registro (*check-in*) y para ingresar al avión; seguridad al ingresar al aeropuerto; seguridad al hacer el proceso de chequeo de maletas; seguridad al ingresar a la sala de última espera; revisión de la papelería requerida para poder volar, salir del país o ingresar a otro; tener la identificación correspondiente; cruzar aduanas; abordar el avión; despegar, y la lista sigue y sigue. Todos estos procedimientos vienen acompañados de un lenguaje sofisticado que constantemente busca evitar que el viajero se sienta amenazado por cualquier situación externa.

Usan frases como: «Comencemos el proceso de documentación de equipaje, realicemos el proceso de despegue». La palabra «proceso» por sí sola implica una revisión detallada de algo ya realizado anteriormente. Por lo tanto, es seguro, o al menos así lo creemos.

Posteriormente, dentro del avión escuchamos más afirmaciones de seguridad con un lenguaje persuasivo que implica sofisticación y seguridad. «En el remoto caso de una pérdida de presión en la cabina...» Es otra forma de decir que se puede producir un hoyo en el avión y se pierde el oxígeno dentro del mismo. O bien, «en caso de un acuatizaje...» Es otra forma de decir que podemos estrellamos en el mar. Estas son muestras de cómo las aerolíneas logran utilizar el lenguaje como una herramienta para generar seguridad, a pesar de que están comunicando los riesgos reales que se corren al volar. La realidad sigue siendo la misma, sin embargo, no se siente igual cuando nos referimos a ella con el lenguaje en el que las aerolíneas ya son expertas.

Tal es la especialización de las aerolíneas en el uso de la atenuación semántica, que utilizan palabras que ni siquiera tienen sentido, como «preabordaje». Al día de hoy, no he logrado entender qué significa exactamente esto. Como bien lo dice el comediante americano George Carlin, «solo existen dos posiciones posibles, una es abordar y la otra es no abordar». No sé lo que significa preabordar, pero bueno, ¡así es como las aerolíneas siguen atenuando el lenguaje para hacerlo más llevadero!

Por otro lado, estas empresas tienen instrucciones para cosas tan básicas como un cinturón de seguridad, algo que sin duda la gran mayoría de los que abordamos un avión hemos usado repetidamente. Todo esto se hace con el fin de promover la sensación de certidumbre y lograr la tranquilidad de los usuarios, además de mantenerlos ocupados. ¡Y vaya que funciona! Nos preocupamos más por el hielo y el café que por el hecho de estar volando entre las nubes. Las aerolíneas han logrado la insensibilización por medio del uso correcto de la semántica.

Cuando hablamos de bienestar, el lenguaje es importante. «Podremos olvidar lo que nos dicen, incluso lo que nos hacen, pero nunca lo que nos hicieron sentir» (Buehner, 1971). Por eso, el lenguaje será una herramienta poderosa al generar las emociones adecuadas para la felicidad.

Podemos decir lo mismo, pero de maneras diferentes. No solo importa lo que se dice, sino cómo se dice. Esto me recuerda aquella historia de *Las mil y una noches* llamada *Los dientes del sultán*. ¿La conoces?

Los dientes del sultán de Las mil y una noches

En un país muy lejano, al oriente del gran desierto vivía un viejo sultán, dueño de una inmensa fortuna. El sultán era un hombre muy temperamental, además de supersticioso.

Una noche, soñó que había perdido todos los dientes. Inmediatamente después de despertar, mandó a llamar a uno de los sabios de su corte para pedirle urgentemente que interpretase su sueño.

—¡Qué desgracia, mi señor! —exclamó el sabio —Cada diente caído representa la pérdida de un pariente de vuestra majestad.

—¡Qué insolencia! —gritó el sultán enfurecido —¿Cómo te atreves a decirme semejante cosa? ¡Fuera de aquí!

Llamó a su guardia y ordenó que le dieran cien latigazos al sabio, por ser un pájaro de mal agüero.

Más tarde, ordenó que le trajesen a otro sabio y le contó lo que había soñado. Este, después de escuchar al sultán con atención, le dijo:

—¡Excelso señor! Gran felicidad os ha sido reservada. El sueño significa que vuestra merced tendrá una larga vida y sobrevivirá a todos sus parientes.

Se iluminó el semblante del sultán con una gran sonrisa y ordenó que le dieran cien monedas de oro al sabio.

Cuando éste salía del palacio, uno de los consejeros reales le dijo, admirado:

—¡No es posible! La interpretación que has hecho de los sueños del sultán es la misma que la del primer sabio. No entiendo por qué al primero le castigó con cien azotes, mientras que a ti te regaló cien monedas de oro.

—Recuerda bien, amigo mío —respondió el segundo sabio —que todo depende de la forma en que se dicen las cosas. La verdad puede compararse con una piedra preciosa. Si la lanzamos contra el rostro de alguien, puede herir, pero si la enchapamos en un delicado embalaje y la ofrecemos con ternura, ciertamente será aceptada con agrado.

—No olvides, mi querido amigo —continuó el sabio —que puedes comunicar una misma verdad de dos formas: la pesimista que solo recalcará el lado negativo de esa verdad, o la optimista, que sabrá encontrarle siempre el lado positivo a la misma verdad.

De *Las mil y una noches* (literatura popular árabe)

... Y nos olvidamos del verdadero significado de las cosas

Mientras las aerolíneas usan la **atenuación semántica** para incrementar la sensación de seguridad, en otras áreas de nuestra vida se utiliza causando, en mi opinión, un daño colateral bastante grave.

En múltiples ocasiones se busca cambiar el nombre de las cosas esperando que esas cosas cambien por el simple hecho de cambiarles el nombre. Después nos olvidamos de ellas, debido a que al cambiarles el nombre, no nos causan mayor impacto. ¡Vaya situación!

Por ejemplo, tenemos a las personas con capacidades diferentes, mismas que anteriormente eran llamadas minusválidas. Hubo quien se sintió incómodo con las emociones que esta frase comunicaba y el término se cambió a discapacitados. ¿Recuerdas?

Con el tiempo, alguien pensó que ese término no hacía la suficiente justicia y es así como fueron nombrados personas especiales, luego personas con discapacidad, hasta llegar al término que se utiliza hoy en día: personas con capacidades diferentes. ¡Vaya viaje!

Todo esto en un esfuerzo loable, pero muchas veces poco efectivo, por mejorar la forma en que las demás personas tratan e interactúan con las que tienen alguna discapacidad. Sin embargo, es poco lo que sucede más allá de tener un nuevo nombre. Es decir, les llamamos de una forma diferente pero les tratamos igual que antes. A esto yo lo llamo **atenuación semántica e insensibilización sistemática**, pues atenuamos el nombre esperando que por arte de magia se modifique la forma en que interactuamos, tratamos o percibimos a un grupo específico de personas. Sin embargo, terminamos insensibilizados acerca de las capacidades diferentes que estos tienen.

Sistemáticamente reducimos el impacto de la diferencia, por lo que nos insensibilizamos ante el tema que, en origen, era lo que queríamos cambiar. Les llamamos diferente esperando que las cosas cambien, pero no hacemos nada más allá de eso. Nos preocupamos más por la forma que por el fondo, y es en la forma que el fondo termina por perderse. ¿Estás de acuerdo? ¿Qué opinas?

Este efecto de insensibilización sistemática no es privativo en las personas con discapacidad, sino que se repite en las personas mayores, antes llamados simplemente viejos y hoy en día referidos como personas de la tercera edad. Suena diferente, pero en esencia es lo mismo.

Atenuamos la semántica de aquello que nos causa un impacto negativo. Percibimos que es algo feo y le cambiamos el nombre, esperando que con esto cambie todo. ¡Las palabras son solo eso, somos nosotros quienes les damos el significado!

Me recuerda el chiste que me contaba un buen amigo de mis épocas de estudiante en la ciudad de Texas. Mi amigo trabajaba en un restaurante ubicado en el llamado *Dallas Alley*. Freddy, como le decíamos de cariño, se desempeñaba como lavaplatos y por las tardes estudiaba inglés con el fin de encontrar un nuevo empleo. Me decía entre risas: «Antes solo hablaba español y era lavaplatos, hoy hablo inglés y soy *dishwasher*». ¡Seguía haciendo lo mismo! ¡Mismas horas, misma paga! Solo le cambió el nombre al puesto, pero nada más. ¡Hay empresas en todo el mundo que hacen lo mismo!

Algo similar ocurre en el área de la empresa que nos ocupa en este libro: el área de recursos humanos. Ese departamento ha sufrido múltiples cambios en su nombre a través del tiempo, desde recurso hasta persona. En muchos casos solo cambian el nombre, pero terminan tratando a los colaboradores de igual manera. Eso está por cambiar gracias a personas como tú, que están preocupadas por generar espacios de trabajo con mayor bienestar.

En esta sección hablamos sobre la importancia del lenguaje, de llamar a las cosas como son y generar cambios de fondo. También, establecimos cómo el lenguaje puede jugar dos roles, para sumar en las emociones o para restar en nuestra evaluación de la realidad. La atenuación semántica y la insensibilización sistemática nos llevan a huir de las cosas cambiando el nombre, cubriéndoles con un manto para evitar ver lo que en realidad contiene. Nuestra amada área de los recursos humanos no se queda fuera de esto. ¿Cómo afecta la atenuación semántica a los RR. HH.?

¡Acompáñame y lo veras!

El cambiante mundo de los recursos humanos

El departamento de recursos humanos es sin duda alguna el departamento con más nombres en la historia de las organizaciones. Pareciera que nunca ha estado completamente conforme con sus nombres. De alguna forma, es como si las distintas organizaciones se encontraran en una competencia para ver quién genera el nombre más creativo e innovador para definir a este departamento.

En un inicio eran «recursos humanos» y alguien dijo, «no son recursos, son humanos». Comenzaron por dejar de llamarles recursos, debido a que algunas personas encontraban el término «recurso» demasiado agresivo para utilizarse en una persona. ¡Volvemos a lo mismo! Ese es un ejemplo de atenuación semántica que no cambia nada en el fondo, pues el simple hecho de cambiarle el nombre no cambia el estilo de liderazgo que se vive dentro de la organización. Pero, algunas empresas parecían sentirse más cómodas al dejar de utilizar el término «recurso» en recursos humanos. Ahí comenzó la carrera, misma que por cierto se centra, de alguna forma, en utilizar términos en inglés. Pareciera que al departamento de recursos humanos le encantan los anglicismos, y piensan que les da más «caché» (del francés *cachet* – nótese mi sarcasmo).

El departamento de recursos humanos, cuyo nombre cambió a gestión humana...

Ahora se llamará «departamento de capital humano».

Cambian mucho de nombre pero no la forma en que nos tratan.

Antes de continuar, quiero aclarar que los ejemplos que citaré no implican que esas empresas tengan un mal salario emocional o que no se preocupen por sus colaboradores. El ejercicio que sigue únicamente sirve como ejemplo de diversos nombres para el mismo departamento. Algunas de estas organizaciones, de hecho, cuentan con un excelente salario emocional.

Aclarado esto, ¿me acompañas a un viaje por los distintos nombres de este departamento de las organizaciones? ¡Aquí vamos!

- capital humano o *human capital*

- *human capital management*

- talento humano

- gestión del capital humano

- *people operations* (título popular entre empresas de tecnología como UBER)

- gestión de talento

- *people* (la favorita de Facebook)

- experiencia del empleado o *employee experience* (usada por Airbnb)

- *people success* o éxito de los empleados

- entre los más recientes se encuentra PX, *people experience,* un término que parece cobrar cada vez más fuerza entre las nuevas *startups*

- y hay muchos más

¡Cuántos nombres para describir lo mismo!

Pero, seguramente esto no termina aquí y la lista seguirá creciendo constantemente. Pareciera que al buscar nuevos nombres se están probando nuevos enfoques para abordar un tema importante. Ese tema que hace tiempo se salió de las manos y por muchos años no se le prestó la suficiente atención, ¡es el cuidado que se da a la gente!

Aprovecho para preguntarte, ¿cómo le llaman al departamento de RR. HH. en tu empresa?

Estoy de acuerdo en que el departamento de RR. HH. tome un nombre nuevo cuando hay una filosofía que lo respalde. Pero, estoy completamente en contra de aquellas empresas que solo cambian el nombre esperando que todo lo demás le siga como por arte de magia.

Es mejor tener un departamento llamado recursos humanos en una empresa con una cultura centrada en el colaborador, que un departamento con un nombre rimbombante en una empresa que sigue explotando a sus colaboradores. Esto, por medio de pseudolíderes que en realidad son terroristas del salario emocional.

No caigamos en el error de cambiar el nombre de las cosas esperando que lo demás cambie por inercia. **El salario emocional NO es una moda,** es una revolución positiva de la cultura organizacional.

¿Terroristas? ¡Así es! Y tal vez haya alguno en tu empresa.

Volviendo al siempre cambiante nombre de la gestión del talento, el departamento de RR. HH. es, sin duda, el área con más cambios de nombre en las empresas. Para efectos de este libro, utilizaremos los términos «recursos humanos», «gestión de talento» o «capital humano» de manera indistinta para referirnos a ese departamento. Baste con saber que son quienes administran la contratación, capacitación, crecimiento y desvinculación de los seres humanos que se contratan en una organización.

La realidad actual en contratación de personal

Así como el nombre cambia, también la importancia que se le brinda al departamento de RR. HH. ha cambiado radicalmente en las últimas décadas y, desgraciadamente, no para bien.

Aún recuerdo mis entrevistas de trabajo cuando recién regresé de los Estados Unidos. Era la década de los 90 y me encontraba en busca de empleo en el norte de México. Me encontré con grandes oficinas, grandes escritorios, salas de espera lujosas que dejaban entrever la importancia del departamento de recursos humanos. RR. HH. era prácticamente venerado y sus profesionales siempre conservaban un lugar especial dentro de las reuniones de alta dirección en las empresas.

En aquellos tiempos, mantener el pulso adecuado en el manejo del personal en las organizaciones era crucial para el éxito de las mismas. Era una época en la cual el director de recursos humanos tenía un lugar reservado en las reuniones de trabajo con temas importantes. Para ese entonces el candidato daba gracias a su ser supremo por haber conseguido un empleo.

Recuerdo con nostalgia cuando se celebraba y se le comunicaba a toda la familia que se consiguió un empleo. Esos tiempos han cambiado radicalmente. Hoy en día, son los profesionales de recursos humanos los que dan gracias por haber logrado llenar una vacante (y ofrecen sacrificios con tal de que no se les vaya el candidato en tres meses).

Antes, el departamento de recursos humanos tenía reservado un espacio para las reuniones importantes. Ahora, ni siquiera lo invitan a algunas de las reuniones donde se toman decisiones cruciales para el desarrollo del negocio. ¿Será porque no se percibe el valor que RR. HH. aporta a la estrategia del negocio? ¿Será porque los profesionales de este departamento no reclaman su espacio en las mismas? ¿Qué opinas?

En términos generales, **podemos decir que el departamento de recursos humanos se consume por la operación del día a día y en las labores de contratación y desvinculación de personal causadas por la alta rotación.** Esto deja poco o nulo tiempo para desarrollar una estrategia o encontrar indicadores claros que estén vinculados al éxito financiero del negocio. Esa es una de tantas cosas que este maravilloso departamento sabe hacer, pero para las cuales simplemente no alcanza el tiempo.

En muchos casos, el departamento de recursos humanos se redujo a un ente de contratación y desvinculación de personal. ¡Triste realidad en muchas organizaciones! En algunas empresas esto llega al extremo en el que otros departamentos incluso se burlan. Se refieren al departamento de recursos humanos con alusiones a su poca conexión con el éxito financiero del negocio y utilizando apodos para referirse al mismo. Algunos de estos son: «departamento de los abrazos», «los del cumpleaños», «los organizadores de eventos». Incluso, hay casos extremos en los que se refieren a esta área como «recursos inhumanos», refiriéndose a la forma en la que tratan a los colaboradores de la organización.

No son pocos los directivos de las áreas de finanzas que ven a este departamento como uno que solo causa egresos económicos. —¿Cuánto me va a costar el evento? —dicen rápidamente al verse reunidos con los encargados de RR. HH. Ese tipo de comentarios deja en claro la intangibilidad del aporte financiero que el departamento de recursos humanos brinda a las organizaciones hoy en día. ¡BASTA! ¡Esto no tiene porqué seguir así! Juntos podemos empoderar a los RR. HH. nuevamente. ¿Estás de acuerdo?

Afortunadamente, la ciencia nos ofrece una oportunidad. Lo que anteriormente se percibía como intangible, hoy puede conectarse fácilmente con el resultado financiero de las organizaciones. Esto, gracias a la tecnología de imagen cerebral (M.R.I.) y a la investigación de la psicología positiva.

Los más recientes hallazgos de la psicología nos permiten conectar las emociones de nuestros colaboradores con el éxito financiero del negocio (Salas-Vallina et al, 2020) (Walsh et al, 2018). También, permiten desarrollar planes de capacitación y crecimiento personal que están directamente vinculados al retorno de inversión y productividad de nuestros colaboradores en la empresa.

Llegó el momento del nuevo liderazgo con alto salario emocional. Es hora de empoderar nuevamente a los mandos medios. Es tiempo de comprender que todos, así es, ¡todos!, formamos parte de la misión de transformar el entorno organizacional. Cada líder en la organización, cada persona que tiene a otras personas a su cargo, debe convertirse en un embajador del salario emocional. ¡El salario emocional y el bienestar son tareas de todos! (No sólo de RR. HH.)

Tú ya te encuentras en este viaje, así que no sueltes este libro y sigue realizando los ejercicios. Comencemos por conocer más a fondo el concepto de felicidad, comprender el rol del lenguaje y la dinámica actual de los departamentos de capital humano en las organizaciones.

Así como la clase media es la que mueve a cualquier país, así **los mandos medios (los jefes inmediatos) son el verdadero motor de la cultura organizacional** y, por supuesto, del salario emocional.

En los próximos capítulos analizaremos las distintas categorías del bienestar y los nueve elementos del salario emocional. Además, tendrás acceso a una medición exclusiva de la calidad de tu propio salario emocional en la herramienta científica Tarrix®.

No te detengas, sigue adelante en este viaje a la felicidad organizacional, un viaje que puede ser diferente para cada persona pero que al final nos lleva a un destino compartido. ¡Vamos con todo, embajador! ¡Sigamos avanzando!

Por cierto, hablando de viajes, te quiero contar un poco sobre mi viaje hacia la felicidad en el trabajo, un viaje que comenzó queriendo salvar al mundo (así de ingenuo era yo de pequeño). Que conste, esto te lo voy a contar desde mi punto de vista y mis anécdotas personales, pero sirve para dar ejemplos concretos y lo vamos a usar para completar ejercicios.

Paradoja del salario emocional: Si trabajáramos en aquello que haríamos incluso gratuitamente, seríamos tan buenos, que terminaríamos siendo millonarios.

El semáforo de la responsabilidad

CÓMO LOGRÉ CONCENTRARME EN LO MÁS IMPORTANTE

Luz roja: cómo identificar aquello que NO podemos controlar

Siempre he sido un ávido lector, con una formación variada. Cuando chico, lo mismo leía las fábulas, cuentos y leyendas que las enciclopedias de historia mundial que mi padre me compraba. También leía los periódicos y revistas que exponían los titulares bélicos de aquellos tiempos de mi niñez. Era la década de los setenta, y el problema de Medio Oriente, específicamente la guerra entre Irak e Irán, ocupaba los titulares de la mayoría de los periódicos.

La guerra fría, el conflicto en medio oriente y la constante amenaza de una tercera guerra mundial aparecían constantemente en las noticias. Mientras crecía jugando a ser superhéroe, salvar el mundo y evitar las guerras, jugaba a ser el súper héroe diplomático que lograba resolver los problemas entre países.

Siempre preferí los libros por encima de la televisión, sin embargo, había un par de programas televisivos que atraían profundamente mi atención. Por un lado, había un programa de dibujos animados llamado *Cantinflas Show*®. En él, un personaje animado de Cantinflas viajaba por el mundo conociendo distintas culturas y aprendiendo de sus tradiciones. ¡Ay! ¡Cuántas veces quise ser Cantinflas y viajar por todo el mundo haciendo amigos! El otro programa que me entretenía era el Chapulín Colorado®, en mi opinión un verdadero superhéroe, puesto que tenía mucho miedo y aún así se enfrentaba a sus oponentes.

Como bien lo decía Roberto Gómez Bolaños, creador del personaje (y aquí lo parafraseo), siendo Supermán cualquiera podría ser superhéroe: es invencible, tiene brazos de acero y puede volar. Pero el Chapulín Colorado era pequeñito, delgado y con mucho miedo, hasta le temblaban las piernas cuando sus antenitas de vinil detectaban la presencia del enemigo.

¡Así era yo! Miedoso hasta el tuétano, solo soñaba con ser como el Chapulín y enfrentar mis miedos de aquél entonces, que era el de los compañeros de la escuela que me hacían *bullying*.

En la escuela fui víctima de *bullying* (acoso). Como alumno de buenas notas y mejor comportamiento, a menudo era presa de algunos de mis compañeros, quienes abusaban de mí constantemente, lo mismo a golpes que con burlas. Me amenazaban para que hiciera sus tareas o simplemente me usaban como objetivo de sus carcajadas. Eran los 70 y, al reclamar los abusos a mis maestros, ellos solo me decían, «confróntalos». ¡Como si fuese tan fácil!

Mis mejores amigos de la infancia, Ulises y Hugo, (vaya nombres épicos) eran dos hermanos con los que compartía mis tardes de juego. Ellos constantemente me defendían mientras me animaban a que enfrentara mis miedos, mientras yo buscaba la fortaleza en el Chapulin Colorado.

Por otro lado, mi padre, al ver que constantemente era objetivo de los *bullies*, me inscribió en clases de Tae Kwon Do, esto con el fin de que aprendiese a defenderme. Al inicio no fue la mejor idea, puesto que por las mañanas me golpeaban en la escuela y por las tardes recibía los golpes en las clases de artes marciales. ¡Vaya situación! Fueron buenas intenciones de mi padre que por unos años no funcionaron nada bien, aunque con el tiempo logré mi cinturón negro y terminé siendo instructor y miembro del equipo estatal de Tae Kwon Do.

Mientras eso sucedía, seguía creciendo y soñando con ser todo un diplomático. Así, sería un héroe, resolviendo los problemas entre países y evitando las guerras en el mundo. De a poco le hice caso a mis maestros, a mis grandes amigos Hugo y Ulises y a mis padres. ¡Aprendí a defenderme por mi mismo! Y con un montón de miedo, temblando pero avanzando, ya siendo mayor logré ser un poco como el Chapulín Colorado. Al encontrar nuevos retos, aunque me dé miedo y me tiemblen las piernas, simplemente les doy con mi «chipote chillón» (algo así como el martillo de Thor®, pero en versión del Chapulín). A la vez, les digo, «¡no contaban con mi astucia!».

En resumen, pasé gran parte de mi infancia pensando en salvar al mundo cuando en realidad necesitaba primero salvarme a mí mismo.

Estaba enfocado en resolver problemas completamente fuera de mi alcance y me olvidaba de aquellos que sí me alcanzaban diariamente (como los *bullies*). Es importante que, en nuestra vida personal y profesional, enfrentemos aquellos problemas que sí nos competen, que nos alcanzan y que de alguna forma podemos controlar.

Ejercicio: Luz roja

En muchas ocasiones queremos resolver los problemas globales de la organización, mismos que están completamente fuera de nuestro alcance y autoridad, mientras estamos descuidando aquellos que sí podemos controlar. Te invito a que pongas atención a aquellas cosas que consumen tu día a día, los problemas que aquejan a la organización. Esos problemas de alguna manera afectan a tu departamento. Se convierten en tema de conversación y queja constante en las reuniones con tus pares en la empresa. Haz un listado en un cuaderno, posteriormente lo utilizaremos en un ejercicio. Una vez tengas el listado con esas actividades y problemas, te reto a que coloques una línea roja en todos aquellos que por su naturaleza, su origen o su alcance, simplemente **NO puedes controlar.**

¿Quedaron algunos? ¡No te preocupes! Sigue leyendo, que apenas vamos comenzando.

Luz ámbar: cómo identificar aquello que solo podemos influenciar

Ante los constantes abusos de mis compañeros y vecinos, aprovechaba el refugio de los libros, que alimentaba mi deseo de salvar al mundo. Aprendí de filosofía, historia y religiones. Ahí comprendí la definición de guerra de Paul Valery, que dijo: «La guerra es una masacre entre gente que no se conoce, para provecho de gente que sí se conoce pero que no se masacra», lo cual me llevó a repensar mi misión de salvar el mundo. Tal vez, si yo pudiese ayudar a que los conflictos entre esas personas se resolvieran, tendría una mejor oportunidad de salvar al mundo.

El rumbo de mi camino había cambiado. Ya no me enfocaría entonces en ser un diplomático que resuelve problemas entre naciones, pues los conflictos bélicos aparecen cuando dos personas que se encuentran en el poder no logran acuerdos que satisfagan ambas partes. Para salvar al mundo habría que ayudar mediando conflictos, mejorando las relaciones interpersonales y evitando así las grandes guerras del mundo.

Ejercicio: Luz ámbar

Ahora que tienes un listado con las cosas que te preocupan y afectan en tu vida profesional, te invito a que pienses en todas aquellas que puedes influenciar de alguna manera. Son aquellas sobre las cuales no tienes un completo control pero que puedes afectar de una o de otra forma.

Por ejemplo, no podemos cambiar la forma de pensar de otra persona, pero sí podemos influenciar en ella. No podemos cambiar la cultura organizacional a gran escala, pero sí podemos generar un círculo de confianza con nuestros colaboradores más cercanos. No podemos cambiar la forma en que los clientes se comportan, pero ciertamente podemos influenciarla con nuestro trato y servicio hacia ellos. Todos estos son comportamientos y competencias que un embajador del salario emocional debe desarrollar.

¿Cuántas cosas de esas que te preocupan puedes influenciar? ¡La lista se hizo significativamente pequeña ya! Y aún falta un paso más: la luz verde.

Luz verde: cómo enfocarse en lo que sí podemos controlar

Con mi nuevo interés en las dinámicas de problemas entre personas es que llegué a Kant, Schopenhauer y Tsun-Tzu. Después de todo, si ayudaba a las personas a relacionarse mejor, si descubría las dinámicas entre las personas y la forma en que se generan los problemas, estaría resolviendo los problemas del mundo. Podría ser el superhéroe que siempre había soñado. Sin embargo, fue ahí que aprendí rápidamente que, **en muchas ocasiones, las personas no tienen problemas interpersonales sino intrapersonales.**

Muchos somos un problema buscando reflejo, ¿te suena familiar? Muchos humanos son como una bala, esperando el fulminante que detone la carga explosiva. Es así que mi paso por la mediación, aunque intelectualmente nutritivo, terminó por convertirse en una escala. Pronto descubrí que las personas tienen problemas internos que, al no ser resueltos adecuadamente, terminan proyectados en otros por medio de sus relaciones con ellos. La respuesta entonces para resolver los problemas del mundo no era solo la mediación entre personas, sino la mediación con uno mismo. Un nuevo destino me aguardaba para ser un héroe y salvar al mundo. ¡Era tiempo de resolver los problemas internos de las personas!

Si lograse resolver los problemas que las personas experimentan de forma interna, podría reducir la presencia de esas bombas de tiempo que terminaban impactando las relaciones interpersonales y podría evitar los conflictos del mundo.

Así, llegué a la psicología y aprendí de Freud, Lacan, Skinner, Perls, Fromm, Erickson y muchos más que me ayudaron a descubrir que para poder resolver los problemas del mundo, habría que resolver primero los problemas que el mismo ser humano llevaba por dentro.

Conforme aprendí de psicología, conocí sobre el coaching y, casi de forma inmediata, la PNL (programación neurolingüística). Descubrí que yo mismo tenía mucho que aprender, y un enorme trabajo por resolver. Mientras me estaba enfocando en resolver los problemas del mundo siendo un súper héroe, yo mismo era un problema en potencia. Era un ser humano que, como cualquier otro, se encontraba lleno de prejuicios, creencias limitantes y conductas no deseadas. Todo eso requería de mi dedicación y esfuerzo para poder considerarme un ser emocionalmente saludable. ¡Yo mismo necesitaba un súper héroe!

Fue aquí donde descubrí que para poder salvar al mundo, primero tendría que salvarme a mí. Debía trabajar para ser mejor persona, retar y modificar mis creencias, generar mayores estados de bienestar y así poder aportar más y mejor al mundo que me rodea.

Entonces, comencé mi viaje en lo que más tarde se llamaría la psicología positiva, la cual viene a llenar un espacio que la psicología tradicional no logra cubrir.

Ejercicio: Luz verde

Ahora es momento de enfocarnos en todas aquellas cosas que te preocupan y sobre las cuales sí tienes un mayor impacto. Son las que puedes iniciar, de alguna forma controlar, monitorear y cambiar constantemente.

Tal vez la lista se enfoque en cosas de tu persona ¿correcto? Actitudes, emociones, pensamiento, control y administración de tu propio ser. Es ahí precisamente donde puedes tomar acción y generar un impacto. En un ejemplo típico, podríamos ver a una persona que comienza a preocuparse por los problemas globales, aquellos que enfrenta su entorno, su empresa, su comunidad, pero ante los cuales se siente muy abrumado (regularmente son luz roja). Posteriormente, logra identificar aquellas personas más cercanas, relaciones más frecuentes y situaciones que sí puede impactar de forma indirecta (regularmente son luz ámbar). Por último, se verá obligado a verse a sí mismo para encontrar aquellas cosas que puede impactar de forma mucho más frecuente y sobre las que pudiera tener mucho mayor control (las que se encuentran en luz verde). Por eso, seguramente haz notado que comenzamos hablando de los problemas externos y terminamos revisando actitudes y comportamientos de tu persona.

El embajador del salario emocional sabe distinguir aquellas cosas que no están bajo su control, influenciar aquellas en las que tiene la posibilidad de hacerlo y concentrarse completamente en las que se encuentran bajo su mayor espacio de impacto. ¡Esta es la mejor forma de generar un gran cambio!

Con este viaje, te invito a reflexionar acerca de tu abordaje para mejorar el salario emocional en tu empresa. Es importante que no solo estés buscando (como yo lo estaba) solucionar los problemas de la empresa, sino también comenzar por echar un vistazo a los propios. Como dicen por ahí, «si quieres cambiar el mundo, comienza por revisar tu casa».

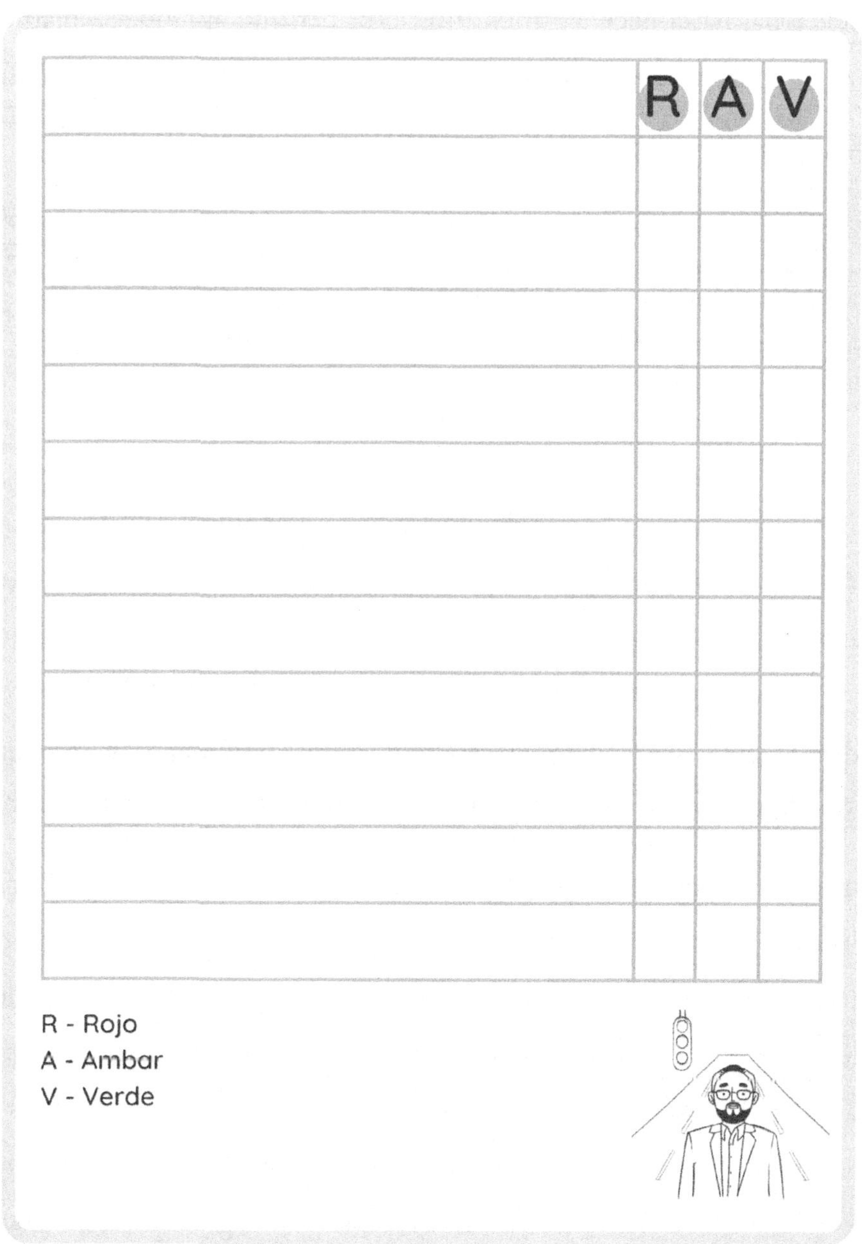

La nueva psicología

La psicología tradicional, de acuerdo a la definición de la Real Academia de la Lengua Española, se define como la ciencia que parte de la filosofía que trata del alma, sus facultades, ciencia o estudio de la mente y de la conducta en personas o animales. Esa psicología era la única que se enseñaba en la escuela tradicional hasta hace algunos años. Nos permite aprender a diagnosticar, evaluar, controlar y tratar traumas, fobias, padecimientos, trastornos y desórdenes en el ser humano.

Mientras la psicología tradicional trata trastornos, fobias, desórdenes y traumas, la psicología positiva se enfoca en valores, virtudes, talentos y fortalezas de carácter. **La psicología positiva es para quienes están bien pero desean estar mejor.**

Tal es el caso, que en los primeros años de la carrera de psicología se nos invita a leer un libro llamado DSM (*Diagnostic and Statistical Manual of Mental Disorders*). No es conveniente leerlo si se sufre de hipocondría (afección caracterizada por una gran sensibilidad del sistema nervioso con tristeza habitual y preocupación constante y angustiosa por la salud). El DSM es un listado de todos los desórdenes mentales conocidos y aceptados por la APA (*American Psychiatric Association*). ¡Vaya lista! Se me eriza la piel de tan solo recordar las horas de estudio para aprobar esa materia.

De alguna forma, la psicología tradicional se centra en lo que está mal, en el trauma, la fobia o el desorden. No es de extrañar que muchas de las personas a las que se les recomienda acudir al psicólogo dicen, «yo no voy al psicólogo porque no estoy _______» (completa la oración). Seguramente llenaste el espacio con la palabra «loco». De alguna forma tienen razón, puesto que hasta hace algunos años la psicología solo trataba la ausencia del bienestar en los seres humanos. Sin embargo todos, en mayor o menor medida, encontramos beneficios enormes en el trabajo terapéutico. ¡Es altamente recomendado acudir a terapia psicológica! Pero, desgraciadamente aún hay mucho camino por recorrer en este tema, así que volvamos a la historia.

Alrededor del año 1998 el Dr. Martin Seligman, entonces presidente de la asociación norteamericana de psicología, brindó un nuevo enfoque a la ciencia del comportamiento humano llevándola del espectro negativo a uno más positivo. Seligman investigó no solo los traumas, fobias y trastornos, sino también las fortalezas de carácter, valores, criterios y talentos que un individuo tiene y que le hacen ser quién es.

La psicología positiva se desarrolla entonces como una rama de la psicología dedicada para todos aquellos que estamos bien pero deseamos estar mejor. En resumidas cuentas, es una especialidad para tener acceso a todos los beneficios de la psicología «sin tener que estar locos».

Es en el lado positivo de la psicología donde se encuentra el salario emocional. Los líderes empresariales tienen, en su gran mayoría, buenas intenciones. Pero, también es común encontrar que estas intenciones muchas veces están mal comunicadas, causando el efecto contrario al deseado. Como dijo San Bernardo de Claraval, el camino al infierno está empedrado con buenas intenciones (San Francisco de Sales, 1622).

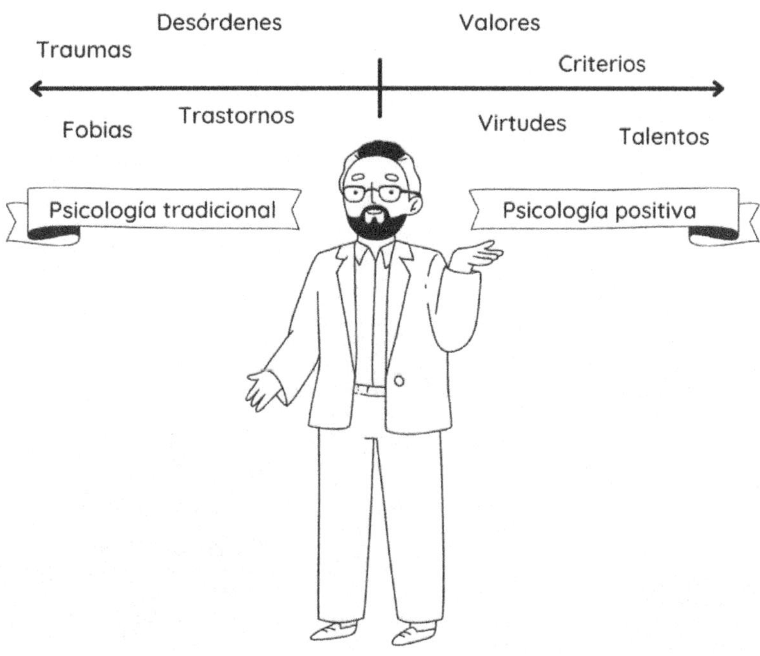

El salario emocional permite comunicar eficientemente las buenas intenciones de los líderes de una organización o equipo de trabajo. Esto resulta en un incremento del bienestar de todos los que laboran en una empresa, es decir, en un incremento en el salario emocional.

Pero, a todo esto, ¿exactamente qué es el salario emocional?

Jaime impartiendo una certificación de salario emocional en Puerto Rico.

Hablemos de salario emocional

Porque no todo es dinero

Mi amigo Roger fungía como director general de una empresa mediana con operaciones en México y Centroamérica. Contaba con un muy buen sueldo, prestaciones superiores a las de la ley y un estatus que muchos envidiaban. Tenía su casa en el municipio más rico del país, vacacionaba con su familia en los mejores destinos y sus hijos acudían a los mejores colegios. Sin embargo, no era feliz. Al finalizar el día, sentía que había algo que no le llenaba. Invertía la mayor parte de sus días trabajando, en viajes de trabajo y, cuando estaba en casa, constantemente tenía que responder el teléfono para solucionar situaciones de trabajo.

Su matrimonio pronto sufrió las consecuencias. Se presentaron problemas maritales por falta de atención a la relación y terminó por divorciarse. Esto le llevó a refugiarse aún más en el trabajo. Sus hijos crecieron y se casaron. Fui invitado a una de las bodas, y allí Roger me dijo algo que me dejó completamente helado: «Hoy mi hijo se casó y no puedo decir que lo conozco». Es una frase que aún resuena en mi mente como una advertencia para mantener el equilibrio entre la vida laboral y la vida personal.

Muchos, como Roger, caen como presa de la llamada «carrera de la rata», esa que nos lleva a buscar «el queso» (dinero) y que termina por condicionarnos a hacer lo necesario para encontrarlo. En esa carrera el único objetivo es el recurso económico y todo lo que este puede comprar, olvidando que el dinero es solo un medio para lograr algunas cosas. Obviando, además, que hay otras que ni todo el dinero del mundo puede comprar, ¡como el tiempo!

Desgraciadamente, el caso de Roger no es un caso aislado. Día a día encuentro líderes de todos los niveles y ejecutivos en general que, sin darse cuenta, caen presos de esa carrera por conseguir el mejor salario económico. Ignoran por completo el salario emocional, ese que sin darse cuenta reciben diariamente y que, en muchas ocasiones, termina por definir si una persona permanece o no en un empleo.

Quiero que me paguen bien, pero además,
quiero que me paguen bonito

¿Qué es el salario emocional? ¿Cómo podemos identificarlo?

Sin importar a lo que te dediques, existen dos tipos de salario que recibes constantemente. El primero es el salario económico que se recibe en dólares, pesos, quetzales, euros o cualquiera que sea la moneda en tu lugar de trabajo. Es tangible y se puede ahorrar o transformarse en aquello que tú desees. Debe recibirse a tiempo y se encuentra estrechamente relacionado con las obligaciones y responsabilidades que llevas a cabo en una organización.

El segundo salario se compone de:

✓ Expectativas

✓ Balance de vida y trabajo

✓ Experiencias dentro del entorno laboral

✓ Calidad de las relaciones interpersonales

✓ Disponibilidad de las herramientas necesarias para realizar tu trabajo

✓ Proyección de desarrollo en tu carrera

✓ Posibilidad del uso de tus talentos

✓ Sensación de propósito en el trabajo

✓ Salud financiera

✓ Muchas cosas más

Este es el salario emocional y, a pesar de no ser un término nuevo, definitivamente no es tan famoso como el salario económico. Sin embargo, resulta ser fundamental para el bienestar personal y tu éxito en la organización.

Muchas personas se contratan en una empresa (aceptan un empleo) por el atractivo salario económico que estas ofrecen. Pero, terminan por salir de la misma de forma voluntaria cuando descubren el poco salario emocional que se recibe.

En resumidas cuentas, el salario económico atrae talento, pero el salario emocional te permite permanecer en la organización y ser exitoso. Por eso insisto en que el salario económico atrae, pero el salario emocional enamora.

El salario emocional no sustituye al económico

Hace algunos años, mientras impartía una certificación de embajadores del salario emocional en Guayaquil, Ecuador, un par de asistentes que se encontraban en la parte posterior del salón levantaron la mano para hacer una pregunta.

—¿Cómo podemos incrementar el salario emocional de los colaboradores cuando la empresa no ha pagado sueldos económicos en seis meses?

Como te podrás imaginar, me quedé frío. ¿Cómo era posible que una empresa dejase de pagar los sueldos por tanto tiempo? Y más aún, ¿cómo podían tener el descaro de enviar a sus colaboradores a un curso de salario emocional? Tal vez, utilizando herramientas de psicología positiva podríamos pensar que los líderes de la empresa no actuaron con mala intención, sino que lo hicieron desde la ignorancia. Sin embargo, el caso sigue siendo triste y, desgraciadamente, común en las empresas de todo el mundo.

Tuve que hacer uso de mis habilidades de inteligencia emocional para controlar la emociones incómodas que me abordaban en ese momento. Después de tomar un suspiro, le contesté: «El primer componente del salario emocional es un buen salario económico. El salario emocional no es para quien no quiere o no puede pagar, sino para quien paga bien pero además quiere generar bienestar para sus colaboradores y mayores beneficios para la organización. Me siento triste al saber que su empresa tenga la osadía de pagar un curso como este mientras tiene cuentas pendientes con su personal. A la vez, comprendo que tal vez ha sido una medida desesperada por parte de la gerencia. Por eso, reembolsaremos el costo de la certificación para usted y sus compañeros. Les invitamos a que se queden en el curso, después de todo ustedes no son directamente responsables de esta situación. A su vez, de acuerdo a mis valores, no puedo cobrar por capacitación a una empresa que en seis meses no ha pagado a sus colaboradores.»

Desgraciadamente, los casos en los que los empleadores no pagan los sueldos económicos a su personal son más que comunes. En el año 2017 la empresa SDWORX reportó que 44% de los trabajadores en la unión europea reportaron haber recibido, al menos en una ocasión, sus pagos de forma tardía o de manera incorrecta (SDWorx, 2017). Es un número increíblemente grande si lo analizamos con detenimiento y más aún si consideramos que el estudio solo incluye empresas en Europa. Tan solo podemos imaginar los resultados de algunas empresas en América Latina.

El salario emocional no es para aquellas empresas que no desean pagar salario económico, sino para aquellas que, pagando un buen salario económico, desean generar espacios de bienestar para sus colaboradores.

Es indispensable recalcar que tanto el salario económico como el salario emocional son necesarios para el funcionamiento correcto de la organización y el bienestar de los colaboradores en la misma. Algunas personas confunden la implementación del salario emocional pensando que va a sustituir al salario económico, pero nada debiera estar más lejos de la realidad. El salario emocional no es para aquellas organizaciones que no desean pagar un salario económico justo y competitivo. Es para aquellas empresas que están pagando un buen salario económico pero que además desean generar espacios de bienestar con alta productividad y un buen retorno de inversión. Estas empresas están buscando llevar su estilo de liderazgo de manera exitosa en entornos V.I.C.A. (volátiles, inciertos, complejos y ambiguos). (Traducción del término VUCA, Bennis et al, 1985.)

Muchas empresas ya entienden que las emociones experimentadas por los colaboradores dentro de la organización son fundamentales para el buen desempeño en sus labores y responsabilidades. Estas empresas se preocupan por el bienestar de los miembros de su equipo. Son organizaciones que buscan reducir rotación, incrementar productividad, reducir ausentismo y accidentes, entre muchos otros indicadores interesantes. Debemos distinguir muy bien la relación que existe entre ambos salarios.

¿Es el salario mínimo un salario digno en tu país?

—Mi rotación de personal es infame.

—No logro atraer candidatos a mis vacantes.

—Mis empleados se van a otra empresa por un peso más en su sueldo.

Estas son solo algunas de las muchas frases que los profesionales de recursos humanos y reclutadores de personal repiten con frecuencia en las redes sociales. ¿A qué se debe esto?

Como ya se me está haciendo costumbre en este libro, te respondo con otra pregunta. ¿Sabes si el salario que pagas alcanza para una vida digna? No nos referimos a si pagas el salario mínimo legal, sino a las posibilidades que tu colaborador tiene de lograr una vida equilibrada y con bienestar con el salario económico que ofreces.

De acuerdo con la RAE, la dignidad es la cualidad del que se hace valer como persona, se comporta con responsabilidad, seriedad y con respeto hacia sí mismo y hacia los demás y no deja que lo humillen ni degraden. De acuerdo con esta definición, la dignidad es algo que nos damos a nosotros mismos y no es necesario que nos lo dé alguien más. Sin embargo, también es cierto que los factores externos (como el salario económico) pueden influir en la forma en que logramos nuestra dignidad como personas. La pregunta es, ¿tu salario representa una amenaza a la dignidad de tus empleados? ¡Vaya que es incómoda la pregunta! ¿Correcto?

Lo pondré de otra forma. Tal vez la diferencia estriba en la definición que utilizamos para medir la calidad del salario económico que ofrecemos a nuestros colaboradores.

El salario mínimo legal, ese que se publica constantemente en portales de gobierno, está diseñado para sobrevivir. Sin embargo, no alcanza para llevar una vida digna.

El salario económico cubre las necesidades básicas de supervivencia de un individuo. Sin embargo, es bien sabido que una persona que solamente recibe el ingreso marcado por el salario mínimo se encuentra en un estado de pobreza económica, incluso si son dos personas quienes lo reciben en una misma casa. No lo digo yo, ¡lo dicen los números que arroja la encuesta de Coneval! (Coneval, 2018).

También es importante hacer notar que **no vivir en la pobreza y tener vida digna son dos conceptos diferentes.** Se puede no ser pobre y aún así no tener acceso a una vida digna. Aclaro que esto no quiere decir que la persona pobre no pueda vivir en dignidad, sino que no recibe el salario económico adecuado. Debido a esto, terminará por sacrificar su tiempo libre y otros aspectos necesarios para el bienestar con el único fin de lograr cubrir las necesidades básicas. Eso es una falta a su dignidad como persona. ¿No me crees? Horas extras, dobles turnos, dos empleos, mismos que tienen como consecuencia desgaste físico, emocional, poco o nulo tiempo de esparcimiento, entre otros retos típicos de las personas con ingresos por debajo del mínimo de vida digna.

Es importante hacer notar la diferencia entre ambos conceptos (salario mínimo y vida digna). Los cálculos actuales del salario mínimo a nivel mundial se basan en la definición de pobreza y no en la realidad de las necesidades de una persona para vivir dignamente. ¡Esta diferencia es clave para el análisis!

Muchas empresas consideran limpia su consciencia al pagar el salario mínimo, y legalmente eso es suficiente. Pero, moralmente debemos estar claros en que el salario mínimo no es suficiente para vivir bien. **Irónicamente, el salario mínimo no cumple lo mínimo ante los requerimientos de una vida digna.**

Entonces, ¿cuáles son los requerimientos para alcanzar un nivel de vida digna y cuál es el salario económico necesario para lograrlo?

Una vida digna, más allá de un ingreso económico, el cual es indispensable, requiere satisfacer las necesidades básicas de los individuos. Cabe mencionar que algunas de ellas no se adquieren con dinero sino con tiempo, mismo que está escaso en la mayoría de los hogares con bajos ingresos económicos. ¿Cuáles son algunas de estas necesidades básicas?

- ✓ Alimentación

- ✓ Vivienda y vestimenta

- ✓ Oportunidad de trabajar y crecer profesionalmente

- ✓ Servicios de salud

- ✓ Educación

✓ Tiempo libre

✓ Sentirse comunicado e informado

✓ Sentimientos de realización

✓ Vivir en un ambiente estable y seguro

✓ Ser parte de la sociedad

¿Tienes alguna otra en mente? (Escríbela aquí)

Usemos a México como ejemplo. De acuerdo a un estudio realizado en 2020 por Estudios Espinosa Yglesias, en su reporte *Estándar de ingreso mínimo en cuatro grandes ciudades de México* calculan el ingreso mínimo de una familia para vivir dignamente. A este ingreso le llaman EIM, o Estándar de Ingreso Mínimo. Es el ingreso mensual que requiere un hogar para alcanzar el mínimo nivel de vida socialmente aceptable, esto dependiendo del número de integrantes que lo componga.

En este estudio se entrevistó a personas de los más diversos estratos sociales en cuatro ciudades grandes del país (México, Guadalajara, Monterrey y Puebla) y se detectaron algunos elementos como indispensables para la vida digna.

Al cruzar los resultados de esta información con la *Encuesta Nacional de Ingresos y Gastos en los Hogares* de Coneval, se obtiene un resultado muy interesante. Mientras los índices de pobreza en algunas ciudades de México rondan el 44.9% (Coneval 2020) al momento de incluir el concepto de vida digna el porcentaje de personas que no logran llevar una vida digna puede llegar a más del 80%-90%. ¡Así de sorprendente!

Entre ocho y nueve de cada diez trabajadores no tendrán acceso a una vida digna con el sueldo que se paga actualmente. Tal vez ahora te haga sentido el segundo empleo de tu colaborador en México. Por eso se registra como repartidor de UBER, Lyft o Rappi o inicia su propio negocio en compañía de su pareja. Es necesario, porque, ¡simplemente el dinero no alcanza!

Ahora bien, a partir de los resultados de la investigación, las cantidades que necesita una familia para satisfacer todas sus necesidades de manera digna es de $27,198 pesos quincenales para una familia con dos hijos que viven en la Ciudad de México y de $25,488 pesos para el resto de las ciudades. Todos estos datos se calcularon en Noviembre 2020, así que sumemos el 6.1% de inflación del 2021, más lo que se acumule en los próximos años. *Ouch!*

El salario mínimo general en México es de $213,39 pesos mexicanos diarios en la Zona Libre de la Frontera Norte y $141,70 pesos diarios en el resto del país. Son alrededor de $5,000 pesos mensuales, increíblemente por debajo de la cantidad que este estudio marca como requerida para vivir dignamente. Tal vez aquí te preguntes, ¿cómo entonces sobreviven mis operarios con el salario mínimo? ¡Sencillo! Trabajan horas extra, tienen dos empleos, realizan trabajos extras los fines de semana, se dedican al comercio informal, sus hijos trabajan (incluso algunos menores de edad), todo con tal de salir adelante con los gastos de una vida digna. Al mismo tiempo, al invertir esa cantidad de horas y esfuerzo en perseguir el ingreso económico suficiente para vivir dignamente, terminan perdiendo los demás factores de la vida digna, como el esparcimiento, la realización personal y hasta la salud. ¡Y vaya que se trabaja en México!

Hay 10.3 millones de mexicanos que trabajan más de 48 horas semanales (Inegi.org, 2022) México es el país con jornadas laborales más extendidas y solo estamos hablando de aquellos que las reportan. Por ello es importante hacer notar que algunos trabajadores dependen económicamente de las horas extras pagadas que le ofrece su organización. En el momento en que la producción baje y no tengan posibilidad de trabajar el tiempo extra, esos colaboradores terminarán por irse de inmediato. Sin horas extra, el salario económico mínimo no es suficiente.

Este es un problema muy frecuente en las empresas de todas las industrias, pero especialmente de las maquiladoras al norte de México, empresas con las que trabajo frecuentemente. Estas enfrentan grandes flujos de rotación de personal en cuanto las ventas se reducen. Es esos momentos la producción baja y reducen la disponibilidad de horas extra para sus colaboradores.

En 2020 los hogares mexicanos reportaron un ingreso total de $53,798 pesos al trimestre, es decir, $17,933 pesos al mes. ¡Ojo!, dijimos los hogares. Es decir, que puede haber dos o tres personas contribuyendo a este ingreso.

De acuerdo a las cifras del gobierno, para ser considerado pobre debes generar menos de $11,290.80 al mes. El salario mínimo es de $5000 pesos mensuales y el salario medio en la industria de la manufactura es de alrededor de $300 pesos diarios para un total de $7000 pesos al mes. ¡Todos son sueldos de pobres!

En ninguno de estos casos, ni con salario mínimo, ni con salario mínimo medio alto, una persona podría vivir por encima del nivel de pobreza. Incluso, dos personas trabajando con un salario mínimo medio alto de la industria de manufactura, apenas podrían llegar al nivel mínimo de pobreza marcado por Coneval en 2021 (Coneval, 2021).

Así que, la próxima vez que pienses en tus estrategias para atraer, retener y generar fidelidad del talento, primero echa un vistazo a tus sueldos. Tal vez ahí se encuentre la clave del por qué tus colaboradores se van a otra empresa donde les pagan uno o dos pesos, dólares, quetzales, soles o bolívares más. Después de todo, cuando viven al borde de la pobreza no puedes hablarles de salario emocional, tienes que hablarles de salario económico.

Recuerda que el salario emocional no es para aquellas empresas que no pagan bien, sino para empresas serias y comprometidas con el bienestar. Es para empresas que pagan bien, pero que desean ofrecer y obtener más de sus equipos de trabajo. Así que, en tus conversaciones para mejorar el bienestar de tus colaboradores, ¡primero habla del dinero!

En el ejercicio anterior usé datos de México debido a que se encuentran fácilmente disponibles en los portales de gobierno. Su instituto de estudios de geografía e informática (INEGI) es bastante confiable. Sin embargo, a continuación te planteo un ejercicio mucho más personalizado. Es hora de calcular el costo de una vida digna en tu ciudad.

Consejo: Realiza un estudio del costo de vida para una familia promedio en tu ciudad. ¡Te sorprenderás con los resultados!

Ejercicio para calcular el costo de una vida digna en tu ciudad

Te invito a que, en el siguiente espacio, hagas el ejercicio para calcular el costo de vida digna en una familia típica de dos adultos y dos personas menores de edad. Asegúrate de incluir los costos básicos de los elementos mencionados anteriormente.

Salario mínimo diario en mi ciudad:

Salario mínimo profesional en mi ciudad:

Costos mensuales de:

	$
Gastos del hogar (renta, crédito hipotecario)	
Gastos de comida	
Gastos relacionados con un niño (ropa, educación, alimentación)	
Obligaciones de deuda (en caso de que se adquiera casa, auto o tarjetas de crédito)	
Gastos de salud (provisión para imprevistos)	
Gastos de transporte	
Gastos de cuidado personal (ejercicio, alimentación sana, arreglo personal)	
Gastos de cuidado de mascotas	
Gastos varios	
TOTAL mensual:	

Hacer este ejercicio te ayudará a empatizar de mejor manera con tu colaborador. Ahora, volvamos a las diferencias entre el salario económico y el salario emocional.

Algunas diferencias básicas entre ambos salarios son:

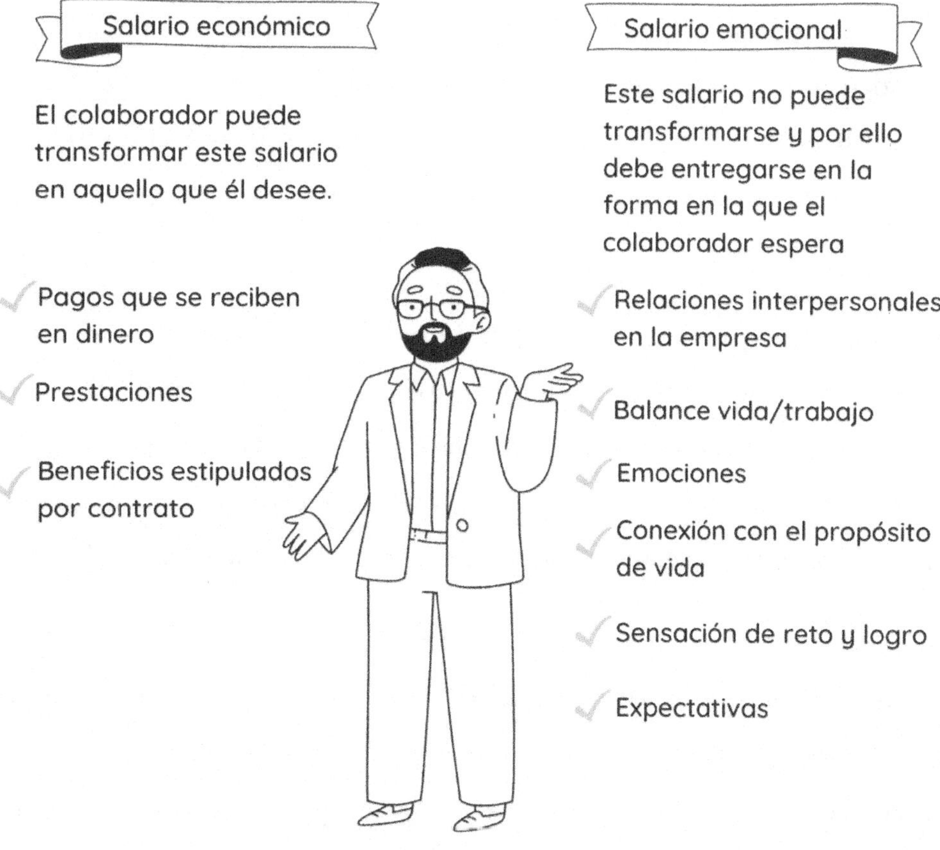

Otro aspecto importante a considerar es que el salario económico lo podemos auditar y asegurar que se entrega de manera exitosa en cualquier nivel de la organización. Pero, el salario emocional solo lo podemos pagar a quienes se reportan directamente a nosotros. Podemos trabajar en una empresa donde los líderes de la organización se enfocan en temas de salario emocional y desarrollan un liderazgo consciente y humano. **Sin embargo, si los mandos medios de esta organización no logran replicar eficientemente el modelo de salario emocional, simplemente no será exitoso.** El salario emocional es un esfuerzo en el que toda la empresa debe verse involucrada.

Por qué el salario emocional es un tema cultural

En mi opinión, la cultura siempre terminará por imponerse. Como ejemplo, te contaré una historia que ejemplifica de muy buena forma cómo es que el salario emocional es una cuestión cultural y que la cultura siempre gana. Corría el año 2009. Participaba como instructor en los programas de liderazgos emergentes, un hermoso programa diseñado por el Gobierno Federal de la República Mexicana. Ese programa tenía como fin promover el emprendimiento y la preservación de la cultura indígena en los más de 400 pueblos con población indígena en el país mexicano.

De la mano de mi estimada amiga Guadalupe Que Dzul y su invitación a participar en este proyecto, viajé por infinidad de pueblos y municipios de mi hermoso país. Tuve la oportunidad de compartir mis conocimientos sobre emprendimiento y formación de equipos de trabajo a jóvenes indígenas de las más variadas etnias: mayas, toltecas, zapotecos, triquis, nahuas, mixtecas, otomíes, totonacas, yaquis, mazahuas, mazatecos, tsotsiles, p'urhépechas, coras, huicholes, pai pais, seris y mayos, entre muchas otras.

Viajé por muchos pueblos mágicos como El Fuerte, Sinaloa y Pátzcuaro, Michoacán y San Cristóbal de las Casas, Chiapas. En cada uno de estos lugares visité pequeñas poblaciones que, a pesar de tener más de 500 años de colonización y conquista, siguen manteniendo rasgos y tradiciones por medio de sus usos y costumbres.

Uno de ellos en especial siempre llamó profundamente mi atención. Se trata del pueblo de San Juan Chamula, ubicado en las cercanías de San Cristobal de las Casas, Chiapas. Está en el camino de salida a Esquipulas y frente al hermoso pueblo de Zinacantán, lugar en el que se producen muchas flores de exportación.

San Juan Chamula se presenta como los demás poblados de la región. Tenía su iglesia, un cementerio sin barda y cruces de tres escalones. Pero, una vez que se visita el centro del poblado, la percepción del pueblo de Chamula cambia radicalmente.

El nombre de Chamula significa «agua espesa, como de adobe», ¡y vaya que su cultura es espesa y consistente!

Previo al arribo de los conquistadores, Chamula era un centro principal de población tzotzil. Conquistado y semidestruido por el Capitán Luis Marín en 1524 y bombardeado por la cultura española desde entonces, cualquiera pensaría que la cultura de Chamula hubiese perecido. Sin embargo, esto no pudiese estar más lejos de la verdad. Para muestra está su iglesia principal, la cual por supuesto visité en compañía de uno de mis alumnos, un joven indígena llamado Juan.

Al llegar a su iglesia, rápidamente se nos acercó un policía que portaba un *chuck* o chaleco de lana negra típico de la zona y un barro o palo grueso de madera que es tan duro como el fierro. El policía medía aproximadamente un metro y medio de estatura. Levantaba el palo de madera mientras amenazaba con golpearme y apuntaba a mi cámara fotográfica. «No fotos», gritó. Mi alumno, Juan, respondió en tsotsil diciéndole que yo era su amigo. El policía repitió, gritando, «no fotos», y se alejó del lugar permitiéndonos la entrada.

Guardé mi cámara fotográfica y me dispuse a entrar para encontrarme con un espectáculo que nunca había visto en una iglesia católica, y vaya que he visitado muchas. No tenía bancas, y el piso se encontraba cubierto de hojas de pino. Los santos se encontraban en fila, pegados a las paredes laterales de la iglesia. Frente a cada uno de ellos estaba una pequeña tablita de madera que servía para sostener las velas que los peregrinos dejaban a los santos. Había velas blancas, rojas y negras. ¡Los católicos que están leyendo esto se pueden imaginar mi asombro!

De inmediato le hice preguntas a mi alumno, quien además era guía de turistas de aquél lugar. «Así es. Las blancas son para dar gracias, las rojas para el amor y las negras para pedir que a alguien le vaya mal.» Yo no podía creerlo. En mi historia dentro de la religión católica nunca se usaban velas de colores, y menos para manipular sentimientos o desearle el mal a alguien.

Apenas avanzaba un poco abriéndome paso sobre las hojas de pino tiradas en el piso. Comencé a identificar a los santos católicos presentes en aquél lugar: San Pedro, Santa Rosa de Lima, San Felipe, San Cristo... ¡Espera! ¿San Cristo? Pero, ¿cómo?

Para los que no las conocen, en las religiones cristianas la figura de Jesús, o el Cristo, es Dios encarnado. Él le pidió a San Juan Bautista que lo bautizara para integrar el bautismo a sus enseñanzas y como ejemplo a seguir. Pues bien, los indígenas del lugar reconocen a Jesús, pero al realizar su propia interpretación de las escrituras bíblicas, decidieron que Cristo es un discípulo de San Juan Bautista, debido a que este lo bautizó. Entonces, para ellos Cristo es un santo y es San Juan Bautista el verdadero líder. ¡Interesante su lógica!

Mi asombro seguía en aumento. El *tour* por aquella iglesia ya pagaba dividendos, aunque era inevitable notar la agresividad de los pobladores para con los turistas. Los policías estaban evidentemente buscando la más mínima excusa para expulsarnos del lugar. Esto es algo comprensible en un pueblo que ha expulsado no solo a turistas, sino a los mismos sacerdotes que buscaban profesar en la iglesia (Martín Pérez, 2002.) y a más de 35 mil habitantes del poblado que mostraron profesar una religión diferente a la católica tradicionalista (Zambrano, 1995).

Así que, para aquellos que piensan que en México no hay racismo, permítanme compartirles que San Juan Chamula es uno de los pueblos más racistas e intolerantes que he visitado, y vaya que he visitado algunos. Pero bueno, la historia no termina ahí, ahora te cuento lo más interesante. ¡Si, hay más!

A lo largo de la historia, podría parecer que el ejército más poderoso es el que gana la guerra. Pero, a largo plazo, es la cultura más arraigada la que domina. **Vigila la cultura de tu empresa. ¡La cultura siempre gana!**

No gana el mejor ejército: gana la cultura más arraigada

La música de un órgano poco afinado, que pareciera tocar solo tres tonos de forma repetitiva, comenzaba a aturdirme. Conforme avanzaba en mi camino al altar, seguía asombrado por la cantidad de personas que se postraban ante el santo de su elección con algunas velas negras encendidas mientras rezaban en tsotsil. Era una escena digna de una película de suspenso. No pude evitar notar que algunos santos estaban de espaldas, como viendo a la pared. Mi alumno y guía se adelantó a mis preguntas y me dijo, «Esos santos están castigados porque no han cumplido los milagros». ¿Qué tal? ¡Te dije que faltaban cosas por contar!

¡Así es! Cada año, someten a los santos a una especie de evaluación. Si no cumplieron suficientes milagros, se les castiga colocándoles de espalda a las personas, es decir, se les pone contra la pared.

Otro dato interesante es que las hojas de pino en el piso, los tres escalones en cada cruz y los rituales que los indígenas llevan a cabo, son todos basados en rituales de origen prehispánico. Quinientos años de constante bombardeo de cultura española no lograron cambiar lo que hoy se convierte en uno de los más claros ejemplos de sincretismo religioso (la fusión de diferentes creencias).

¡Aquí viene lo más relevante! Algunos de los santos que fueron construidos hace cientos de años, al quebrarse, dejaron ver que dentro llevaban a ídolos precolombinos que eran adorados con un disfraz católico. Es decir, aquellas manos indígenas conquistadas por los españoles y obligadas a construir imágenes para la nueva fe, terminaron por ceder a la fuerza física y el poderío armado, pero no a su cultura milenaria.

Dijeron «sí, pero no». Cedieron a la fuerza, pero «por encimita», algo muy similar a lo que sucede en muchas empresas hoy en día. En esas empresas se establecen estrategias para generar cambios, con reuniones en las que todos los asistentes dicen que «sí, pero no». Asienten con la cabeza en la reunión pero llevan a cabo pocas acciones congruentes con lo que se acuerda. ¿Te suena familiar?

Lo sucedido en San Juan Chamula no es privativo de la cultura chiapaneca. Los romanos vivieron lo propio con los griegos, a pesar de haber ganado la guerra. La religión romana, que en sus inicios era autóctona, empezó a partir del siglo III A.C. a identificar dioses romanos con dioses griegos y a rodearlos con los mitos y formas que les habían dado los griegos. El arte asimiló los ideales estéticos de la antigua Grecia y la educación incluso era percibida como de mejor nivel cuando venía de instructores griegos. En resumen, la cultura termina dominando cualquier estrategia basada en la fuerza bruta.

En un ejemplo contemporáneo, en el estado de California sucede algo similar con lo que la revista TIME® define como AMEXICA (Time Magazine, 2001), la mexicanización de algunas zonas de los Estados Unidos.

Estados Unidos le ganó la guerra a México, incluso tomó gran parte de su territorio. Sin embargo, el 96% de la población de Miami, Florida, 85% de los habitantes de McAllen, Texas y 73% de los residentes de Santa Ana, California hablan el idioma español como primera lengua. De acuerdo al censo del 2010, Nueva York, Arizona y Nevada siguen de forma cercana en la lista.

Nos queda claro que la cultura más fuerte siempre terminará por dominar a la más débil. En este caso, la cultura mexicana no tuvo las mejores armas o la mejor estrategia bélica en aquél tiempo (ni ahora), pero tiene raíces culturales mucho más profundas y establecidas que la estadounidense. Terminará por absorber a la cultura americana en un ejemplo claro de cómo la estrategia que no va a acompañada de la cultura adecuada termina por mezclarse, diluirse e incluso, desvanecerse.

En palabras de Peter Drucker, «la cultura se desayuna la estrategia», y es que la estrategia es un plan que debe ser ejecutado y es la cultura la que está a cargo de influenciar (o no) la nueva forma de hacer las cosas. Es por esto que el salario emocional no debe ser una cuestión de mera estrategia, sino de cultura.

Lo que el jefe dice

Vayan a la oficina, revisen sus pendientes, **observen con atención** los detalles y respondan **sus teléfonos** por si hay requerimientos de soporte. Nada de distracciones, **especialmente Facebook, Twitter o Tik Tok**

Lo que la cultura escucha

Vayan a la oficina, revisen sus teléfonos, especialmente Facebook, Twitter o Tik Tok

A menudo encontramos empresas con una importante inversión en programas de responsabilidad social. Esas son las mismas que publican a cada momento sus esfuerzos por generar bienestar en la comunidad, pero que carecen de un ambiente con un buen salario emocional en sí mismas. Como decía mi abuelo, «candil de la calle, oscuridad de la casa». Esta es otra forma en que la estrategia y la cultura de la empresa no van de la mano.

Pero, si el salario económico se entrega cada día de pago, ¿cómo y cuándo debemos cobrar este salario emocional? Pues bien, comencemos por entender dónde es que se aplica el salario emocional y cómo es que esto se diferencia de un clima organizacional.

Dinero en lo macro, emociones en lo micro

En el año 2016 impartía una conferencia para una reconocida empresa en Colombia y, como comúnmente lo hacen mis clientes, me dieron un *tour* por las oficinas de la empresa para mostrarme las operaciones de la misma.

Así pasamos por el área de seguridad, donde los guardias, muy amables y con una sonrisa en el rostro, nos registraron en la bitácora y me entregaron una etiqueta de identificación, de esas que se pegan en la ropa. Luego, entramos a recepción y los encargados del departamento me saludaron cordialmente mientras nos indicaban el camino a seguir para ingresar a las oficinas. El ambiente era jovial, ligero y ameno, se respiraba tranquilidad. Sin embargo, al cruzar la puerta llegamos al departamento de contabilidad.

Había algo raro en la atmósfera, algo imperceptible a la vista pero claramente presente en la vibra de aquél departamento. Era como si una densa energía invadiera el lugar. Las personas no sonreían y evitaban el contacto visual. A diferencia de los otros departamentos de la empresa, en este nadie me miraba a pesar de que yo intenté establecer contacto. Era como si no quisieran estar ahí, y literalmente pensé en que la atmósfera de aquél lugar era tan densa que hasta costaba trabajo respirar y disparaba la necesidad de abandonar ese espacio.

Seguimos nuestro camino, y apenas cruzamos la puerta todo volvió a ser más relajado. Recorrimos los departamentos de ventas y logística. Hasta me permitieron acercarme a la línea donde los productos que esta empresa fabrica salían listos para colocarse en los camiones de reparto.

En los demás departamentos que visitamos el ambiente fue bueno, y en general se podía percibir un agradable ambiente laboral en la empresa. Sin embargo, en mi mente seguía la sensación de aquél departamento que simplemente no encajaba en el resto. Era como si se tratara de otra empresa, una con un ambiente laboral muy por debajo del resto. ¿Cómo es posible que dentro de una empresa con las mismas prestaciones, beneficios y tablas salariales, algunos departamentos gozan de un buen ambiente laboral y otros no? ¿Cuál es la diferencia?

Este fenómeno se encuentra comúnmente en organizaciones de todas las industrias, donde el salario económico se imparte de manera equitativa mientras que el salario emocional termina por no impartirse de la misma manera. Es precisamente este efecto el que resalta la importancia de lo que llamo «microclimas organizacionales». Son esos pequeños círculos de personas que pueden generar un clima laboral diferente al del resto de la población. A este microclima también le llamamos «ambiente de trabajo», que no es lo mismo que el «clima organizacional». El primero es el resultado de las condiciones ambientales que se encuentran alrededor del trabajador en su puesto de trabajo. Estas impactan directamente la satisfacción percibida por el colaborador en la realización de la tarea desarrollada.

Podemos trabajar en una empresa con un buen clima organizacional, cuyas encuestas de satisfacción son favorables. Sin embargo, cuando tu círculo más cercano tiene relaciones tóxicas con tu supervisor, tus compañeros, tus clientes o una combinación de todos los anteriores, tu microclima organizacional tendrá un pésimo salario emocional.

El salario económico puede impartirse a toda la organización, auditado con exactitud por la alta dirección y modificado rápidamente de acuerdo a las necesidades de la organización. Por otro lado, **el salario emocional se replica en cada uno de los microclimas de la organización**, los cuales regularmente obedecen a los departamentos de la misma o bien a los equipos que tienen muy cercana interacción en la operación del negocio.

El salario económico puede ser auditado por la dirección en cualquier momento, asegurando se entrega correctamente. El salario emocional se replica o no se replica en cada uno de los departamentos. **¡Dinero en el macro, emociones en el micro!**

Es decir, que mientras el salario económico forma parte del clima general de la organización, el salario emocional obedece a un microclima organizacional y los líderes y altos directivos no lo controlan tan fácilmente.

El salario emocional funciona igual que las metodologías ágiles, con equipos pequeños autogestionados que van sumando desde su trinchera al objetivo general de la organización.

No todos estamos en el mismo barco

En el salario emocional no aplica la frase «estamos en el mismo barco». Tal vez todos estamos en la misma tormenta, pero cada departamento y área de la organización cuenta con una embarcación diferente. Algunos van en un yate con un líder bien capacitado que sabe integrar a su equipo. Otros van asustados en una pequeña embarcación, navegando a ciegas con un líder que apenas les dirige la palabra. Y otros, que tienen jefes dictatoriales, van nadando con apenas un salvavidas. Cuando se trata del salario emocional en la empresa, todos estamos en la misma tormenta, pero, ¡definitivamente no estamos en el mismo barco!

Los jefes inmediatos nunca tuvieron tanta responsabilidad como con el salario emocional, pues son responsables de generar espacios de bienestar. Estos espacios deben estar equilibrados en los conceptos más importantes del salario emocional: los cinco medios de pago del salario emocional y las seis categorías del bienestar. Estos conceptos son esenciales en el método del salario emocional que te presento en este libro. Entender esto es clave para poder avanzar en el desarrollo de estrategias de salario emocional que sean efectivas en todos los niveles.

El salario emocional se paga solo al
siguiente nivel jerárquico.

Jaime durante su clase de «Stakeholder management» en Ontario.

Cinco medios de pago del salario emocional

El salario emocional, a diferencia del económico, se paga diariamente por distintos medios y de las más variadas formas. Al buscar satisfacer el bienestar y facilitar la felicidad de nuestros colaboradores, el salario emocional es sumamente dinámico. Sin embargo, es importante establecer los cinco medios de pago del salario emocional en nuestra empresa.

1. **Por medio del jefe inmediato**

2. **Por medio de tus compañeros de trabajo (medio de pago lateral)**

3. **Por medio de los clientes**

4. **Por medio de los colaboradores**

5. **Por medio del salario que te pagas a ti mismo**

Salario emocional por medio del jefe inmediato

Roxanna es una gerente de proyecto que trabaja para una empresa multinacional. Cuenta con las más altas certificaciones en administración de proyectos y metodologías ágiles. Lidera a un equipo de profesionales en el área de tecnologías de información. Es una mujer apasionada de su trabajo que mantiene a su equipo motivado. Sin embargo, la relación con su jefe no es la ideal.

A menudo, su jefe no le responde las llamadas, en raras ocasiones recibe retroalimentación y, cuando lo hace, es porque hay problemas. Cuando solicita certidumbre acerca de sus obligaciones laborales, recibe como respuesta frases ambiguas que no le permiten medir su propio desempeño.

El jefe de Roxana es prepotente, parece sentirse amenazado por la velocidad a la que se desempeña Roxanna y termina por detener el acceso a cierta información, dificultando la entrega de los proyectos. En palabras de Roxana, «cada proyecto es literalmente un parto». A menudo, el jefe causa que Roxana se retrase más de nueve meses y termina causándole grandes dolores de cabeza antes de que ella logre salir adelante.

La constante presión entre Roxana y su jefe les lleva a tener discusiones y su jefe la amenazó con despedirla en varias ocasiones. A pesar de que a Roxana le encanta su trabajo y mantiene una excelente relación con su equipo de colaboradores, la relación con su jefe ha cobrado estragos en su salud. Tiene síntomas de gastritis, un sarpullido en la piel y constantes dolores de cabeza que el médico relacionó con los altos niveles de estrés que Roxana enfrenta en su trabajo. La relación entre su jefe y ella es tan mala, que comenzó a buscar nuevas oportunidades laborales. ¿Te suena familiar?

¿Cuántas personas conoces que renunciaron a un empleo bien pagado por el simple hecho de no tener una buena relación con su jefe inmediato? Seguramente a más de uno, incluso podría ser que sea tu caso. De acuerdo a estadísticas de la empresa Gallup® (Robison, 2008), el 75% de las renuncias voluntarias se dan por una mala relación con el jefe inmediato. Estamos hablando de profesionales a quienes la empresa no buscaba despedir, talento que se encontraba brindando resultados a la empresa pero que se retira de la misma por la mala relación con el jefe inmediato. Imagina la cantidad de dinero que una mala relación jefe-subordinado cuesta a las organizaciones.

Debido a que gran parte del salario emocional que recibimos en una organización se basa en la relación que llevamos con nuestro jefe inmediato, podemos decir que si tu jefe inmediato y la relación que llevas con él es mala, tu salario emocional también lo es. ¿Cómo está tu relación con tu jefe inmediato?

Te invito a que aproveches este espacio para meditar acerca de tu relación con tu jefe inmediato. ¿Qué tan buena es esta relación? ¿Existe un trato profesional entre ustedes? ¿Cuentas con mentoría para tu crecimiento? ¿Tu jefe responde tus preguntas y tiene una política de agendas abiertas? ¿Lo consideras un líder y coach?

Considero que la calidad de mi salario emocional por parte de mi jefe inmediato actualmente es:

¿Qué tendría que suceder en la empresa para que la calificación que has otorgado mejore?

¿De que forma podrías mejorar tú esta calificación?

Pues bien, no todo depende del jefe, también están tus compañeros de trabajo. ¡Analicemos esa otra área!

¡Aquí yo soy el jefe y se hace lo
que yo diga!

De no ser por mis compañeros de
trabajo, ¡renunciaba ahora
mismo!

Salario emocional lateral (por medio de tus compañeros de trabajo)

«El jefe nos cae mal, pero los compañeros de trabajo son lo máximo. Si no fuera por ellos, simplemente renunciaría.» ¿Te suena familiar?

Pues bien, a pesar de la gran importancia que tiene la relación con el jefe inmediato en la calidad de tu salario emocional, no todo depende de la relación con él. En algunas ocasiones, a pesar de tener una mala relación con tu supervisor, tienes un buen apoyo y conexión con tus compañeros de trabajo. Esto lleva a que permanezcas en el empleo y logres ser exitoso en el mismo, gozando de cierto nivel de bienestar.

A pesar de que este no es el deber ser del salario emocional, se presentan múltiples casos en los cuales solamente se recibe el salario emocional gracias a los colaboradores y compañeros de trabajo y no de parte del jefe inmediato. A esto le llamamos salario emocional lateral, y de nosotros depende otorgarlo con buen trato, apoyo, respeto y atención entre compañeros del mismo nivel.

El salario emocional lateral se encuentra muy vinculado a lo que conocemos como «ambiente laboral». ¿Estás en una empresa en la que puedes confiar en tus compañeros de trabajo? ¿Te encuentras en un ambiente colaborativo? ¿Tienes a algunos de tus amigos personales como compañeros de trabajo? Si la respuesta es sí a la mayoría de estas interrogantes, probablemente tienes un buen salario emocional lateral.

Considero que la calidad de mi salario emocional lateral actualmente es:

¿Qué tendría que suceder en la empresa para que la calificación que has otorgado mejore?

¿De que forma podrías mejorar tú esta calificación?

Salario emocional de tus clientes (internos y externos)

«Acudo a la oficina por obligación, pero salgo de ahí tan pronto como puedo. Mis clientes son quienes me brindan bienestar emocional», declaró Martín, un ejecutivo comercial de una empresa de manufactura. ¿Te suena familiar?

A pesar de no contar con un buen ambiente laboral en lo absoluto, algunas personas reportan que permanecen en su puesto de trabajo debido a la buena relación y experiencias que obtienen del contacto con sus clientes. Esto sucede a menudo con aquellos que se encuentran en las áreas o departamentos comerciales con contacto directo al cliente final.

Este amor por el servicio permite que también se reciba un salario emocional por parte de clientes y proveedores. Es una especie de conexión con tu propósito de vida y el deber ser de tu oficio o profesión. Esto te lleva a tolerar un bajo salario emocional de tu jefe inmediato y un bajo salario emocional lateral, con el fin de poder obtener esa satisfacción de servir y conectar con tus clientes.

En nuestras constantes entrevistas con alumnos del instituto que dirijo, quienes provienen de todas las industrias, es común encontrar estos ejemplos. Maestros, ejecutivos de ventas, agentes de soporte técnico y profesionales del ramo médico se encuentran en esta situación donde el único incentivo es el salario emocional que reciben del cliente.

Te invito a analizar este importante aspecto. ¿Disfrutas lo que haces? ¿Encuentras valor en el impacto que generas a tus clientes? ¿Identificas plenamente quienes son tus clientes (internos o externos)? ¿Percibes una emoción positiva cuando interaccionas con tus clientes?

Considero que la calidad de mi salario emocional por parte de mis clientes actualmente es:

Pésimo	Malo	Regular	Bueno	Excelente

¿Qué tendría que suceder en la empresa para que la calificación que has otorgado mejore?

¿De que forma podrías mejorar tú esta calificación?

Salario emocional de tus colaboradores

¿Le darías un aumento a tu jefe? Esa fue la encuesta que lanzamos en el año 2010 a más de 10,000 profesionales y ejecutivos de toda Latinoamérica. Los resultados fueron sorprendentes. El 60% de los encuestados declararon que, si estuviese en su poder otorgar un aumento de salario económico a su jefe inmediato, no lo harían. Los argumentos variaban entre que no se lo merecía, que no trabajaba tanto como ellos, o bien, que simplemente les caía mal.

Sin duda alguna, aquí vemos reflejada la primera de las formas en que se percibe el salario emocional (la relación con el jefe inmediato). Por otro lado, también nos deja claro que el salario emocional es responsabilidad de todos. Si nosotros como colaboradores no brindamos un incremento en el salario emocional a nuestro jefe inmediato, ¿qué nos hace pensar que él debiera dárnoslo a nosotros? (aunque sabemos que en muchas ocasiones no depende de él).

Sin duda alguna, los colaboradores de un equipo de trabajo también otorgan un salario emocional a sus líderes. ¿Cómo? Pues con buenas relaciones interpersonales, integridad, valores alineados a la organización, compromiso y comunicación asertiva. Por supuesto que no siempre se logra, sin embargo, debemos tener en claro que también hay un flujo de comunicación, emociones, expectativas y retos que va de los colaboradores hacia los líderes.

En muchos casos sí se recibe un salario emocional de calidad por parte de los colaboradores. Hay equipos que practican la reciprocidad y brindan un buen salario emocional a sus líderes inmediatos en forma de respeto, apoyo, atención y buenas relaciones en general. ¿Eres líder de un equipo de trabajo? ¿Tienes personal a tu cargo? ¿Qué tan alto es tu salario emocional de parte de los colaboradores?

Considero que la calidad de mi salario emocional de parte de mis colaboradores actualmente es:

1	2	3	4	5
Pésimo	Malo	Regular	Bueno	Excelente

¿Qué tendría que suceder en la empresa para que la calificación que has otorgado mejore?

¿De qué forma podrías mejorar tú esta calificación?

Salario emocional que nos pagamos a nosotros mismos

Un paseo típico de nosotros los regiomontanos consiste en ir a las afueras de la ciudad en una zona conocida como Los Cavazos. Allí hay una serie de tiendas y comercios de distintos tipos que ofrecen muebles, artesanías y productos típicos de la región como pan de elote, cajeta, miel natural, naranjas y el extracto de la caña de azúcar conocido como aguamiel.

Se me hacen agua los ojos y la boca al mismo tiempo, la boca al recordar el dulce sabor del aguamiel y los ojos al recordar las innumerables ocasiones en las que mis padres nos llevaron a mis hermanas y a mí a pasear a estos lugares.

Entre todos los negocios, recuerdo bien que destacaba uno ubicado estratégicamente en la esquina más transitada. Era una palapa (choza sin paredes) de palma con algunos hornos bajo su sombra. Tenía varias bancas donde las personas degustaban los distintos dulces que ofrecían y, por supuesto, el refrescante sabor del aguamiel que preparaban.

Este lugar es especial en mi memoria, porque conservaba una molienda o molino antiguo que trabajaba con la ayuda de una mula. Esa mula avanzaba en círculos para hacer funcionar los engranajes que presionaban las cañas de azúcar, extrayendo aquél delicioso manjar.

En mis constantes visitas de la mano de mis padres, a través de los años, vi crecer a la mula. A finales de los ochenta, los dueños de aquél lugar decidieron invertir en una maquinaria alimentada con electricidad. Inmediatamente pensé que esto dejaría a la mula sin trabajo. Sin embargo, la mulita seguía dando vueltas en aquella molienda, sin montura, sin freno, incluso sin activar el engranaje del antiguo molino. La mula seguía dando vueltas cada día como lo había hecho por años.

En mi inocencia le pregunté al dueño de la tienda por qué tenía aún trabajando a la mula sin ofrecerle descanso. Él respondió: «A la mula la soltamos hace tiempo, incluso le pusimos comida en un corral, pero siempre busca la manera de salir y venir a dar vueltas en el molino».

Esa mula estaba condicionada a trabajar sin importar nada más. Aunque es un poco dura la comparación, en algunas ocasiones veo cómo muchos estamos tan condicionados a estar conectados al trabajo que terminamos por buscar la forma de seguir haciéndolo, incluso en nuestros días de descanso.

Hay compañeros que se conectan durante sus vacaciones con la excusa de saber cómo va todo, otros que cuando se aburren en su casa simplemente se refugian en el computador respondiendo mensajes de trabajo, entre algunos otros ejemplos.

No basta con que tu empresa te brinde la oportunidad de desconexión digital; también es necesario que nosotros sepamos aprovecharla.

¡Así es! El salario emocional no solo depende de tu empresa, jefe o compañeros de trabajo. El salario emocional también obedece al cuidado que tú mismo brindas a tu persona. ¿Qué tanto te cuidas? ¿Practicas pausas activas? ¿Has hecho un chequeo de tu salud últimamente? ¿Te desconectas los días de descanso? ¿Duermes bien? ¿Procuras amigos y actividades que te brinden bienestar? El salario emocional no solo es cosa de otros. De hecho, podríamos bien pasar este punto al inicio y comenzar por ahí, que no sería mala idea.

En múltiples ocasiones vemos cómo los esfuerzos de las organizaciones por desconectar digital- mente a sus colaboradores durante los días de descanso se ven interrumpidos por los colaboradores mismos. Estos no saben alejarse del teléfono, del computador o simplemente no saben vivir sin acceso a un plan de datos o conexión a wifi. El salario emocional es tarea de todos, comienza por nosotros y eso también hay que decirlo. ¿Cómo está tu propio salario emocional? Sí, ese que te pagas a ti mismo. ¿Te cuidas? ¿Procuras mantener tu salud física y emocional? ¿Frecuentas amistades que te producen emociones positivas? ¿Percibes amor a tu alrededor?

Considero que la calidad del salario emocional que me pago a mí mismo actualmente es:

¿Qué tendría que suceder en la empresa para que la calificación que has otorgado mejore?

¿De que forma podrías mejorar tú esta calificación?

No importa qué tan bueno sea el salario emocional que recibimos de la empresa o del jefe **si no aprendemos primero a pagarnos un buen salario emocional a nosotros mismos**. ¡Piénsalo!

Como podemos observar, **el salario emocional es mucho más complejo de lo que parece. No solo proviene del líder, sino también de los colaboradores, compañeros de trabajo, clientes en general e, incluso, de nosotros mismos. Así de especial es el salario emocional y en este libro lo estamos conociendo a fondo.**

En el siguiente ejercicio te invito a que coloques las calificaciones que le otorgaste a cada uno de los distintos medios de pago del salario emocional en tu empresa.

Reflexión:

¿Qué medio de pago tiene la peor percepción?

¿Qué medio de pago tiene la mejor percepción?

¿Qué acciones podrías implementar para comenzar a mejorar los medios de pago del salario emocional en tu caso en particular?

Seguramente ya estás pensando, «bueno, ¿por donde empiezo?». Pues bien, el siguiente paso es conocer el impacto del salario emocional. ¿Qué sucede si lo aplico? ¿Cómo darme cuenta cuando tengo un buen salario emocional? Y más aún, ¿qué sucede si todo esto me parece superficial y simplemente no me siento identificado con los embajadores del salario emocional? ¡Sigue leyendo, que para allá vamos!

No tienes que hacer feliz a nadie, pero debes facilitar su bienestar.

Jaime durante una conferencia en Nicaragua.

El bueno, el malo y el feo en el salario emocional

El bueno: ¿cuáles son los síntomas de un alto salario emocional?

Tal vez ahora te preguntes, ¿cómo puedes saber si tienes un alto o bajo salario emocional? Pues bien, existen diversas formas de interpretar la felicidad, el bienestar y, con ello, el salario emocional. Pero, también existen algunos síntomas universales que se presentan cuando se cuenta con un alto salario emocional.

¿Conoces a alguien que promociona frecuentemente los productos y servicios de la empresa en la que trabaja? No estamos hablando de aquella persona que vive del departamento comercial, ni de las personas que trabajan en una empresa multinivel. ¡Ellos siempre están entusiasmados con venderte algo! Piensa en aquellas personas que, sin recibir un incentivo económico por la venta de los productos o servicios de la organización en la que trabajan, los promueven y defienden.

Jorge, un ejecutivo de una empresa cervecera del norte de México, frecuentemente criticaba los productos de la competencia mientras que recomendaba ampliamente los productos que su empleador fabricaba. Incluso, se ofrecía a ser él mismo quien trajera las bebidas a las reuniones de los amigos con tal de que no se sirviera la cerveza de la competencia.

Hasta en su vocabulario era evidente su compromiso con la empresa. Jorge no decía que la reina utilizaba una corona, sino que tenía una hermosa tiara. Las personas que modelaban ropa en la pasarela nunca eran modelos, sino que se trataba de *fashion girls* o *fashion boys*. Todo esto en un esfuerzo por no mencionar las marcas de la empresa competidora (las cervezas Corona y Modelo).

Algunos pudieran criticar esa actitud, pero deja claro que existe un compromiso con la empresa. ¿Conoces a alguien así?

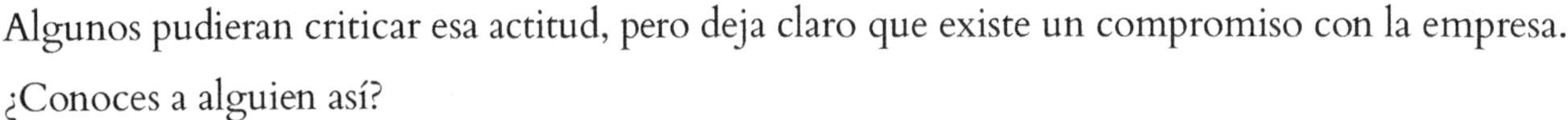

Uno de los síntomas de un alto salario emocional es convertirse en promotor e incluso defensor de los productos y servicios de la organización. En otras palabras, aquellos colaboradores que cuentan con un alto salario emocional se convierten rápidamente en embajadores de la marca y promotores de la cultura de la empresa.

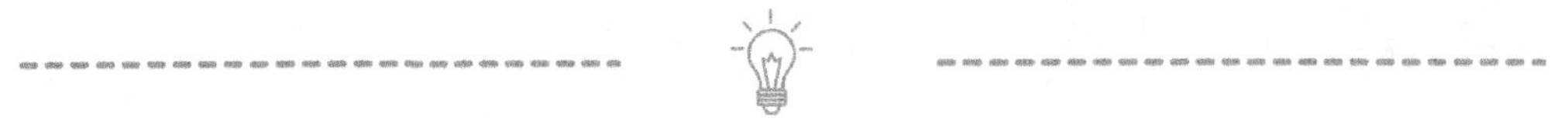

Estos embajadores de marca voluntarios resultan útiles para el departamento comercial debido a que facilitan el proceso de venta. Pero además, están promoviendo frecuentemente la «marca empleadora» de la organización. Este es un tema que tiene un impacto directo en la atracción y fidelidad del talento en la organización.

Para aquellos que no estén relacionados con el concepto, marca empleadora es la imagen que una empresa logra proyectar ante sus empleados, tanto los actuales como los futuros, así como ante la comunidad en general. «Es una buena empresa.» «Ahí mejor ni te acerques.» «Ellos pagan bien.» «Acá son bien explotadores.» Estas son algunas de las frases que los empleados de una empresa utilizan para describir, incluso sin saberlo, la calidad de la marca empleadora de la empresa en la que trabajan.

En consecuencia, aquellos colaboradores que logran resonar positivamente con la organización y perciben un buen pago emocional probablemente se conviertan en embajadores de la marca que promueven. Además, defienden los productos y servicios de la misma.

Otra consecuencia casi inevitable de los que cuentan con un alto salario emocional es que se convierten en reclutadores para la organización. Este es un aspecto especialmente útil en tiempos de alta rotación de personal, donde atraer y fidelizar talento calificado se vuelve cada vez más difícil.

¿Conoces a alguien que te invita frecuentemente a solicitar trabajo en la empresa en la que labora? Este es otro atributo típico de una persona con un alto salario emocional. ¡Reclutan para la empresa! Después de todo, nadie llevará a las personas que aprecia a un entorno poco favorable.

Así que, además de todas las ventajas de contar con un alto salario emocional, también a nivel corporativo se viven esas ganancias secundarias. Cuentan con un grupo de colaboradores que promueven los productos y servicios de la organización. También, esos colaboradores reclutan talento para la misma. Estas son dos fuentes de ayuda en áreas altamente sensibles del negocio (comercial y contratación de personal).

Cabe mencionar que algunas empresas, buscando incentivar a los embajadores de marca de forma económica, ofrecen bonos por recomendación. Se trata de un estímulo económico para aquellos colaboradores que refieran a otras personas para que trabajen en la empresa. Esta motivación económica, aunque bien intencionada, en algunas ocasiones puede sufrir algunos descalabros.

Tal es el caso que me contaba Jesús Cerda, uno de los entrenadores del instituto. Él realizó una intervención en una empresa que ofrecía el famoso bono por recomendación. Pronto descubrieron a un colaborador que había conformado una «bolsa de trabajo informal» en la que entrevistaba y preparaba a potenciales candidatos. Luego, los refería a la empresa y así obtenía el dichoso bono. Sin duda alguna es una situación que puede causar conflictos de interés, problemas éticos y terminar impactando negativamente la «marca empleadora» de la empresa. Una vez más, ¡buenas intenciones mal ejecutadas!

El malo: ¿qué sucede si no mejoro el salario emocional en mi equipo?

La respuesta a esta interrogante es sencilla: no va a suceder nada. ¡Nada positivo! No vas a lograr tus objetivos y no podrás incrementar la fidelidad en tu talento. Las personas cada vez buscamos más espacios de bienestar. Lo que sí sucederá es que tendrás problemas de calidad en el servicio, altos niveles de estrés que se verán reflejados en un mal servicio al cliente y, por supuesto, un impacto negativo en los números. Por ello, insisto en que muy probablemente no va a suceder nada. ¡Nada bueno!

La falta de salario emocional lleva a entornos de trabajo tóxicos, en los que las personas no desarrollan al máximo su potencial. En cuanto al liderazgo, podemos explorar sus consecuencias de acuerdo a unos sesgos cognitivos específicos. El sesgo de confirmación es el sesgo psicológico en el que la mente de las personas tiende a buscar información que respalde los puntos de vista que ya tienen. Por otro lado, el sesgo de conformidad es el sesgo psicológico que tienen algunas personas de actuar como quienes les rodean en vez de usar su propio juicio.

De acuerdo al sesgo de confirmación y sesgo de conformidad, tan pronto la mayoría de los líderes de la empresa entregan un bajo salario emocional, esto se percibe como parte de la cultura de la empresa. Termina por percibirse como la única forma de ejercer el liderazgo. Si deseas conocer más sobre sesgos cognitivos, te invito a visitar la serie dedicada a este tema en Youtube (escanea el código QR).

El salario emocional existe, y a pesar de que no lo conozcas, ya tienes uno. Si no te preocupas por la calidad del mismo, correrás el alto riesgo de tener uno de pésima calidad.

¿Qué indicadores son los que mayormente sufren el embate de un bajo salario emocional? Rotación de personal, índice de defectos, accidentes o siniestralidad, niveles de ausentismo, productividad, ventas, calidad, no conformidades, merma, servicio al cliente, entre muchos otros. Si deseas mejorar cualquiera de estos indicadores, comienza a mejorar tu salario emocional.

El feo: ¿cuánto me cuesta la rotación de personal en realidad?

Enrique es un gerente de mantenimiento en una empresa de manufactura en México, justo en la frontera con los Estados Unidos. Como gerente de la planta, dirige un grupo de veinte técnicos que brindan mantenimiento a la maquinaria de la empresa. A menudo, recibe presión por parte de sus superiores, quienes exigen un constante mantenimiento de las máquinas. Las mismas no deben detenerse ni un instante.

Sin duda alguna es un trabajo desgastador, que requiere de una conexión al entorno laboral de forma constante. Como se dice por ahí, es un trabajo «24/7». La operación depende de que la maquinaria funcione, y las reparaciones deben hacerse en el menor tiempo posible. Esto evita pérdidas en los tiempos de producción, un indicador que se ha convertido en el KPI que la empresa vigila constantemente. KPI *(Key Performance Indicator)* significa un indicador clave de rendimiento, una medida cuantificable del rendimiento a lo largo del tiempo para un objetivo específico.

Enrique no solo enfrenta el reto de mantener la maquinaria funcionando de forma constante, sino que además debe capacitar constantemente a los nuevos técnicos que llegan a su equipo. Esto es producto de una alta rotación de personal. En el último año capacitó a más de diez técnicos para el mismo puesto. Esos técnicos terminan por salir de la organización sin haber siquiera superado la curva de aprendizaje. «Los jóvenes no quieren trabajar,» dice Enrique. «Son todos unos flojos que no tienen ambición por aprender ni respeto por la autoridad.» ¡Vaya sesgo el de Enrique!

Enrique se desespera con frecuencia con su equipo de colaboradores, a quienes ha llegado a insultar verbalmente. A menudo recibe quejas por maltrato, y tiene una mala fama dentro del equipo de gerentes. Esto le causa estrés y, ante su carente habilidad para manejar sus emociones, termina por ser aún más estricto con su equipo. Es un círculo vicioso en crecimiento.

Ante cualquier comentario que critique su liderazgo, Enrique inmediatamente responde con frases como: «debería agradecer que tiene trabajo», «hay muchas personas que podrían ocupar su empleo» y «si no le gusta, ahí está la puerta». Desgraciadamente, muchos de los técnicos que llegan al equipo de Enrique terminan por hacer caso a su propuesta y dejan el empleo en uno o dos meses. Esto causa una alta rotación de personal que ya muestra un impacto negativo en el

KPI con el que se mide al departamento, que son los tiempos de producción. Ese indicador sigue mostrando resultados cada vez más negativos.

Enrique es «cliente frecuente» del departamento de reclutamiento y selección. Mantiene bajo mucha presión a sus colaboradores más experimentados, cubriendo las vacantes que rotan constantemente. Siempre tiene a un par de colaboradores en proceso de capacitación. La rotación es tal, que su técnico más veterano tiene apenas unos meses en la empresa. ¿Conoces a alguien como Enrique?

A pesar de la alta rotación de personal, Enrique se enorgullece de lograr resultados. «La empresa debería agradecerme —dice orgulloso. A pesar de que estos jóvenes no trabajan, las máquinas siguen funcionando.» Por supuesto que esto ha cobrado su cuota. Enrique casi no tiene vida personal. Su familia apenas le ve y cuando pasa un fin de semana en casa, siempre está conectado al teléfono, dando instrucciones a sus colaboradores o respondiendo preguntas de los mismos.

«Sin mí, la empresa simplemente no funciona», se enorgullece diciendo Enrique, sin darse cuenta del gran desgaste físico y emocional que conlleva el trabajar de esa manera. Enrique está camino al agotamiento. Pierde talento debido a sus constantes malos tratos. Está perdiendo su salud, incluso ya muestra las enfermedades y padecimientos vinculados a los altos niveles de estrés. Por si esto fuese poco, mientras Enrique cree que está dando buenos resultados, en realidad le está causando grandes pérdidas a la empresa por los costos escondidos de la rotación de personal. ¡Te explico!

La rotación de personal es el término que se utiliza para expresar la cantidad de personas que se contrata y desvincula de una organización. Esto provee un índice que nos permite medir, entender y mejorar la forma en que atraemos, contratamos, capacitamos, fidelizamos y desvinculamos al personal. En este libro utilizamos las palabras «índice» y «tasa» de manera indistinta. Sin embargo, estos términos pueden tener diferentes definiciones en otras ciencias y por ello es importante distinguirlos.

Regularmente, la rotación se mide con la siguiente fórmula: Índice de rotación de personal por periodo = (empleados desvinculados / promedio de empleados en el periodo) * 100

Índice de rotación de personal por periodo: porcentaje de colaboradores que se desvincularon de la organización.

Empleados desvinculados: cantidad de empleados desvinculados (voluntaria o involuntariamente) durante el periodo.

Promedio de empleados en el periodo: el promedio de empleados que trabajaron en el departamento o área de estudio durante el periodo a medir (mes, trimestres, año, etc.).

Sin duda alguna, medir el índice de rotación de personal es un excelente comienzo para entender cómo este indicador juega un rol en los resultados financieros del negocio. Sin embargo, requerimos de más información para poder entender plenamente cuál es el costo verdadero de tener una alta rotación de personal. Para ello, es importante conocer cuál es el impacto de esta rotación de personal en la organización.

Impactos primarios o cuantificables

Aquí se incluyen todos aquellos costos relacionados con la vinculación y desvinculación del talento en la organización. Regularmente incluyen:

- ✓ materiales para la realización del trabajo

- ✓ uniformes y equipos de seguridad

- ✓ equipos electrónicos

- ✓ el proceso de contratación y capacitación del personal

- ✓ el costo del finiquito o liquidación del talento que sale de la organización

A menudo, los líderes de las organizaciones consideran este último dato como el único costo de rotación de personal. Es precisamente por ello que buscan despedir al personal, debido a que no toman en cuenta el alto costo implicado en dicha decisión.

A menudo nos referimos a la rotación de personal como un costo de operación, cuando en realidad se trata de un gasto. Muchas veces es enorme e innecesario. ¡Reduce la rotación de personal con una estrategia de salario emocional!

Mientras tanto, te invito a que hagas una lista de los costos primarios o cuantificables implicados en el despido y contratación de personal en tu organización. Este ejercicio es muy importante para tomar conciencia sobre el impacto escondido en el costo de la rotación de personal.

A continuación, encontrarás un listado de elementos comúnmente considerados como costos primarios en la contratación de personal. Los elementos son tan variados como las industrias. Algunas empresas requieren adquirir equipos de protección específicos y a la medida para cada trabajador, mientras otros deben renovar equipos de computo y vehículos. Con esto en mente, puede ser que algunos de los elementos en el siguiente listado no apliquen a tu caso en particular. Sin embargo, la lista es una buena herramienta para comenzar.

Ejercicio – Impacto primario o cuantitativo

Calcula el costo primario o cuantificable en la contratación de personal en tu empresa. Selecciona del siguiente listado de opciones aquellas que apliquen a un puesto de tu empresa en particular.

- ☐ Uniforme

- ☐ Equipo de seguridad

- ☐ Computadora portátil (*laptop*)

- ☐ Teléfono inteligente

- ☐ Identificación

- ☐ Correos electrónicos personalizados

- ☐ Asignación de una extensión telefónica

- ☐ Costo de desvinculación

- ☐ Pago de alta en seguridad social

- ☐ Pago de baja en seguridad social (del empleado que salió)

Impactos secundarios o cualitativos

Como impactos secundarios o cualitativos, tenemos algunos un poco más difíciles de medir de manera numérica, pero que tienen un impacto directo sobre la operación general del negocio. Por ejemplo, tenemos el impacto que reciben otras áreas del negocio debido a la ausencia de personal capacitado para realizar la tarea. ¿En cuántas ocasiones vemos que algunos ejecutivos terminan cubriendo las tareas no solamente de su puesto, sino las del puesto que se encuentra vacante? ¡Estoy seguro de que puedes identificarte con este ejemplo!

Esta carga lateral sobre profesionales que ya tienen una descripción de puesto y responsabilidades asignadas termina por disminuir su rendimiento. Además, puede disminuir la calidad de la producción de servicios o productos debido a la falta de experiencia o mano de obra. Otros impactos no cuantificables son un incremento en el número de no conformidades, reclamaciones por parte del cliente final, retraso en el tiempo de entrega de los proyectos que pudiera ser también penalizado de manera económica por nuestros clientes, entre muchos otros. Estos impactos, sin duda alguna, afectan la calidad del desempeño general de la organización. ¿Cuáles consideras que son esos impactos cualitativos en tu departamento o área de trabajo? ¿Qué indicadores podrías utilizar de manera indirecta para poder cuantificarlos? Te invito a usar las siguientes líneas para hacer un listado de aquellos impactos cualitativos de la rotación de personal en tu área de trabajo.

(Selecciona las opciones que apliquen a tu industria o caso en particular)

☐ Costo del tiempo de equipo de RR. HH. en entrevistas

☐ Costo del tiempo invertido en curso de inducción

☐ Costo del tiempo en curva de aprendizaje

☐ Errores cometidos en proceso de entrenamiento

☐ Carga de trabajo en áreas laterales por falta del personal

☐ Reducción en indicadores relacionados a productividad

☐ Costo del tiempo invertido por equipo de RRHH en desvinculación

☐ Riesgos por trámites legales

☐ Costo del tiempo invertido por equipo legal en casos de demanda laboral

Puedes agregar otros específicos de tu industria.

Otro gasto secundario que regularmente no se toma en cuenta es el tiempo que el departamento de recursos humanos invierte en la contratación de talento. Y antes de que me digas que «para eso está RR. HH.», te invito a revisar las siete funciones principales del departamento de gestión humana.

✓ Reclutamiento y selección

✓ Capacitación y desarrollo

✓ Gestión del desempeño

✓ Relaciones con los empleados

✓ Ley de empleo y cumplimiento

✓ Compensación y beneficios

✓ Administración de nómina y sistemas de recursos humanos

Como puedes ver, en RR. HH. hay mucho que hacer. La pregunta es, ¿cuánto tiempo invierte tu departamento de gestión humana en cada una de estas funciones? Si se consume por la contratación de personal y las funciones de nómina y sistemas, ¡probablemente muy poco!

La realidad para muchos profesionales de RR. HH. es que no queda tiempo para nada más. No hay planes de carrera, estrategia, análisis de necesidades de capacitación, mediciones de desempeño o programas de mejora del clima organizacional. ¡Triste realidad de RR. HH.!

Capacitación y desarrollo ya no dependen de RR. HH. sino del jefe inmediato

Efectivamente, la capacitación y el desarrollo de los colaboradores ya no es solo una función de tu departamento de gestión de talento. ¡Que no solo lo digo yo! Basta con echarse una «vueltecita» por el día a día de las empresas para darse cuenta. Cada vez más los departamentos de recursos humanos y gestión de talento delegan las labores de desarrollo y planificación de capacitación en las líneas de gerentes medios (Torraco & Lundgren, 2019).

Vimos que existen siete funciones principales para el departamento de recursos humanos. A pesar de que la capacitación de personal y la gestión del desempeño aparecen en el listado, hoy en día esta labor recae cada vez más en los líderes de equipo, jefes de departamento, gerentes y mandos medios en general. Eso está bien, ¡bastante bien! Además de ser útil, es necesario.

Cada empresa es una universidad diferente

Los entornos laborales son cada vez más complejos y las empresas se han convertido en constantes espacios de aprendizaje para sus colaboradores. La escuela ya no envía a los profesionales listos para el trabajo; hay que capacitarlos y ayudar a su desarrollo. Un ingeniero experto en una empresa tendrá que cursar una curva de aprendizaje en otra. Un colaborador puede ser experto operando una maquinaria en una organización, pero al llegar a una nueva, tendrá que adaptarse a la nueva «forma de hacer las cosas». Es la que esa empresa ha desarrollado y que forma parte de su cultura de trabajo. ¡No hay dos empresas iguales!

Cada empresa se presenta como un universo complejo de oportunidades de educación. Ahí precisamente surge la necesidad de que sean los mandos medios, esos que están en contacto directo con los colaboradores día a día, quienes que decidan sobre las necesidades primordiales de capacitación de sus equipos. Ellos serán quienes midan el éxito de la capacitación y su aplicabilidad en el entorno laboral que enfrentan. ¡Suena lógico!

¡Para la reflexión!

¿Están tus mandos medios listos para afrontar este reto? ¿Respondes efectivamente a las necesidades de capacitación del mercado? ¿Qué tan ágil es tu proceso de autorización? ¿Qué tan empoderados están tus mandos medios para solicitar y autorizar capacitación para sus reportes directos? Después de este momento de reflexión, toca volver al cálculo de la rotación de personal.

Impactos terciarios o estimables

¿Alguna vez te preguntas qué hubiera pasado si tu compañero que tenía más experiencia aún estuviera en la empresa? Tal vez hubieras cerrado aquel contrato si contaras con el conocimiento del vendedor que ya no está. Tal vez la maquinaria no se hubiera descompuesto tan rápidamente si aquél técnico que se fue de la organización hace unas semanas le hubiera dado mantenimiento. Pues bien, estas interrogantes y más forman parte del impacto terciario o estimable de la rotación de personal.

A pesar de que en la cultura occidental constantemente escuchamos decir que el «hubiera» no existe, en realidad tiene un gran impacto en el costo de la rotación de personal. «Si Juan hubiera seguido en la empresa la máquina estaría funcionando.» «Si María no hubiera renunciado tendríamos los reportes a tiempo.» «Si hubiéramos tenido más personal, hubiéramos logrado la meta de producción.» «Si no hubiera tenido tanta carga laboral, no me hubiera enfermado.» Así hay muchos ejemplos más en los que el «hubiera» impacta, y muy fuerte.

Es importante que consideremos que sin esa alta rotación contaríamos con el talento debidamente capacitado para la realización de sus tareas y responsabilidades. Eso permitiría dar un mejor servicio, reduciendo errores, defectos y el número de accidentes e incrementando la productividad.

¿Cuáles son los impactos terciarios o estimables que tiene la rotación de personal en tu organización?

Midiendo el costo de la rotación de personal… ¡A fondo!

Como parte de tu viaje a convertirte en un verdadero embajador del salario emocional, debes entender qué tan negativo es el impacto de un mal clima laboral que lleve a una alta rotación de personal. Seguido encontrarás un ejercicio que te permitirá medir a profundidad cuál es el verdadero costo de la rotación de personal en tu área de trabajo. Este indicador te permitirá presentar iniciativas de salario emocional verdaderamente relacionadas con un ahorro para la organización.

Esta calculadora es una de las herramientas de libre acceso para más de 3,500 alumnos y embajadores del salario emocional que ya se han certificado en el instituto. Se usa frecuentemente para conectar los programas y capacitaciones de salario emocional y bienestar en el trabajo con el resultado financiero del negocio.

Te invitamos a recopilar la siguiente información para que luego puedas realizar el ejercicio en la calculadora para el costo de rotación de personal que tenemos en el instituto.

Una vez recopiles toda esta información, puedes acudir a la siguiente página para realizar el ejercicio del costo de la rotación de personal.

A todos aquellos líderes que con la mano en la cintura dicen, «Si no le gusta su trabajo y las reglas que pongo, ahí está la puerta», les tengo una gran noticia. En el ejercicio del costo escondido de la rotación de personal, utilizando la calculadora que se encuentra en el instituto, les mostramos con gusto cuál es el precio que paga por esa «puerta». Seguro que después de conocer el impacto financiero en el bolsillo de la organización, no será tan sencillo invitar a la gente a cruzarla.

En resumen, el costo financiero (regularmente escondido) de la rotación de personal es mucho más grande de lo que normalmente los líderes logran percibir. Esos costos incluyen aquellos que son cuantificables fácilmente, como el costo de contratación de personal y los implementos necesarios para la realización del trabajo, pasando por las cargas laborales laterales que otros profesionales adquieren mientras se llena la vacante, hasta incluir el costo por hora de los departamentos involucrados en la contratación, reclutamiento, capacitación y desarrollo del talento en la organización.

Como hemos mencionado previamente, el área de recursos humanos no solamente tiene como función contratar y despedir personal en la organización. También, desarrolla estrategias para el crecimiento del talento dentro de la empresa, programas de capacitación para la mejora de la cultura laboral en general y muchas otras tareas más. Todos estos son aspectos fundamentales en un ambiente tan dinámico como el que vivimos actualmente en el mundo de los negocios.

Considerar que el departamento de recursos humanos tiene como única función la de vincular y desvincular personal le lleva a verse sobrecargado de trabajo. Además, le impide ser más estratégico, algo que podría ser de gran beneficio para toda la organización cuando suceda.

Indicadores conectados al salario emocional

«Lo que no se mide no se puede mejorar. Lo que no se mejora, se degrada siempre». Esta frase se atribuye erróneamente a Peter Drucker, pero pertenece al famoso creador de la escala termométrica de los grados Kelvin, el físico y matemático William Thomson Kelvin. Más allá de quién lo dijo, esta frase es de gran importancia para el área de recursos humanos, una que por mucho tiempo se ha alejado de indicadores que impactan directamente el retorno de inversión del negocio. Es decir, miden indicadores, pero no KPI. ¡Explico!

En las empresas, tal y como en la ciencia, los indicadores son datos de medición que nos permiten entender el comportamiento de una situación o aspecto en un momento determinado (Rincón, 2012). Estos datos o indicadores son utilizados en las organizaciones para medir el desempeño de maquinaria, proyectos, tecnología y, por supuesto, del talento humano que labora en la empresa. Sin embargo, es importante mencionar que no siempre estos indicadores son de relevancia para la empresa, por lo que debemos entender la diferencia entre métrica, indicador y KPI o «indicador clave».

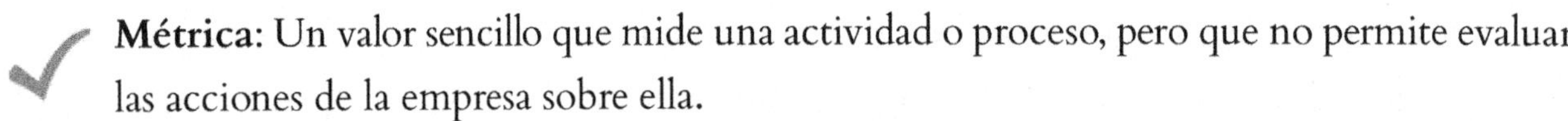

Métrica: Un valor sencillo que mide una actividad o proceso, pero que no permite evaluar las acciones de la empresa sobre ella.

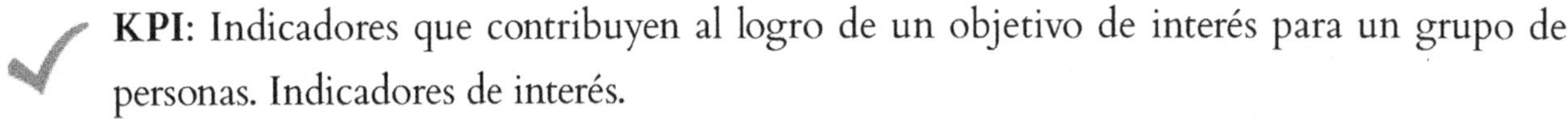

Indicador: datos de medición que nos permiten entender el comportamiento de una situación o aspecto en un momento determinado. En otras palabras, los indicadores son métricas organizadas para ser interpretadas en un periodo de tiempo.

KPI: Indicadores que contribuyen al logro de un objetivo de interés para un grupo de personas. Indicadores de interés.

Recuerda que el hecho de que un indicador sea importante para ti no le hace importante para la empresa. Revisa cuáles son los indicadores clave KPI para el negocio y asegúrate de impactarlos positivamente.

A continuación, te presento algunos de los indicadores más comunes. Selecciona aquellos que mides actualmente en tu empresa o departamento, que te gustaría mejorar en tu equipo de trabajo y que resultan clave para el negocio (KPI).

Jaime en el estudio de grabación de Ontario, Canadá

Indicadores de ventas		
Satisfacción del cliente	Nivel de promoción de clientes (recomendación)	Número de ventas cerradas

Indicadores de redes sociales		
Seguidores	Alcance	Visitas al sitio web
Ventas por visita	Permanencia en sitio web	

Indicadores de ventas al por menor		
Número de visitas	Ventas por visita	Factura promedio

Indicadores de logística		
Rotación de inventario	Rotura de inventario	Costo de transporte
Tiempos de entrega	Costos de aduana	Penalizaciones por retrasos

Indicadores de producción		
Costo medio de la orden de compra	Número de errores de previsión de demanda	Horas muertas en producción
No conformidades	Siniestralidad	Defectos y fallas humanas

Indicadores financieros		
Margen de utilidad	ROI, o retorno de inversión	Punto de equilibrio
Apalancamiento financiero		

Indicadores de mercadotecnia digital		
Tráfico	Usuarios recurrentes y nuevos usuarios	Tiempo de permanencia
Prospectos conseguidos		

Indicadores de RR.HH.		
Rotación de personal	Retención de talento	Ausentismo
Tiempo promedio de contratación	Formación y capacitación	Número de accidentes y muertes

Los indicadores pueden ser tan variados como las empresas deseen. ¿Cuál otro indicador conoces?

Nota: Esta información será de gran utilidad para la estrategia de salario emocional que diseñaremos más adelante.

Lo repetiremos hasta el cansancio; el salario emocional no es una tarea exclusiva del departamento de gestión de talento. Se trata de un esfuerzo de todos y cada uno de los líderes de la organización que tengan personal a su cargo.

Tu misión en las próximas páginas es encontrar la conexión que existe entre los indicadores de RR. HH. y los del área financiera. Si no cuentas con indicadores claros en tu empresa, más adelante te tengo algunas opciones de solución, pero mientras tanto, ¡sigue adelante, embajador! Estamos por abordar un tema crucial: conectar el salario emocional con los resultados financieros del negocio.

Ahora que seleccionaste aquellos indicadores con los que cuentas en tu empresa, o bien has decidido crear los propios, nos enfocaremos en dos grupos específicamente: los indicadores financieros y los que pertenecen a RR. HH. ¡Aquí vamos!

Lo más probable es que no conozcas un mundo sin crisis. Al menos en mi caso, en mis casi cinco décadas sobre este planeta, las crisis abundan: bélicas, económicas, de energía, de agua y recientemente migratorias y de salud. Son cosas de todos los días. Es sencillo comprender que las organizaciones están enfocadas en hacer el mejor uso posible de los recursos de su organización, específicamente los recursos económicos, ya que su crisis constante es la del dinero. En otras palabras, pocas veces hay presupuesto, y cuando lo hay, se audita de forma minuciosa para asegurar su mayor rendimiento. ¿Estás de acuerdo?

Uno de los errores que los líderes cometemos es olvidar conectar los indicadores de RR. HH. (relacionados al talento) con el resultado financiero del negocio, lo cual como ya vimos puede resultar en un gasto innecesario para la empresa. Así que, tomemos cartas en el asunto y conectemos las emociones con el dinero.

Rotación de personal: Utilizando la calculadora de costo de rotación de personal de la sección anterior, podemos calcular la cantidad de dinero que se gasta de manera innecesaria en esta categoría.

Si logramos mejorar este indicador, podremos calcular la cantidad de puntos (porcentuales) que mejoramos con las iniciativas de salario emocional de este libro y así poder medir en dinero el impacto que tenemos con las mismas. Imagina que te reúnes con tu director financiero para pedirle el presupuesto, pero a la vez le ofreces un retorno de inversión a cambio del presupuesto que te va a otorgar. Eso es algo que pocos profesionales hacen, pero que un embajador del salario emocional sabe conectar perfectamente.

Ahora es tu turno, y no tengas pena en auxiliarte con el índice al final de este libro o bien con herramientas como Google para responder a las siguientes interrogantes.

Ausentismo: Escribe la definición, la forma de calcularlo y su conexión con el área financiera del negocio.

Tiempo de contratación: Escribe la definición, la forma de calcularlo y su conexión con el área financiera del negocio.

Formación y capacitación: Describe la definición, la forma de calcularlo y su conexión con el área financiera del negocio.

Accidentes y muertes: Escribe la definición, la forma de calcularlo y su conexión con el área financiera del negocio.

Productividad: Escribe la definición, la forma de calcularlo y su conexión con el área financiera del negocio.

Ventas: Escribe la definición, la forma de calcularlo y su conexión con el área financiera del negocio.

A pesar de que estos indicadores son bastante comunes, existe la posibilidad de que en tu empresa no los midan. En ese caso, reconoce la importancia de los indicadores como una forma de medir tu desempeño y comprométete a seleccionar aquél que puedas medir por tu cuenta y que te resulte más congruente con tu labor dentro de la organización.

Una vez selecciones aquellas métricas clave que deseas medir, realiza un ejercicio para calcular ese dato con exactitud. Los datos para hacer este cálculo deberán estar a tu alcance para que puedas llevar a cabo la medición constante. Entonces, conecta ese resultado con los resultados financieros de la organización. Esto lo convierte en un KPI. Pregúntate qué beneficio tendría la organización a nivel financiero si mejoras el indicador que seleccionaste como el más relevante. ¿Es verdaderamente relevante?

¿No tienes acceso a ningún indicador? Genera uno propio con los datos y métricas que tengas a la mano. ¿Tu líder no te quiere facilitar los indicadores? Concéntrate en aquellos que puedes encontrar por ti mismo. El camino del embajador no siempre es sencillo, pero te aseguro que el resultado será satisfactorio. ¡No te des por vencido!

Y como última idea, te puedo recomendar los índices de rotación de personal como un buen punto de inicio, ya que es uno de los dolores de cabeza más comunes de las organizaciones hoy día. En mi opinión, los indicadores en tendencia son: rotación de personal, ausentismo, puntualidad y accidentes.

Ahora ya definimos lo que es un indicador y seleccionaste aquellos indicadores que te resultan más atractivos por la naturaleza de la empresa en la que laboras. Establecimos la conexión que existe entre ese indicador de gestión de talento y los resultados financieros de la empresa. Ahora, tal vez te estés preguntando, ¿y cómo conecto esto con la felicidad? Si la felicidad es tan única, dinámica y prácticamente imposible de medir, ¿cómo es que puedo medir la felicidad de mi equipo? Pues bien, te tengo la solución en el título de la siguiente sección de este libro: la felicidad no se puede medir, pero el bienestar sí. ¡Así que sigue leyendo, que la cosa se sigue poniendo buena!

La felicidad no se mide,

pero el *P.S.B.* sí

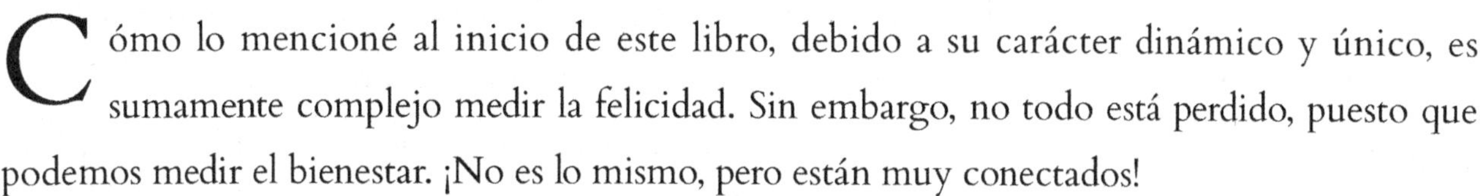

Cómo lo mencioné al inicio de este libro, debido a su carácter dinámico y único, es sumamente complejo medir la felicidad. Sin embargo, no todo está perdido, puesto que podemos medir el bienestar. ¡No es lo mismo, pero están muy conectados!

El bienestar es ese estado de satisfacción personal y confort que facilita la aparición de emociones de felicidad y que se encuentra relacionado a todos los aspectos que rodean al ser humano. Es la plataforma sobre la cual se puede presentar la felicidad de forma mucho más frecuente y estable.

El bienestar comprende aquellos aspectos físicos, emocionales, financieros, espirituales, sociales y comunitarios que son necesarios para poder disfrutar de una vida digna. Esta vida puede fácilmente generar la dopamina, serotonina, endorfinas y oxitocina necesarias para las emociones conectadas a la felicidad.

La literatura varía con respecto a las diversas áreas del bienestar que son necesarias para generar la felicidad en la vida del ser humano. En el instituto *Emotional Paycheck* nos concentramos en cinco categorías del bienestar que consideramos necesarias para un bienestar organizacional y una adicional que considero esencial.

¿Puedes incrementar tu bienestar? Por supuesto, y lo mejor de todo es que a menudo no cuesta mucho trabajo incrementar las categorías de la percepción subjetiva del bienestar. En múltiples ocasiones encontramos cómo pequeños ajustes permiten grandes resultados en esta área.

A menudo, se trata solamente de hacernos conscientes sobre la importancia de ciertas cosas que tenemos a nuestro alcance, pero que olvidamos estimular.

¿Cuánto tiempo me llevará incrementar el bienestar? De la misma forma que la felicidad es única en cada persona, los tiempos en los que verás resultados en cada una de las categorías del bienestar varían de persona a persona. Sin embargo, podemos decir que la mayoría de las personas podrá percibir cambios positivos a partir de las dos semanas (Passmore et al, 2017), mientras que en algunas personas podría llevar un poco más de tiempo.

¿De dónde proviene este bienestar? El bienestar proviene tanto de fuentes externas como internas, dependiendo del tipo de la categoría la que nos estemos refiriendo. En ocasiones, dependerá de factores externos, como las relaciones que tenemos con otras personas o con nuestro entorno. Mientras, en otras ocasiones se tratará más de un ejercicio de introspección, en el cual tendremos que cambiar la forma en que interpretamos las situaciones a nuestro alrededor.

¿Cuáles son las categorías de la percepción subjetiva del bienestar? Comencemos por analizar el nombre. «Categoría» se refiere a la subdivisión del concepto de bienestar en los distintos aspectos que le componen. «Percepción» es aquello que un ser humano recibe como interpretación de su entorno. «Subjetiva» se refiere a que la interpretación que el ser humano realiza de esa realidad y su entorno. Se encuentra sujeta a sus propios filtros y puede ser diferente en cada persona. «Bienestar» es un término que ya hemos definido en esta misma sección como ese estado de satisfacción personal y confort, que facilita la aparición de emociones de felicidad.

Así que, al referirnos a las categorías de la percepción subjetiva del bienestar, estamos hablando de esa categorización (subdivisión) de los distintos aspectos que un ser humano percibe y que le brindan confort en su vida. En el instituto les llamamos categorías de la P.S.B. ¡Para ahorrar palabras!

Las intervenciones de psicología positiva para aumentar la percepción subjetiva del bienestar y disminuir los síntomas depresivos son cada vez más populares (et al, 2009). Hay evidencia de efectos sustancialmente positivos (Woodworth et al, 2013), a pesar de que, como toda ciencia en desarrollo, tiene sus detractores que la tildan de poco efectiva (Mongrain et al, 2012). Lo cierto es que la psicología positiva y las categorías de la P.S.B. cada día ganan más adeptos y se presentan como una muy buena forma de medir el bienestar a nivel personal y empresarial.

A medida que analicemos cada una de las categorías de la percepción subjetiva del bienestar (P.S.B.) te invito a que analices cómo es que estas se encuentran actualmente en tu vida personal y laboral. Así mismo, tendrás la oportunidad de identificar cuáles son aquellas actividades específicas que deberás incorporar en cada una de estas categorías para incrementar las posibilidades de que aparezca la felicidad. ¡Aquí vamos!

P.S.B. social

Sofía es una profesional de recursos humanos de Madrid apasionada por su trabajo. Regularmente, se inscribe en cursos, certificaciones y eventos que le permiten seguir creciendo profesionalmente. Cuenta con las acreditaciones más altas de HRCI (*Human Resources Certification Institute*) y SHRM (*Society for Human Resources Management*) y en su trabajo tiene un buen salario económico. Pero, la relación que tiene con algunas de las otras áreas de la organización deja mucho que desear. Ella es un ser humano con muy buena preparación y excelente actitud, pero se encuentra en un ambiente que no le permite florecer utilizando su potencial.

A menudo se le ignora en las reuniones de trabajo, se le exige que dé resultados pero no se le apoya con información o herramientas para lograrlo, e incluso en las reuniones solo se le brinda retroalimentación cuando comete algún error. Ella conoce de estrategias para mejorar el clima laboral y el salario emocional, pero no le permiten aplicar sus talentos en la empresa.

Sofía sabe que, en lo que respecta a su descripción de puesto, hace un buen trabajo. Pero, no se le reconoce y en general siente que el esfuerzo que realiza para la organización pasa desapercibido. Su jefe no se reúne con ella para revisar su plan de crecimiento o brindar retroalimentación específica de su desempeño desde hace más de dos años. Cuando recibe mensajes de su parte, regularmente son para reclamar algún área de oportunidad. ¿Te suena familiar?

Sofía cuenta con un buen ingreso económico. De hecho, su salario económico está por encima del promedio en la industria, lo cual le lleva a pensar detenidamente si en verdad desea renunciar a este empleo. Pero, hay algo que no le termina de llenar, algo que le hace falta. Aunque no logra identificar exactamente de qué se trata, ya se encuentra buscando oportunidades de empleo. En sus propias palabras nos dice, «Prefiero ganar un poco menos, pero tener la certidumbre de que mi trabajo es reconocido y que mi esfuerzo vale la pena».

Sofía, a pesar de no estar certificada en salario emocional, siente de forma intuitiva que tiene una baja evaluación en la categoría de la percepción subjetiva del bienestar social. Esta es la que responde a la cantidad de amor, respeto, reconocimiento y aprecio que recibe del entorno. Esto le hace sentirse desbalanceada en su posibilidad de experimentar felicidad en la empresa donde labora actualmente.

El aspecto social del bienestar nos conecta con aquello que nos brinda emociones positivas, sensación de conexión con otros seres humanos y con la posibilidad de que lo que hacemos es apreciado por las personas a nuestro alrededor. Es momento de que evalúes en tu caso en particular, ¿cómo se encuentra la cantidad/calidad de amor, respeto, reconocimiento y aprecio que recibes de tu entorno de trabajo?

Para ayudarte a analizar esta categoría de manera más específica, te invito a responder a las siguientes preguntas.

- ¿Qué tan valorado te sientes en tu trabajo actualmente?
- ¿Cuántas muestras de aprecio y respeto recibes por tu trabajo?
- ¿Qué tanto amor percibes hacia ti desde tu entorno laboral?

Con estas respuestas, podrás evaluar la categoría de la P.S.B. social en tu trabajo.

P.S.B. comunitario

De acuerdo al Dr Seligman, existen tres vías para la felicidad (Seligman, 1991). La primera está dedicada al «disfrute y placer producido por aquellas actividades que se realizan». Esto es lo que conocemos como vida placentera. Es efímero, volátil y, a pesar de que nos genera una emoción positiva, es común que en un futuro cercano se requiera de una dosis mayor para poder generar el mismo nivel de felicidad que se experimentó previamente. Mientras, se busca saborear sin prisas ese momento de felicidad que produce emociones de **placer**.

La segunda vía es la vida con compromiso y **pasión**, aquella que «nos permite conectar nuestros talentos y virtudes con un trabajo» y así poder reconocer un impacto positivo a raíz de las tareas que se realizan. Finalmente, la tercera vía tiene que ver con el significado o **propósito**, el cual «consiste en utilizar las fortalezas y talentos con el fin de servir a algo más grande que uno mismo», algo más allá del beneficio inmediato que obtenemos a nivel personal. Esto nos permite percibir que la vida que llevamos tiene sentido, propósito y que se ha vivido una «buena vida».

Estos tres conceptos son importantes para comprender la importancia de la percepción subjetiva del bienestar comunitario. Tiene que ver con la conexión que se percibe entre la comunidad que nos rodea y las actividades que realizamos. Regularmente, esta categoría causa un poco de confusión, así que te invito a responder las siguientes preguntas:

- ¿Qué tanto impacto percibes a tu alrededor a raíz de tus acciones?

- ¿Qué tan fácilmente identificas la forma en que contribuyes a otros departamentos, áreas o proyectos en la organización?

- ¿Cuán identificado te sientes con el resultado final de la empresa?

- ¿Qué tan fácilmente identificas la forma en que contribuyes al éxito del negocio?

- ¿Te sientes parte importante de la comunidad laboral en la que te desempeñas?

Estas son solo algunas de las preguntas que te ayudarán a evaluar la calidad de tu bienestar comunitario.

P.S.B. de carrera

Ramiro es un profesional de tecnología que trabaja para una empresa pequeña en Guadalajara, México. Tiene un buen salario económico y cuenta con el reconocimiento de sus compañeros, es la mano derecha del dueño y, en forma general, Ramiro sabe que tiene las llaves electrónicas de la empresa. Su conocimiento en redes y desarrollo de software le llevaron a desarrollar un sistema de control de inventarios que modifica conforme las necesidades del negocio. Hoy en día es el único que conoce el sistema a fondo. Es una pieza fundamental para el correcto funcionamiento de la empresa de manufactura en la que trabaja.

Rogelio, su jefe, le involucra en todas las decisiones y le proporcionó varios incentivos económicos añadidos a su salario económico. A pesar de esto, Rogelio nota que Ramiro está algo desmotivado últimamente y eso le preocupa, pero no hay mucho que pueda hacer. Ramiro tiene una necesidad de crecimiento que la empresa no puede ofrecer y está listo para nuevos retos. ¿Conoces a alguien así?

Muy probablemente, Ramiro termine por renunciar a su empleo. Incluso, podría aceptar uno en el que se le pague un poco menos, siempre y cuando exista la posibilidad de aprender cosas nuevas y crecer a nuevos niveles. Así de poderoso es el bienestar de carrera.

En más de una ocasión he visto cómo profesionales renuncian a empleos bien pagados económicamente porque no tienen futuro profesionalmente. En algunos casos, como el de Ramiro, el siguiente puesto es ser dueño de la empresa, y eso simplemente no va a suceder. En otros, asistentes ejecutivos tienen maestría en administración de negocio y certificaciones en manejo de conflictos, pero no les permiten tomar ni una sola decisión. En cualquier caso, el poder poner en práctica los talentos, fortalezas de carácter y virtudes con los que contamos en beneficio de la organización es fundamental para experimentar el bienestar de carrera.

¿Cómo descubrir tus fortalezas de carácter?

Cuando comenzamos el análisis de las categorías de la P.S.B., te comenté que más adelante hablaríamos sobre cómo detectar tus fortalezas. Pues bien, lo prometido es deuda y aquí te comparto un recurso que será de tu interés.

El instituto VIA desarrolló una prueba psicométrica que permite identificar las fortalezas de carácter y, por si fuese poco, es completamente gratuita y se encuentra disponible en español. Los resultados de esta breve pero efectiva prueba psicológica te ayudarán a confirmar o descubrir tus fortalezas de carácter y así entender mejor la forma en que contribuyes a tu equipo de trabajo y tus círculos sociales en general. Puedes acceder a ella aquí:

Una vez realices el ejercicio, te será más sencillo identificar si tus talentos, virtudes y fortalezas de carácter se usan en tu empleo actual. De no ser así, esa puede ser una de las razones por las que te sientas desmotivado.

Tan malo es estar en un punto donde tienes tantas tareas que experimentas altos niveles de estrés, como encontrarte en un puesto en el que las tareas son tan básicas que termias por aburrirte y sentirte estancado. ¡El balance es clave!

Para evaluar la categoría de la P.S.B. de carrera, responde las siguientes preguntas:

- ✓ ¿Cuáles son tus talentos, virtudes y fortalezas de carácter?

- ✓ ¿Cuáles son tus credenciales técnicas? ¿Has adquirido nuevas competencias recientemente?

¿Utilizas este conocimiento en tu puesto actual?

- ✓ ¿Tienes un plan de crecimiento profesional claro y con objetivos alcanzables?

- ✓ ¿Confías en que el crecimiento se dará dentro de la organización en la que laboras actualmente?

✓ ¿Tienes tareas que están alineadas a tu nivel de capacitación?

Estas son algunas de las preguntas que te ayudarán a medir la calidad del bienestar de carrera que gozas actualmente.

P.S.B. físico-emocional

Sin duda alguna esta es la categoría más popular en tiempos de pandemia, donde los niveles de estrés han superado máximos históricos de acuerdo a los más recientes estudios de la APA (*American Psychology Association*). La salud física y emocional se encuentran vinculadas y debemos cuidarlas por igual.

El cuidado físico, descanso, desconexión digital, espacios de conversación y apoyo, sensación de logro y las buenas relaciones personales dentro del entorno laboral juegan un rol importante para la salud física y emocional de los colaboradores en la empresa. ¿Te ha dicho el médico que debes reducir el nivel de estrés en tu vida? ¿Cuentas con algún reto de salud derivado del estrés?

Para poder evaluar esta categoría, es importante conocer un poco más sobre la conexión que existe entre la llamada hormona del estrés (cortisol) y las enfermedades físicas que comúnmente conocemos. A continuación, encontrarás una lista realizada por R. Morgan Griffin y revisada por el médico Joseph Goldberg (Griffin, 2014).

- **Migrañas o jaquecas constantes:** Está comprobado que existe una relación entre la aparición de jaquecas y migraña con los niveles de estrés (Armstrong et al, 2006), y estoy seguro que esto no es sorpresa para ninguno.

- **Problemas gastrointestinales:** A pesar de que el cortisol no causa úlceras, las puede empeorar. De hecho, el alto nivel de estrés está relacionado con otras enfermedades gastrointestinales como el reflujo y colón irritable (Levenstein, 1998). ¿Padeces alguna de estas?

- **Envejecimiento prematuro:** Seguro que ya tengo tu atención. En estudios realizados con madres que sufrían de altos niveles de estrés al cuidar de pequeños con enfermedades crónicas, un estudio a nivel de cromosomas mostró un envejecimiento debido al estrés de entre siete y diecisiete años (Pollack et al, 2018), (Pardon, 2007). ¡Vaya dato!

- **Depresión y ansiedad:** Estas enfermedades, cada vez más comunes en un mundo altamente estresado, se encuentran altamente vinculadas con los altos niveles de estrés (Griffin, 2014). Aquellas personas con altos niveles de estrés presentan un 80% más de probabilidades de sufrir de enfermedades como ansiedad y depresión. ¡Y con la poca conciencia que hay sobre estas enfermedades en el ambiente laboral!

- **Diabetes:** Probablemente no consideras esta como una enfermedad relacionada con el estrés, sin embargo, los altos niveles de estrés afectan la diabetes en dos formas. Primero, por los malos hábitos que se pueden desarrollar al tener altos niveles de estrés, y por otro lado, los altos niveles de estrés parecen estar conectados con los niveles de azúcar en el organismo (Lloyd et al, 2005). ¡Alerta con esos datos!

- **Obesidad:** ¡Uy! De acuerdo a recientes investigaciones, el cortisol (hormona del estrés) es parcialmente responsable de la acumulación adicional de la grasa abdominal (Björntorp, 2001). Por ello le insisto a mi esposa que yo no estoy obeso, que simplemente estoy altamente estresado. ¡Necesito un masaje!

- **Problemas cardíacos:** Creo que la veías venir. Después de mencionar la obesidad, la diabetes, la depresión y otras más, es natural que el corazón se vea afectado. Estos problemas van desde la alta presión arterial típica cuando estamos bajo estrés, hasta infartos fulminantes por exceso de estrés (Chandola et al, 2008).

- **Alzheimer:** Esta terrible enfermedad puede acelerarse en su progresión por los altos niveles de estrés de acuerdo a estudios realizados con algunos animales (Chong et al, 2005). ¡Increíble pero cierto!

Estoy seguro de que después de ver este listado, ya tengo tu atención acerca de la importancia de controlar los niveles de estrés en nuestras vidas. Pero, esta categoría abarca un tema adicional, el tema físico, uno que a menudo es supervisado por el área de seguridad industrial.

Algunas empresas proveen a sus colaboradores con el equipo necesario para trabajar de manera segura, otros no. Haz un análisis de las distintas formas en que la empresa cuida de ti. Por ejemplo, en las áreas de producción el cuidado físico puede identificarse fácilmente cuando la empresa provee equipo de protección como lentes, guantes, zapatos con protección, chalecos reflectores y cascos. También, en las oficinas se puede cuidar del personal al vigilar la cantidad y calidad de luz, calidad del aire, ergonomía con sillas y escritorios adecuados e incluso equipando los monitores con protectores de pantalla que reduzcan el impacto en nuestros ojos. Todos estos son signos de que la empresa se preocupa por cuidar de ti físicamente también.

Ahora sí, es tiempo de evaluar la calidad de esta categoría en tu vida.

✓ ¿Tienes alguna enfermedad relacionada con el estrés?

✓ ¿Tomas iniciativa para cuidar de tu estado de salud mental?

✓ ¿Sientes que tu trabajo afecta directamente tu salud física o emocional? ¿Estás haciendo algo al respecto?

✓ ¿Qué tanto contribuye tu trabajo a tu bienestar físico y emocional?

✓ ¿Qué tanto aprovechas y tomas ventaja de las prestaciones de salud física y emocional de tu empresa?

¡Evalúa y analiza el resultado!

P.S.B. financiero

Para aquellos detractores del salario emocional que piensan que solo hablamos de abrazos y emociones, aquí una muestra de que el salario emocional es mucho más que dinero. El aspecto financiero también juega un rol importante en nuestra felicidad y es importante considerarlo como tal.

- ¿Qué tal están tus finanzas?

- ¿Tu salario económico te permite cubrir tus deudas y tener capacidad de ahorro?

- ¿Tienes tantas deudas que requieres de un segundo o un tercer empleo para cubrir tus gastos?

Estas son algunas de las preguntas que te ayudarán a valorar si tu categoría financiera se encuentra en buen estado.

Además, es importante mencionar que, en el aspecto financiero, no solo se debe considerar el ingreso económico que se tiene, sino también los descuentos, promociones y convenios que la empresa aporta como beneficio para sus colaboradores. Por ejemplo, uno de mis clientes recientemente logró un convenio con una empresa de tecnología que ofrece el servicio de internet. Llegaron a un acuerdo para que los empleados de la organización tengan un descuento adicional del 10% por encima de cualquier promoción. Ese es un ahorro que el colaborador puede traducir en un incremento en sus ingresos. ¿Cómo te va en la categoría financiera?

P.S.B. espiritual

A pesar de que en el entorno corporativo mencionamos solamente cinco categorías del bienestar, existe una más a nivel personal que te invito a valorar. Se trata de aquella que te conecta con tus creencias. Esa es la que en ocasiones dejamos olvidada por estar inmersos en la carrera de hacer más, tener más y hacerlo todo más rápido. Se trata de la percepción subjetiva del bienestar espiritual.

¿Hace cuánto tiempo que no pasas un momento a solas? No me refiero a ese momento en el que te aíslas en el teléfono viendo *memes* y videos, sino a un momento en el que te conectes contigo mismo y te recuerdes lo importante que es vivir.

No necesitas ir a lo alto de una montaña. Bastará con reservar un momento para conectarte contigo mismo y con tus creencias, historia y objetivos. Algunas personas encuentran este momento en la oración, otros al asistir al culto, iglesia, mezquita o sinagoga, algunos en compañía de un grupo de meditación y otros mientras arreglan su jardín. ¡Así de diversos somos!

Lo importante es reconocer el «para qué» de nuestra vida, la razón de nuestro esfuerzo, el propósito de nuestra existencia. En ocasiones, nos someternos a la decisión de un ser supremo que nos cuida y acompaña en nuestras tribulaciones. ¡Yo le llamo oración! Pero tú puedes llamarle como quieras. Lo importante es que guardes un momento en el día, o al menos en la semana, para meditar y conectar con aquello que te resulta más importante.

En lo personal, te comparto que en mi casa tengo un pequeño altar que más bien pareciera un árbol genealógico, con fotografías de mis abuelos y de mis padres. La mayoría de ellos ya fallecieron y les recuerdo con su sonrisa tal y como aparecen en la imagen. Durante el día, reservo un momento para hablar con ellos. En ocasiones les cuento mi día, mis preocupaciones y me pregunto qué harían ellos en mi lugar. ¡A menudo eso me saca una sonrisa! Me siento orgulloso de seguir su legado y me imagino que están sonriendo desde el cielo al verme. ¡Nunca estoy solo!

Por las mañanas, le pido a Dios que me ilumine y me ayude a encontrar el talento requerido para hacer frente a aquello que me aqueja y ofrezco un rezo breve para comenzar mi jornada. En ocasiones ese rezo sucede mientras camino con mi perro en el parque, mientras cuido de mis plantas, cuando estoy atorado en el tráfico o cuando me siento en la cama a ver a través de la ventana. En cualquier caso, lo importante es conectar contigo mismo. ¿No lo has hecho nunca? ¡Inténtalo!

Otra forma de conectar con la espiritualidad es el agradecimiento. A mí me encanta llevar un diario de aquellas cosas que agradezco. En un mundo en el que se nos bombardea con malas noticias y se nos alimenta una ansiedad colectiva con malos augurios en la televisión y las redes sociales, es importante contar con un contraataque. Para mí, esa es la gratitud.

Un ejercicio que me enriquece mucho es el ejercicio de la botella, el cual consiste simplemente en tener una botella transparente en la que voy colocando pequeños papelitos con las cosas buenas que me ocurren durante el año. Pueden ser el logro de objetivos, una buena fiesta, la visita de un buen amigo, incluso algún accidente menor que después se convierte en un recuerdo gracioso.

Todos estos papelitos van llenando la botella durante todo el año y en una fecha especial, en mi caso en Navidad, la abrimos y comenzamos a recordar todos y cada uno de los momentos vividos durante esos doce meses.

La botella de la gratitud logra varios objetivos. Por un lado, me permite hacer una pausa y agradecer un buen momento. Además, es una referencia visual que me permite recordar que hubo buenos momentos durante el año. Incluso, en un día malo puedo voltear a verla y recordar que no todo ha sido tan malo. Por último, la botella permite celebrar un ciclo de cosas buenas. ¡Haz tu botella del agradecimiento!

En una empresa de Nicaragua, adaptamos este ejercicio al entorno organizacional colocando una botella de agradecimiento en un departamento. Durante el año, vamos colocando agradecimientos específicos con el formato del V.E.S.O. (técnica que aprenderás más adelante). Se ha convertido en una excelente forma de satisfacer el reconocimiento en los equipos de trabajo.

El agradecimiento es una excelente herramienta de bienestar. Es increíble la cantidad de energía que desperdiciamos en el miedo, la incertidumbre y la ira. Es importante ejercitar el músculo del agradecimiento. Si deseas un diario de gratitud puedes buscar *30 días de gratitud*, por Jaime Leal, en Amazon, y estoy seguro de que te gustará.

¿Cómo te evalúas en tu categoría espiritual?

Ejercicio de medición del bienestar

Ahora que hemos revisado las categorías del bienestar (P.S.B.), es momento de realizar un ejercicio de introspección y autoevaluar el estado en el que se encuentra cada una de estas categorías en nuestra vida.

Utiliza el siguiente gráfico para colocar una calificación de acuerdo a la siguiente escala.

Puedes referirte a las preguntas de cada categoría para tener una evaluación más certera. ¡Tómate tu tiempo!

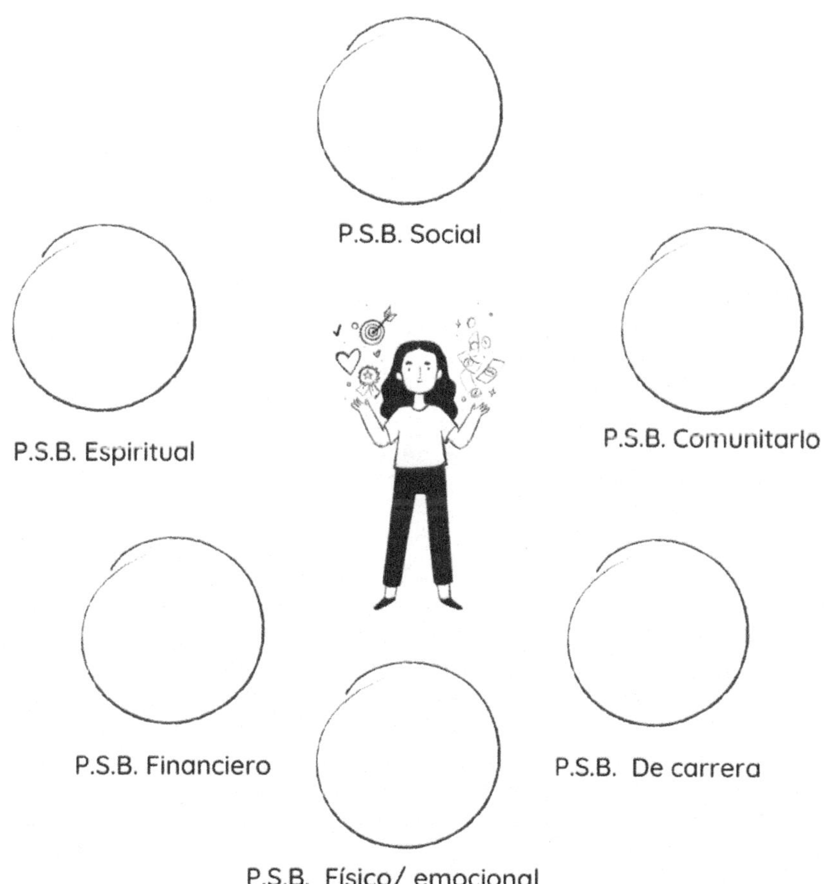

Puedes utilizar el siguiente espacio para escribir tus reflexiones:

Jaime durante una conferencia en Ontario, Canadá

La hormona del estrés

A pesar de que el embajador del salario emocional no tiene que ser un experto en medicina, psicología y neurociencias, es importante que sepa el funcionamiento básico del cuerpo humano cuando de felicidad y bienestar se trata. Por eso, es importante hacer una revisión de las hormonas involucradas en la felicidad y su contraparte, el estrés. ¡Comencemos por ahí!

Conforme nos estresamos, nuestro organismo comienza a producir una de las hormonas responsables del mecanismo «pelea o huye» (*fight or flight*) el cual es responsable de la supervivencia en entornos de alto riesgo.

Imaginemos a un ser humano prehistórico que va caminando por la pradera. Súbitamente, un animal agresivo surge de entre la maleza. El cuerpo humano responde activando la glándula adrenal, misma que se encuentra justo encima de los riñones, produciendo grandes cantidades de adrenalina y cortisol. Esto le permite al cuerpo humano dos cosas: tomar la decisión ante el dilema de atacar o huir (cortisol) y la fuerza y energía necesaria para completar la tarea (adrenalina).

En pocas palabras, el cortisol nos permite decidir rápido, enfocándonos solo en dos posibles escenarios: puedo ganar o debo correr. Mientras que la adrenalina se encarga de darte la fuerza de un luchador de artes marciales mixtas o bien permitirte correr tan rápido como el corredor olímpico Usain Bolt (aunque sea solo por unos metros). Este mecanismo, que es responsable de la supervivencia del ser humano en entornos riesgosos, se vuelve arriesgado en sí mismo cuando se mantiene por espacios prolongados, por ejemplo, cuando tenemos altos niveles de estrés en el entorno laboral.

El cortisol se relaciona con diversos problemas de salud, algunos de los cuales ya mencionamos en la categoría de la percepción subjetiva del bienestar físico emocional. Por ello es importante mantenerlo a raya. ¿Cómo hacerlo? Con la ayuda de cuatro súper héroes más un buen ayudante: me refiero a los cuatro fantásticos de la felicidad en el trabajo y su compañero fiel que, aunque menos reconocido, también es importante.

Los cuatro fantásticos que requieres para ser feliz… y su amigo inseparable.

Así como el cortisol es una hormona que nos ayuda a sobrevivir en entornos críticos, existen otras hormonas que colaboran en situaciones más cómodas y deseables, como la felicidad, el bienestar y el amor. Tal es el caso de la dopamina, la serotonina, la oxitocina y las endorfinas, las cuales son indispensables para un estado de bienestar óptimo. ¿Cómo funcionan? Y mejor aún, ¿cómo podemos promoverlas?

Pues bien, primero que nada, cuando estas cuatro hormonas se encuentran en nuestro sistema, es como estar enamorados. Tenemos ese sentimiento de poder lograrlo todo, sentirnos aceptados y motivados, relajados y con energía al mismo tiempo. Niveles altos de dopamina nos producen esa sonrisa característica del enamoramiento. La serotonina nos hace bailar a cualquier ritmo. Las endorfinas nos hacen sentirnos relajados y la oxitocina nos invita a abrazar a esa persona amada.

Los cuatro fantásticos del amor están presentes y quisiéramos tenerlos así por siempre, pero luego nos casamos y nunca volvemos a verlas juntas… ¡Es broma! Por supuesto que podemos seguirlas experimentando, pero es que el enamoramiento y el amor son dos cosas diferentes. El enamoramiento tiene que ver solamente con esos procesos químicos mencionados previamente. El amor tiene que ver con un compromiso y una decisión de seguir cultivando las actividades y momentos que nos incentiven dichos mecanismos químicos.

Cuando nos reímos junto con aquellas personas que nos agradan, esas que nos hacen reír, nuestro cerebro genera la dopamina necesaria para nuestro bienestar. ¿Hace cuanto que no ríes a carcajadas? ¿Cuántas personas a tu alrededor te hacen reír? Las risas sarcásticas no cuentan en este caso. Revisa tus círculos sociales y encuentra espacios para reír genuinamente (Yim, 2016).

Un buen amigo colombiano, Carlos Góngora, es experto en Yoga de la Risa. Ha primera vez que escuché el término no le presté mucha atención, pero después de acudir a una de sus reuniones y de tenerlo como ponente invitado en nuestra certificación de embajadores del salario emocional, debo admitir que el concepto me agradó bastante. Tal vez quieras revisarlo (*laugther* yoga).

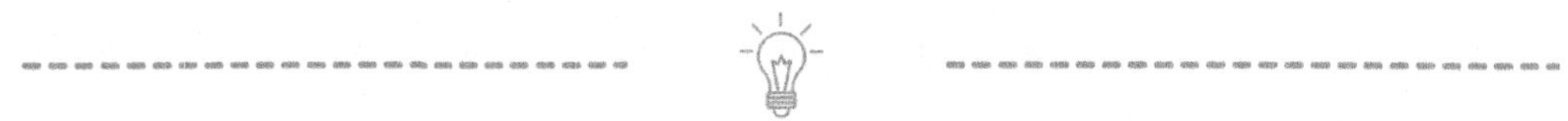

Cuida tu *playlist*, esa lista de canciones que escuchas con frecuencia puede tener más influencia en tu estado de ánimo y manejo del estrés de lo que te has dado cuenta. Es importante que escojas tu música con cuidado. Aléjate un poco de aquellas canciones que te hacen recordar momentos tristes. Procura escuchar más aquellas que te conecten con momentos más felices, aquellas que te generen la serotonina que necesitas.

En palabras de Nietzsche, «la vida sin música, sería un error», y a pesar de que este autor y yo diferimos en muchas cosas, con respecto a esta frase, estoy completamente de acuerdo. También lo están científicos de *Frontiers in neuroscience*, quienes avalan el rol de la música y su conexión con las emociones (Schaefer, 2017).

¿Hace cuánto que no das un abrazo? el poder de un abrazo nunca debe menospreciarse. El abrazo es tan poderoso, que una de las hormonas de la felicidad, la oxitocina, es también conocida como la hormona del abrazo, del apapacho, del acurrucamiento. De hecho, esta hormona está vinculada a la confianza que se desarrolla en otro ser humano (Lee, 2009).

¿Algunas vez has sentido una emoción que te embarga mientras das un abrazo? Una especie de cosquilleo invade tu cuerpo, una emoción que te lleva a querer apretar a esa persona un poco más fuerte mientras que sabes que debes de contenerte porque no le quieres hacer daño. Esa sensación es la que produce la oxitocina en tu cuerpo. ¡Emocionante! ¿De acuerdo?

Sabemos que en un mundo cada vez más conectado a la tecnología y desconectado de otros seres humanos, los abrazos se vuelven un asunto menos común. Te servirá saber que el abrazar a tus mascotas puede tener el mismo efecto que abrazar a un ser querido, tal vez porque a las mascotas también las queremos mucho.

Si no tienes a quien abrazar, abraza a tu mascota. La oxitocina se secreta de la misma forma cuando abrazamos a nuestros animalitos en casa. Abraza a tu perro o a tu gato (aunque estos no lo disfrutan tanto). Eso sí, si vas a abrazar a tus peces, asegúrate de hacerlo dentro del agua, ¡fuera de ella no creo que el pez lo disfrute mucho! ¿Hace cuánto que no haces ejercicio? No me refiero a que seas un súper atleta, sino a incrementar un poco tus pulsaciones. En la medida en que incrementes tu actividad física dentro de tus posibilidades físicas y de salud, podrás generar las suficientes endorfinas para sentirte relajado después de un día con altos niveles de estrés (Harber 1984).

Así que ya lo sabes, dopamina, serotonina, oxitocina y endorfinas son los cuatro fantásticos de la felicidad. Podemos promoverlos con actividades sencillas y que no requieren de mucho tiempo. ¿Cuál es el amigo inseparable del que hablamos en el título de esta sección? ¡Ha melatonina! ¿Hace cuánto que no despiertas por la mañana sintiéndote completamente descansado? Más aún, ¿cómo están tus ciclos de sueño recientemente? Una buena noche de sueño permite equilibrar los niveles de estrés en el organismo. No seas uno de esos compañeros de trabajo que parecen estar jugando competencias para ver quién duerme menos. «Yo dormí solo cuatro horas.» «Yo dormí solo dos.» «Yo no he dormido nada» –dicen como si se tratara de un gran logro. Concéntrate en ser ese embajador que dice, «vaya que he dormido bien. Me siento relajado y listo para enfrentar el día». ¡Compite en las cosas que valen la pena!

La melatonina es una hormona liberada por la glándula pineal (Aulinas, 2000), durante la noche. Se encuentra cercanamente vinculada al control del ciclo sueño-vigilia (cuando estás despierto y cuando duermes). A pesar de que la melatonina se puede encontrar muy fácilmente en casi cualquier farmacia, también podemos promoverla con algunos cambios en nuestros hábitos.

Por ejemplo, la leche tibia, uvas, cerezas, pistachos, algunos hongos o champiñones, huevos y arroz contienen no solo melatonina sino también triptófano, el cual es esencial para el ciclo de sueño. Por otro lado, también se sabe que observar un atardecer ayuda a regular los ciclos del sueño, algo muy útil para un viajero frecuente como yo.

Como embajador del salario emocional, debes defender las oportunidades para producir estos cuatro fantásticos de la felicidad y cuidar que tus colaboradores tengan espacios libres en los que puedan disfrutar de su fiel compañero, <el sueño>>

Diversidad y salario emocional

Estoy seguro de que en tu empresa ya se habla de diversidad, inclusión y equidad, temas sumamente comunes en las empresas hoy en día, ¿no es así?, entonces la tarea te ha sido asignada. ¡Haz de la diversidad tu bandera desde ya! Mientras tanto, volvamos al tema.

¿Te has preguntado por qué es tan importante la diversidad en las organizaciones? ¿Se trata de un tema únicamente social? ¿Es parte de la publicidad del negocio? ¿Se encuentra vinculado a los resultados financieros de la organización?

Está comprobado que aquellos equipos más diversos son más innovadores (HRD Connect, 2019), y al ser innovadores por supuesto se vuelven más rentables. Pero, ¿qué tipo de diversidad es la que ayuda a los equipos de trabajo a ser exitosos? Primero, revisemos el impacto que la diversidad puede tener en el individuo y posteriormente evaluemos cómo es que este impacto también incrementa el salario emocional. Por último, revisaremos un tipo de diversidad de la que rara vez se habla pero que resulta ser incluso más importante. ¡Comencemos!

Todo lo que ocurre en la organización, todo, absolutamente todo lo que hacemos en la organización comunica algo. Bueno, malo o regular, siempre comunica algo, así que debemos analizar qué es lo que comunicamos con nuestras acciones.

La forma en que contratamos personal, le desvinculamos de la empresa, abordamos a aquellos que piensan diferente a la mayoría, todo lanza mensajes constantes que se instalan en la cultura de la empresa. Como comentamos previamente, la cultura se desayuna cualquier estrategia. De nada sirve hablar de diversidad si en el día a día se castiga lo que es diferente. ¡Vaya que he visto casos!

Así que, comencemos por una prueba breve acerca de los diferentes tipos de diversidad que conoces y cuáles de ellos se encuentran en tu empresa.

☐ Diversidad cultural

☐ Diversidad étnica

☐ Diversidad lingüística

☐ Diversidad sexual y de género

☐ Diversidad funcional

☐ Diversidad generacional

☐ Diversidad cognitiva

Otro

¿Cuántos de estos tipos de diversidad conoces? ¿Cuántos de ellos aplican para el entorno de tu empresa? ¿Cuentas con programas de inclusión y diversidad para ellos en tu organización? Si no es así, ¡no tengas pena! Es parte del aprendizaje que obtienes de este libro.

La inclusión y la diversidad tienen un impacto importante en el salario emocional, puesto que el mismo concepto, como lo vimos en los primeros capítulos de este libro, se centra en la unicidad. Es decir, la diversidad de estilos de salario emocional que pueden existir en una organización pueden ser tan bastos como la cantidad de seres humanos en la empresa. Por eso, es importante que cuentes con programas de diversidad e inclusión que atiendan a tu comunidad en particular.

Cabe destacar que, si bien todos los tipos de diversidad son importantes, debemos enfocarnos en aquellos que nuestra comunidad requiere. Por ejemplo, Canadá es un país con grandes avances en temas de diversidad sexual, sin embargo, tiene algunos temas pendientes en otros tipos de diversidad. La mayoría de mis clientes en territorio canadiense enfocan sus esfuerzos en la diversidad étnica y cultural. Esto, debido a la situación histórica de Canadá que está ubicada en territorios pertenecientes a comunidades indígenas, hoy llamadas *First Nations*.

Por otro lado, otros de nuestros clientes en México tienen un gran rezago en el área de diversidad sexual, por lo cual gran parte de los programas de diversidad e inclusión se enfocan en estos temas, así como en la equidad de género. Es importante reconocer cuál es el tipo de diversidad con la que cuentas en tu organización y abordarla efectivamente con programas de reconocimiento, educación, promoción y políticas claras para su inclusión.

En temas de inclusión me gusta mucho la frase atribuida a la conferencista TED Verna Mayers, «diversidad es ser invitado a la fiesta, inclusión es ser invitado a bailar» (*Diversity Is Being Invited to the Party: Inclusion Is Being Asked to Dance*, 2015). En este sentido debemos recordar que, si bien todos formamos parte de la organización, no todos tenemos las mismas oportunidades dentro de la misma. Existen diferentes sesgos cognitivos (distorsión de la información) que limitan el contacto con aquellos que piensan, actúan, se comportan o aparentan ser diferentes a nosotros. El embajador del salario emocional conoce los sesgos cognitivos que impiden la inclusión dentro de la organización y se mantiene atento para vigilarlos en todo momento.

Como podemos observar, la diversidad también debe abordarse de manera única dependiendo de las necesidades del entorno.

Es importante que, como embajador del salario emocional, realices un análisis acerca de la diversidad dentro de tu organización y no te dejes llevar solamente por aquellos tipos de diversidad que se mencionan frecuentemente.

Por último, debemos comentar la importancia de ser congruentes entre lo que comunicamos y lo que hacemos. En alguna ocasión me tocó visitar una empresa que promovía espacios para la diversidad funcional. Incluso contaba con alianzas con diversas organizaciones para personas con distintos tipos de discapacidad, los cuales apoyaban con programas de capacitación y apoyos económicos. Sin embargo, al ingresar a las instalaciones de la empresa, noté la ausencia de rampas para personas con discapacidad motora. No existían los señalamientos para personas con discapacidad visual y era evidente que los ejecutivos y profesionales que laboraban en la empresa tenían prácticamente la misma edad. Todos estos datos nos dejaban ver que si bien la empresa estaba promoviendo la diversidad e inclusión de manera económica, no lo hacía en la cultura en la organización. ¡Que no te suceda!

Como aprendizaje, es importante que al seleccionar el tipo de diversidad con el que deseamos trabajar nos aseguremos de ser congruentes, generando las condiciones para la inclusión de dicha diversidad dentro de la organización. Una vez más, ¡la cultura manda!

Los programas de diversidad e inclusión tienen un impacto positivo dentro de la organización en cada uno de los colaboradores. Pero, también es importante hacer notar que la diversidad regularmente se ve limitada a los aspectos culturales funcionales, sexuales y de género. Sin embargo, hay otro tipo de diversidad que causa mayor interés en tiempos recientes, y se trata de la diversidad generacional.

Cuando hablamos de diversidad, esta se comunica más con acciones que con palabras. Como dicen por ahí, **«tus emociones gritan tan fuerte que no puedo escuchar lo que estás diciendo».**

Diversidad generacional

Tal vez hayas notado que existen diversas generaciones trabajando en un mismo entorno laboral. A pesar de que existen ciertas variaciones con respecto a los años que comprende cada generación, en forma general podemos decir que aún existen las siguientes generaciones dentro de las organizaciones.

- Generación tradicional (previo a 1945)

- Generación *Baby Boomer* (1946 – 1964)

- Generación X (1965 – 1980)

- Generación *Millennial* (1981 – 1996)

- Generación *Centennial* o generación Z (1997 – 2012)

Todas ellas conviven en un mismo entorno laboral a pesar de que se formaron en entornos completamente diferentes. ¡Vaya diversidad! ¿No crees?

Cada una de estas generaciones creció en ambientes diferentes, con acceso a diferente tecnología, incluso diferente información. Dentro del entorno laboral actual podemos encontrar personas que se comunicaban por correo tradicional, ese que tardaba varias semanas en llegar a su destino. Muchos provienen de épocas en las cuales todo se llevaba por escrito, cuando no existían las computadoras. En el mismo entorno laboral contamos con colaboradores que no conocen un mundo sin tecnología y sin computadoras. ¡Solo podemos imaginar la gran diversidad de ideas y formas de resolver problemas que pueden surgir de personas con tan diversa formación!

A continuación, ofrezco un breve resumen con las características estereotípicas de cada una de estas generaciones y una «frase clave» que te puede ayudar a conectar mejor con cada una de estas generaciones.

Generación tradicional (previo a 1945)

Momento histórico: vivieron en tiempos de guerra y post guerra, tiempos de carencia.

Características: buscan mucha seguridad, estabilidad, valoran las empresas estables y con solidez. Una vez encuentran un trabajo tienden a pensar en permanecer en él por un largo periodo de tiempo.

Motivación: asegurar un buen empleo y permanecer en él por mucho tiempo.

Frase clave: «valoramos su experiencia y deseamos aprender de ella.»

Generación *Baby Boomer* (1946 – 1964)

Momento histórico: protestas posteriores a la guerra de Vietnam, el fenómeno hippie, el asesinato del presidente John F. Kennedy, el nacimiento y crecimiento de la televisión como medio de comunicación en masa.

Motivación: la solidez y la perseverancia son importantes, el crecimiento puede ser lento pero se presenta como una opción segura. Pueden permanecer en el mismo puesto por muchos años.

Características: tienden a respetar los procedimientos y apegarse a los mismos, lo cual puede generar una resistencia al cambio. Buscan el crecimiento a largo plazo, por lo que pueden durar por mucho tiempo en el mismo puesto.

Frase clave: «valoramos su experiencia y deseamos tenerlo en el equipo por mucho tiempo.»

Generación X (1965 – 1980)

Momento histórico: viven la llegada del hombre a la luna, la carrera espacial y la Guerra Fría. Con esto se despiertan grandes oportunidades de cambio. Enfrentan enfermedades nunca antes conocidas como el VIH/SIDA. Tienen acceso a la comunicación en directo por medio de la televisión y ven caer el muro de Berlín.

Motivación: el empoderamiento para poder tomar ciertas decisiones, el trabajo duro que se paga con crecimiento a mediano-largo plazo, funcionar como diafragma o conexión entre la generación *Boomer* y los *Millennials.*

Características: tienden a buscar el empoderamiento. Se conocen como la generación adicta al trabajo. Tienden a buscar cierto control sobre la toma de decisiones y un crecimiento a mediano o largo plazo.

> **Frase clave: «nos encanta tenerte en el equipo, confiamos en ti y en tu poder de toma de decisiones, si trabajas duro tendrás buenos resultados.»**

Generación *Millennial* (1981 – 1996)

Momento histórico: es la generación de los grandes cambios y el mayor dinamismo. Ven la guerra televisada en directo. Los ataques terroristas de septiembre 11 forman parte de la historia de sus vidas y crecen con el internet como compañero.

Motivación: trabajar con flexibilidad haciendo uso de la tecnología. Perciben la motivación de trabajar desde cualquier lugar y desde cualquier dispositivo. Por primera vez está disponible el trabajo remoto para la población en general.

Características: tienden a verse como exigentes y frecuentemente retan a la autoridad. Proponen ideas disruptivas y no tienen miedo a renunciar a un empleo. Por primera vez una generación se permite trabajar con el mejor jefe y no con la mejor empresa.

> Frase clave: «bienvenido al equipo, tienes nuestra confianza y nuestra flexibilidad para adaptarnos a tus horarios, puedes conectarte y contribuir desde donde te encuentres, valoramos tu pensamiento disruptivo.»

Generación *Centennial* o Z (1997 – 2012):

Momento histórico: no conocen el mundo sin internet y sin terrorismo. Son activos en las redes sociales. Tienen acceso a cualquier tipo de información desde su dispositivo.

Motivación: la posibilidad de crear un impacto en el mundo por medio de su trabajo, la flexibilidad y la apertura para no juzgar a los demás. Es una generación que demanda diversidad en todo el sentido de la palabra.

Características: adoptan algunos temas que anteriormente resultaban difíciles para otras generaciones como parte de su narrativa diaria. Parejas del mismo género, padres divorciados y la diversidad sexual son temas que no causan una mayor impresión en muchos de ellos, puesto que se han visto expuestos a los mismos desde su nacimiento.

> Frase clave: «te valoramos y te aceptamos tal cual eres, puedes crecer con nosotros, tus aportes y tus ideas tienen un impacto en el resultado final del negocio.»

Es importante observar que si las generaciones se conforman mientras crecen, cada una de las generaciones también educa a la siguiente.

La generación tradicional se recupera de la gran depresión, de la guerra y su escasez, y la mentalidad en casa es la de encontrar y asegurar lo más esencial. Son hogares donde la figura paterna y materna están bien establecidas y prácticamente todas las familias se ven igual. Esa uniformidad permite que los *Baby Boomers* crezcan sin muchos cambios con un patrón para el éxito: busca un buen trabajo, sé fiel y agradecido.

Me imagino a un *Baby Boomer* que trabajó siempre siendo fiel a la empresa y soportando una estructura organizacional rígida. Llegaba y se quejaba en casa de su jefe y de cómo este no le brindaba el empoderamiento que requería.

Mientras, su hijo generación X veía esto con desagrado, y comenzó a exigir un mayor empoderamiento y toma de decisiones. Se volvió un adicto al trabajo, buscando ese crecimiento que se le había negado a la generación anterior. Es la primera generación que no come en casa, que trabaja horas extras sin goce de sueldo y en ocasiones durante los días de descanso. Se premia el sacrificio y se busca el crecimiento en la carrera de «la rata».

Asigna a sus hijos una niñera, que muchas veces mide veintiuna pulgadas y proyecta dibujos animados a los nuevos *Millennials*. Estos crecen muy estimulados por esta «niñera electrónica» (la televisión), los videojuegos y la ausencia de sus padres durante el día. Los programas de una hora se ven reducidos a treinta minutos y cuentan cada vez con más estímulos visuales y auditivos.

Tener una televisión como niñera tiene un impacto negativo en el lenguaje (*Council on Communications and Media*, 2016). Mientras, las aplicaciones electrónicas para aprender a leer muestran resultados positivos en una alfabetización temprana (Radesky, 2015). Estas aplicaciones funcionan mejor cuando están acompañadas por un adulto (Linebarger, 2005). Somos seres sociales que requerimos de una interacción con otro ser humano. Por si esto fuese poco, se ha descubierto que una larga exposición a la televisión en etapas de desarrollo, utilizar la televisión como «ruido de fondo» y contar con pantallas electrónicas activas de forma cotidiana tiene un impacto negativo en la adquisición del lenguaje, la atención y el desarrollo cognitivo de un menor (Lapierre, 2012).

Para los *Millennials* , e1 divorcio se vuelve algo cada vez más común (Kennedy, 2014). Hay enfermedades nuevas que generan conversaciones acerca de la salud sexual. Se explora el espacio y se puede saber qué ocurre al otro lado del mundo en tiempo real. Preocupados por no volverse adictos al trabajo, ellos han visto a la generación X literalmente trabajar hasta el cansancio para luego no tener energía suficiente para disfrutar del retiro, incluso algunos ni siquiera logran retirarse.

Los *Millennials*, en respuesta a lo que han visto en casa, buscan una recompensa en menor tiempo. Desean independencia, reconocimiento, disfrute, viajes y horarios flexibles. Necesitan compensar lo que sucedió con la generación anterior y cuentan con la tecnología para hacerlo.

El tiempo sigue pasando, pero no al mismo ritmo que la tecnología, la cual por primera vez causa un cambio de generación antes de que los *Millennials* logren llegar a los treinta años de edad. Los *Centennials* llegaron, una nueva generación aún más disruptiva que la anterior.

Para este momento, el modelo de negocio ha cambiado. Nuevas tecnologías avanzan tan rápido que los antiguos dueños de grandes empresas no pueden mantener el ritmo. Grandes líderes del mercado caen presa de la nueva forma de hacer negocios. Las enciclopedias desaparecen en formato impreso y se sustituyen con videos y formatos digitales. Los taxis son Lyft, Uber o Contaxi, la televisión es YouTube.

Amazon desplaza a Barnes & Noble (The Associated Press, 2019). Airbnb desplaza a miles de hoteles (Heller, 2019b). Uber desplaza a millones de taxistas alrededor del mundo (Dudley et al, 2017). Finalmente, un pequeño negocio llamado Netflix logra llevar a la quiebra al negocio más grande de renta de películas a nivel mundial, Blockbuster (*Blockbuster Becomes a Casualty of Big Bang Disruption*, 2014), dejando en claro que no hay quien esté a salvo en este mundo disruptivo.

Los millonarios son cada vez más jóvenes y la población cada vez más vieja (Vaupel et al., 2021). Las universidades no preparan a los estudiantes para el mundo que se presenta. Algunos adolescentes lo gritan al mundo en foros como TED (*Does School Prepare Students for the Real World? This Teen Speaker Says No*, 2015). Los *Centennial* saben que deben acudir a nuevas fuentes de información como YouTube, Wikipedia, Linkedin y demás redes sociales para obtener herramientas que les lleven al éxito (Kohler, 2021).

Ahora el cielo es el límite. Puedes trabajar en otro continente si así lo deseas y esto lleva a conformar equipos más diversos que nunca antes. Vivimos en un mundo de extremos, donde hay nuevos ricos y cada vez más pobres (*Growth and Poverty in Developing Countries*, 1979), (Allen, 2013), (Allen, 2017), (*Global Poverty: A First Estimation of Its Uncertainty*, 2021). La población vive más años de los que la pensión alcanza, y la tecnología pareciera amenazar las fuentes de trabajo más básicas, amenazando con dañar el sentido del trabajo en nuestras vidas (Smids et al., 2019). Para muchas personas, la necesidad sobrepasa el deseo y no pueden trabajar en aquello que les agrada, sino en aquello que les brinda acceso a lo más básico (Allen, 2017). Mientras, las tareas más básicas son realizadas por brazos robóticos y máquinas autónomas (*The Rise of Robots and the Fall of Routine Jobs*, 2020). ¡Robots a la carga!

Todo trabajo que pueda realizarse por un robot, será realizado por un robot. Así mismo, **todo trabajo que se pueda hacer de manera remota, se hará de esa forma.**

No es sorpresa para nadie que alguien viva en México, tenga a su pareja en España, un trabajo en Sudamérica y acuda a la escuela en un país diferente a todos los anteriores. Trabajar como *freelance* (profesional independiente) a cualquier edad en plataformas como Fiverr o Upwork se vuelve sencillo, aunque no siempre tiene buenos resultados económicos (Sutherland, 2020). La diversidad se hace presente en cada aspecto de la vida, y la era de la personalización tiene su apogeo. Como los *Centennials* tienen acceso a saber de casos de divorcio, conocen a madres y padres solteros, son bombardeados frecuentemente con información sobre diversidad sexual, drogas, enfermedades de transmisión sexual y escándalos religiosos desde que nacieron, para ellos todo eso es normal. En algunas ocasiones ni siquiera lo hacen parte de la conversación. ¡Cada quien puede ser quien elija ser! Eso era algo impensable para un *Baby Boomer* que aún sigue en puestos organizacionales de forma activa y, en muchas ocasiones, en puestos directivos.

Como podemos observar, **cada generación colabora en la formación de la siguiente, así que antes de quejarnos de la siguiente generación debemos hacer un alto y preguntarnos, ¿qué es eso que la generación está buscando compensar? ¿Qué es lo que yo le enseño a la siguiente generación? Seguramente nos sorprenderemos con el resultado.**

El embajador del salario emocional no juzga a ninguna generación como mala o buena; simplemente entiende que tienen diferentes puntos de vista, todos ellos válidos desde alguna perspectiva. El embajador del salario emocional se convierte en el gran nivelador que reconoce que vivimos tiempos de gran diversidad de formación. Eso lleva a una gran diversidad de ideas, valores, formas de pensar y, por supuesto, de hacer las cosas, todas ellas colaborando para resolver los mismos problemas en las más variadas formas. Sabemos que hay mucho camino por recorrer y que, como en cualquier otro tema, algunos países están mas desarrollados que otros. Sin embargo, la fórmula es la misma: diversidad = más posibilidades de éxito. ¡Fascinante!

Las generaciones evolucionan de forma tan dinámica que, incluso, existen microgeneraciones, pequeños grupos de personas con características similares que pertenecen a un subgrupo o micro-generación. Entre estas se encuentran los *Xennials*, (Taylor, 2018), Digitales, *Alpha*, (Jha, 2020) y hasta los *Pandemials*, personas que tienen la edad suficiente para ser conscientes del impacto total del COVID-19 en sus vidas, pero no lo suficiente como para recordar la vida antes del 11 de septiembre del 2001. Puedes leer más sobre los *pandemials* en el informe de riesgos globales de 2021, del Foro Económico Mundial (World Economic Forum, 2021). De manera similar, la lista de generaciones seguramente seguirá creciendo.

Hace un tiempo, durante una de las conferencias que impartía en Guayaquil, Ecuador, un asistente me preguntó si yo era *Millennial*. Sonriendo, le respondí, «más bien soy VIEJENIAL», mientras me tocaba las canas haciendo alusión a mi edad. Mi esposa rápidamente respondió, «Jaime es bienjenial, con «b», porque es BIEN GENIAL». Todos nos soltamos a reír y en lo personal lo sentí bonito, porque quedó evidente el amor que me tiene.

El embajador del salario emocional sabe que es importante mantenerse al tanto de las nuevas características que se detectan en las generaciones. Esto, con el fin de descubrir diferentes formas de reconocer, motivar y comunicarse mejor con cada una de ellas. Siempre puedes acudir a la publicación mensual de tendencias de salario emocional que publico cada semana. Escanea el código QR para suscribirte.

Ya tenemos claro que las generaciones se encuentran cercanamente conectadas y que cada una de esas generaciones es parcialmente responsable de la siguiente. Ahora, es tiempo de hacer un ejercicio para entender la diversidad generacional de la empresa en la que trabajas, o tal vez de tu equipo de colaboradores. ¡Tú decides!

Antes de proceder con el ejercicio, es importante entender que la estadística puede ser la ciencia de la mentira. Como dice la frase popularizada por Mark Twain, (Twain et al., 2010), quien la atribuyó al primer ministro británico Benjamín Disraelí, «existen las mentiras, las malditas mentiras y las estadísticas». ¿Por qué es importante considerarlo en este momento? Porque como embajador del salario emocional, debemos entender que las estadísticas son útiles para tomar decisiones a nivel macro (cuando tenemos cientos de colaboradores, tal vez miles), pero el salario emocional se lleva a cabo a nivel micro (con tu equipo de trabajo, que probablemente no excede las veinticinco personas).

Las estadísticas nunca deberán ser el único elemento a utilizar para tomar una decisión. ¡Nada sustituye el poder de una buena conversación!

Dicho lo anterior, las estadísticas sirven para comenzar el viaje de entendimiento de nuestros equipos de trabajo, así que, comencemos con algunas estadísticas. ¡Aquí vamos!

Midamos la diversidad generacional de tu equipo

Un ejercicio que realizamos en la certificación de embajadores del salario emocional en el instituto es el análisis de la diversidad generacional dentro de su equipo de trabajo. Dependiendo de tu puesto y del acceso a la información que tengas en tu trabajo actual, te invitamos a hacer un análisis de diversidad generacional basado solamente en la edad (fecha de nacimiento) de las personas con las que laboras.

Ya sea dentro de tu departamento, en tu área o bien en toda la organización, recopila información acerca de la diversidad generacional, por ejemplo:

Si la Empresa «A» tiene un total de 100 trabajadores, de los cuales 50 nacieron entre 1970 y 1990, colocaríamos el número 50 en la generación X y posteriormente un 50% (el 50% de 100 es 50) en la tercera columna.

Al final, el objetivo es entender de mejor manera la diversidad generacional en tu organización.

Generación	# personas	Porcentaje
Tradicional		%
Baby boomer		%
Generación X		%
Millennials		%
Centennials		%
Generación dominante	1	2

De acuerdo a este breve análisis podríamos asumir que en tu caso en particular trabajas con una comunidad de la generación:

Con este ejercicio descubriste cuáles son las generaciones dominantes que existen dentro de tu entorno laboral. Probablemente, tu primer impulso será el de generar programas de inclusión para todos y cada uno de los miembros de tu equipo de trabajo de acuerdo a su generación. Sin embargo, antes de que procedas con eso, te invito a que reflexiones sobre un tema que seguramente resultará nuevo para ti: el migrante generacional.

Migrante generacional: Aquella persona cuyo estilo de pensamiento, motivaciones y habilidad tecnológica difieren de los de la generación a la cual pertenecen. I.e. Lucía tiene 65 años y es gerente de una empresa de seguridad tecnológica y consultora de criptomonedas.

El migrante generacional

¿Sabes de alguna persona que, a pesar de ser mayor de sesenta años, logró adaptarse a la tecnología? ¿Conoces a algún joven que tiene una forma de pensar que pareciera corresponder a alguien de mayor edad? ¿Conoces de alguien que aparentemente pertenece a la generación *Millennial* pero que tiene un estilo de trabajo más parecido al de la generación X? Todas estas son razones por las cuales no podemos encasillar a las personas en una generación por el simple hecho de haber nacido en un año en específico.

De la misma forma en que existe la discriminación por color de piel, nivel de estudio, zona postal y género, también existe la discriminación por edad. Por cierto, es la más común de todas las formas de discriminación (Ayalon, 2017). En múltiples ocasiones, terminamos discriminando a personas que pudieran ofrecer grandes aportes a las organizaciones basándonos únicamente en la fecha en que nacieron. ¡Triste! Pero cierto.

A lo largo de mi camino profesional me encontré con cientos de migrantes generacionales. Tal es el caso de Pedro, un coach mexicano quien, con cerca de setenta años de edad, logra utilizar plataformas tecnológicas para comunicarse con sus clientes. Eso es algo que pudiera no ser previsto por las descripciones establecidas de la generación a la cual pertenece. También conozco a Sergio, un empresario guatemalteco que a pesar de ser un *Baby Boomer* (por edad), utiliza diariamente redes sociales y plataformas tecnológicas para comunicarse con sus clientes. En otras palabras, «es muy *millennial*»

Ellos son dos de los miles de ejemplos de profesionales cuyas competencias les llevan a romper los paradigmas establecidos por la clasificación de generaciones. Para ellos, acuñé el término **migrantes generacionales**. ¿Conoces alguno? ¡Tal vez tú eres uno de ellos!

En resumen, a pesar de que el análisis de diversidad generacional nos servirá para tomar decisiones globales dentro de la organización, es importante considerar que dentro de este grupo de colaboradores también podremos encontrar a migrantes generacionales. Esos no necesariamente encajan con la descripción de la generación en la cual nacieron.

Seguimos nuestro viaje en el maravilloso mundo de la diversidad dentro del entorno organizacional. Estoy seguro de que estás ansioso por conocer cuál es ese tipo de diversidad del que rara vez se habla. ¡Vayamos a ello!

Carito es Gen "X", pero piensa como baby boomer.

Dani es millennial, pero piensa como Gen "X"

Yo soy millennial, pero mi espalda duele como la de un baby boomer.

La diversidad de la que nadie habla

Todos los esfuerzos por mejorar la diversidad e inclusión dentro de las organizaciones son loables y a menudo tienen un impacto social positivo. Pero, también es importante reconocer que la diversidad tiene un rol fundamental en los procesos de innovación y el retorno de inversión de las organizaciones. ¡Por ello el interés de muchas empresas en ser más diversos!

En la diversidad generacional observamos que el entorno en el que las personas crecen tiene un impacto sobre la forma en que piensan y resuelven sus problemas. En otros aspectos de la diversidad podemos observar el mismo fenómeno.

Quiero compartirte una historia que me contó un buen amigo, quien se desempeña como presidente de mercadotecnia de una empresa multinacional. Él me contó la historia de la caja de cereal, la cual se divide en tres escenarios.

Historia: La caja de cereal

Escenario 1: Una empresa multinacional en el ramo de los alimentos recibe una queja por parte de uno de sus clientes: una de las cajas de cereal que adquirieron estaba vacía. Tiene todos los sellos de calidad, se encuentra debidamente cerrada, sin embargo, es evidente que la caja está vacía.

El director de ventas reúne al equipo de producción. Rápidamente, el departamento de mercadeo recibe la información y se conecta virtualmente a la reunión. Logística y almacén están en forma presencial.

¿Cómo pudo suceder esto? Más aún, ¿cómo podemos solucionarlo? Después de largas horas de discusión, el equipo coincide en una solución para evitar que esto vuelva a suceder.

Solución: se instala un costoso equipo de imagen con un brazo robótico en la línea de producción. El equipo constantemente analiza los contenidos de las cajas de cereal y si alguna no tiene nada adentro, se activa el brazo robótico lanzando el paquete vacío fuera de la línea de producción. Inversión: $550.000 dólares. Estatus: aprobado.

Escenario 2: Una empresa con alcance nacional en un país de Sudamérica comercializa un cereal que distribuye empaquetado a sus clientes. Recientemente, recibió una queja por parte de uno de sus clientes más importantes, una caja de cereal llegó vacía. La misma contiene todos los sellos de seguridad y se encuentra debidamente cerrada, pero por el peso que tiene se puede determinar que está vacía.

Rápidamente, el equipo de ventas se reúne en la misma sala con el equipo de producción. ¿Cómo pudo suceder esto? ¿Cómo podemos evitar que suceda de nuevo? —le dice el gerente general a sus colaboradores.

Después de discutir por un rato, se llega a la siguiente solución: se instalará una báscula con bastante precisión en el área de embalaje. Esta báscula podrá determinar si en dicho palé (*pallet*) se encuentra alguna caja vacía. Inversión: $50,000 dólares. Estatus: aprobado

Escenario 3: Una empresa recientemente fundada con sede en una ciudad al norte del país, produce y distribuye cereales en las zonas aledañas. Su alcance es netamente local y la mayoría de los trabajadores de la empresa son familiares y alguno que otro vecino de la localidad que ayuda en los procesos de logística.

Recientemente, recibieron una queja por parte de uno de sus clientes. ¡Ya adivinaste! Una de las cajas de cereal llegó vacía. A pesar de que la empresa es pequeña, cuenta con una línea de producción. Ellos codifican sus envíos con un cintillo de seguridad con un código de colores que les permite identificar el lote y la fecha en que el producto fue empaquetado. Todo coincide, sin embargo el paquete está vacío.

Rápidamente, los familiares encargados de empaque y producción se reunieron y llamaron al consultor que les da servicio de entregas para buscar una solución al respecto.

Después de una breve charla, llegaron a una solución. En la línea de producción, las cajas de cereal se desplazan hasta caer en una caja donde se empaquetan. A un costado de la banda transportadora se colocará un abanico (ventilador). Así es, un simple abanico que logrará tumbar solo aquellas cajas que por no tener contenido son más ligeras. Esas serán fácilmente desplazadas por el viento del abanico, evitando que el incidente de la caja vacía se produzca nuevamente. Presupuesto: $50 dólares, estatus: aprobado.

Conclusión: Sin importar la raza, credo, religión, orientación sexual o lenguaje que utilice, cada persona (o grupo de personas) resolverá sus retos conforme a las herramientas y aprendizajes que adquirió en el contexto en el que se desarrolló (y el presupuesto con el que cuenta). Aquí es precisamente donde la diversidad cognitiva juega un rol fundamental, ¡incluso mayor que los otros tipos de diversidad!

¿Qué tan diverso es tu equipo actualmente? ¿Cómo reaccionas con quien piensa diferente? ¿Notas que en tu área todos piensan de la misma forma? Si en tu equipo de trabajo las personas hablan con los mismos términos, visten de forma similar, conducen coches parecidos y frecuentan los mismos lugares, muy probablemente tengan las mismas ideas. ¡Ahí es donde la diversidad cognitiva entra en juego! No permitas que tu equipo sea víctima de la «ola rosa», otro concepto que acuñé y que te explico a continuación.

Que no te atrape la «ola rosa»

¿Qué sucede con quien piensa diferente? «¡Lo despiden!» —gritó uno de los asistentes a mi conferencia sobre salario emocional en Costa Rica, y su respuesta no está muy lejos de la realidad.

Por años hemos visto cómo los equipos de trabajo se autodepuran, alimentados por una combinación de baja inteligencia emocional, una presión constante del entorno por avanzar rápidamente, una creciente urgencia por ser políticamente correctos y por poco conocimiento de los diversos sesgos cognitivos. Los grupos de trabajo terminan por rechazar a aquellos que piensan de manera diferente. ¿Cómo sucede esto? ¡Casi sin darse cuenta!

Un sesgo cognitivo, o *Cognitive Bias* (Tversky, A. 1972), es un efecto psicológico que produce una desviación en el procesamiento de información a nivel mental, lo cual tiene como resultado una distorsión, juicio erróneo o interpretación lógica equivocada. En pocas palabras, son pequeños atajos que nuestro cerebro toma para analizar la información. Estos atajos nos pueden ahorrar mucho tiempo, pero al mismo tiempo pueden impedirnos ver nuevas oportunidades y, sobre todo, pueden ser dañinos para las personas a nuestro alrededor, por lo que debemos actualizarlos con frecuencia.

Existen al menos veinticuatro sesgos cognitivos que enfrentamos con frecuencia. Puedes ver una serie de videos donde explico los sesgos cognitivos con detalle siguiendo el *QR Code* que incluyo a continuación. ¡Puedes visitar la página y familiarizarte con ellos!

Los sesgos cognitivos terminan por presentarnos grandes retos cuando trabajamos en equipo. Eso es principalmente lo que sucede con la llamada «ola rosa», esa que atrapa a los equipos en la errónea idea de que todos tenemos que estar de acuerdo. Es la misma idea que causa que veamos de forma negativa a la persona que piensa diferente, al que levanta la mano para hacer notar los posibles errores. ¡No dejes que atrape a tu equipo!

Conforme más tiempo trabajan juntos, los miembros de un equipo comienzan a parecerse, ¿lo has notado? Seguramente ahora que lo menciono notarás que incluso tu forma de pensar se ve en gran medida influenciada por el grupo en el que te desenvuelves. Es decir, un nuevo colaborador terminará modificando su forma de pensar conforme invierte más tiempo interactuando con los miembros del equipo (sesgo de conformidad). Lo mismo sucede cuando visitamos otro país, otra ciudad o algún nuevo grupo de amigos. La presión grupal y el contexto en el que nos desarrollamos juega un rol importante en nuestro comportamiento y creencias.

Un buen amigo que habita en Laredo, México (ciudad fronteriza con los Estados Unidos), a menudo cruza la frontera para trabajar. Él admite cambiar completamente su estilo de manejo una vez que se encuentra en territorio americano. Allí reduce la velocidad, utiliza el cinturón de seguridad y siempre está atento a los peatones. Esto es un ejemplo de cómo el contexto modifica nuestro pensamiento y nuestro actuar. Lo mismo sucede en los equipos de trabajo.

Regularmente, la dirección de una empresa ve con ojos positivos esta adaptación y evidente similitud de los miembros de un equipo de trabajo. Le llamarán «adaptarse a la cultura». Sin embargo, esa adaptación de estilos de pensamiento no conviene siempre. Tener el mismo estilo de pensamiento y la misma visión implica que también tenemos los mismos puntos ciegos y mismas áreas de oportunidad (sesgo de pensamiento grupal). Es decir, dejamos de tener diversidad cognitiva (diversidad de ideas, pensamiento, formas de ver las cosas). Este último punto es un gran riesgo para cualquier organización.

Existen algunos sesgos cognitivos que un embajador del salario emocional debe mantener siempre bajo la lupa. A menudo, la formación de un equipo de personas enfrenta diversos sesgos cognitivos. Por ejemplo, una vez que se conforma un grupo de personas para que trabajen en forma conjunta, este comienza a generar su propia identidad, formas de comunicación e incluso adoptan un lenguaje único de manera informal. De forma casi automática, se comienza a desarrollar uno de los sesgos cognitivos más comunes, el sesgo de pensamiento grupal. Aquí, un individuo cambiará incluso de opinión con tal de favorecer el pensamiento del grupo (Asch, 1951).

Esto irá conformando el grupo con el tiempo. Será común no solo que se favorezcan las ideas del grupo, sino que se demeriten ideas que pudieran ser buenas por el simple hecho de que no son convenientes para el grupo y su situación actual. Este es el sesgo conocido como prejuicio grupal (*in-group bias*), el cual tiende a favorecer también a las personas que pertenecen al grupo por el simple hecho de pertenecer a él.

Posteriormente, un grupo bien consolidado tendrá también su propia cultura, estilos de pensamiento y creencias, lo cual lo hace susceptible al llamado efecto contraproducente (*backfire effect*). Ese es el sesgo cognitivo que se presenta cuando un ente externo, por ejemplo, un colaborador de otro grupo, trata de convencer al grupo acerca de una mejor oportunidad. Pero el miembro del grupo, en lugar de ver los hechos, prefiere encontrar cualquier oportunidad o trozo de información para confirmar aún más su creencia previa.

Te voy a dar algunos ejemplos de estos sesgos cognitivos. Tengo un amigo en Monterrey, Chuy, que es ferviente seguidor del equipo de fútbol (*soccer*) Tigres de la Universidad Autónoma de Nuevo León (UANL). Él considera que cualquier cosa que diga un «rayado» (fanático del equipo rival) automáticamente no tiene valor alguno. Sin darse cuenta, Chuy tiene un sesgo de prejuicio de grupo bastante pronunciado, puesto que inmediatamente demerita las aportaciones de otra persona por el simple hecho de no pertenecer a su grupo. En este caso, su grupo son los seguidores del equipo de la UANL.

Por otro lado, en mi caso, como seguidor del equipo de Washington en fútbol americano, a pesar de que el equipo no ha tenido una buena temporada en bastante tiempo, siempre encuentro excusas para seguirles apoyando. En ese caso en particular, soy un ejemplo claro de sesgo del efecto contraproducente, pues entre más razones hay para dejarlos, más excusas encuentro para seguir creyendo. Como dice mi hijo, ¡me gusta sufrir!

¡Así se construyen las barras de aficionados más férreas! Son aquellas que siguen a su equipo a pesar de grandes descalabros y que siempre encuentran alguna razón por la cual la próxima temporada será mejor. Entre más critiquen a su equipo, más ferviente será su devoción hacia el mismo. Este sesgo no solo se presenta en entornos deportivos, sino en lo laboral (defendiendo una idea propia contra la de otro departamento), en lo espiritual (cuando alguien cuestiona tus creencias religiosas) o incluso en las relaciones de pareja (cuando a pesar de que te dicen que esa persona es mala, sigues creyendo que va a cambiar). Lleva a una ceguera que puede afectar gravemente el funcionamiento de cualquier grupo en el mediano y largo plazo.

Pero, la división grupal no solo se presenta entre departamentos. Sabemos que dentro de un equipo de trabajo también se conforman subgrupos, los que a su vez pueden presentar sesgos cognitivos entre sí. Esto es especialmente riesgoso, porque esta tendencia a unificar los estilos de pensamiento de un grupo nos lleva también a ver con «malos ojos» a aquellas personas dentro del grupo que piensan diferente. En otras palabras, aquellos que buscan señalar los posibles errores, los críticos, los pesimistas, los cuales son comúnmente vistos como «creadores de problemas».

Cuando el liderazgo no está capacitado para promover conversaciones de valor y mediar entre distintos puntos de vista, el grupo tenderá a rechazar a quien piensa diferente. Terminarán por silenciarlo, despedirlo o hacerle renunciar a la organización, volviéndose un equipo víctima de la «ola rosa».

¿Qué haces cuando alguien opina diferente a ti? ¿Cuentas con un «pesimista criticón» dentro del grupo? ¿Cómo manejas sus aportes?

El embajador del salario emocional sabe incorporar las ideas y aportaciones de este perfil de colaborador. Asegura que sus preguntas, puntos de vista y opiniones sean parte de la conversación grupal y sirvan como un consultor interno que nos ayuda a mejorar constantemente.

No permitas que la «ola rosa» del positivismo mal interpretado termine por deshacerse de quienes piensan diferente. No permitas que tu equipo llegue a un punto en el que estar de acuerdo es la única opción sobre la mesa cuando el desacuerdo, seguido de una conversación bien guiada, puede ayudarnos a descubrir nuevas áreas de oportunidad y prevenir grandes errores.

Eso sí, en conversaciones de grupos con diversidad cognitiva se requiere valentía. Hay que ser un verdadero embajador del salario emocional para aplicar lo que aquí propongo. Se requiere entereza y mucha inteligencia emocional para aceptar la crítica de un colaborador y utilizarla como una consultoría gratuita.

Como les digo a mis clientes de consultoría, «probablemente lo que vengo a decir como consultor es lo mismo que sus colaboradores llevan años diciéndoles. Ellos lo decían gratuitamente, pero no fueron escuchados y ahora yo voy a cobrar diez veces más caro por decir lo mismo. Tal vez a mí sí me van a escuchar, pero no hay historias nuevas, ni recetas mágicas. Toda la información y soluciones que yo comparta vendrá de su equipo de colaboradores». Cobraré, y cobraré muy bien. ¡Ese es el precio del ego de los líderes que no supieron escuchar!

Esa persona que critica en las reuniones, que levanta la mano para mencionar las áreas de oportunidad, que en ocasiones incomoda en los debates porque parece que siempre se está quejando e incluso insultando, **con el liderazgo indicado puede transformarse de «insultor eterno» a «consultor interno».** El embajador del salario emocional sabe cómo lograrlo. ¡No todos lograrán convertirse en consultores internos, pero sí la mayoría!

Luego de explorar extensamente la plataforma básica necesaria para la felicidad del ser humano en la empresa, el bienestar y sus categorías, los distintos tipos de diversidad, el funcionamiento de la felicidad en el cuerpo humano y las distintas formas en que el salario emocional impacta los resultados de la empresa, es tiempo de entrar a un área mucho más técnica. Hablemos de los distintos componentes del salario emocional en la empresa.

Jaime en acción en Ecuador ante 3,500 personas

Nueve elementos del salario emocional

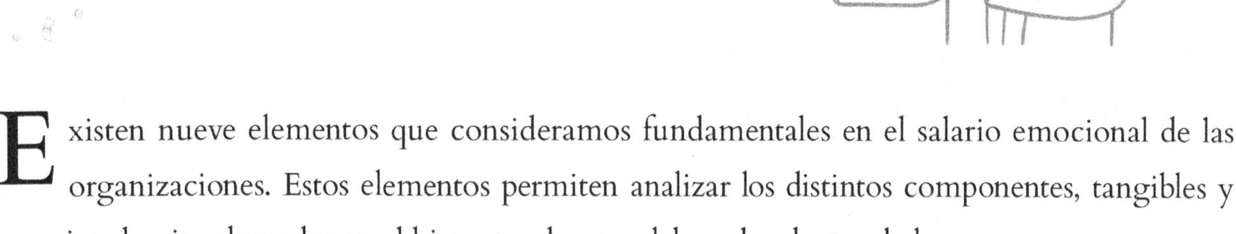

Existen nueve elementos que consideramos fundamentales en el salario emocional de las organizaciones. Estos elementos permiten analizar los distintos componentes, tangibles y emocionales, involucrados en el bienestar de un colaborador dentro de la empresa.

Es importante hacer notar que cada uno de estos elementos puede resultar de mayor o menor peso, dependiendo de la industria en la que el colaborador se desempeña. Sin embargo, todos serán importantes para un colaborador que disfruta de bienestar dentro de la empresa.

Sin más preámbulo, abordemos cada uno de los nueve elementos del salario emocional. Te invito a que, mientras los conoces, evalúes la calidad de tu propio salario emocional actualmente.

Elemento #1: El rol de los equipos y herramientas en el salario emocional

Jenny trabaja para una de las firmas de laboratorios médicos más reconocidas en Canadá, donde se desempeña como supervisora de uno de sus laboratorios de análisis clínicos. En su centro de atención reciben entre 250 y 300 personas diariamente, recopilando muestras de sangre y orina. Los especímenes recopilados se procesan durante la tarde y los resultados se ofrecen por medios electrónicos a los clientes y sus médicos familiares.

Recientemente, y como parte de un proceso de transformación de la organización, se realizaron mediciones en algunos centros de negocio (laboratorios médicos) para fijar indicadores (KPI o *Key Performance Indicators*) que permitan medir el desempeño de cada uno de estos laboratorios.

Jenny estaba muy emocionada ante la posibilidad de comparar su desempeño y el de su equipo con otras unidades de negocio, pero se desmotivó al conocer los resultados de sus indicadores. Mientras otras unidades están atendiendo a 350 personas en un día, ella tiene problemas para poder dar abasto con 250 clientes. Esto le coloca a ella y su equipo de trabajo muy por debajo de la media nacional. ¡No se acercan a lo que ella esperaba!

Todas las unidades de negocio trabajan con los mismos procedimientos y bajo las mismas políticas. Para Jenny, es difícil entender por qué no pueden procesar una mayor cantidad de muestras en su laboratorio. No fue sino hasta que sostuvimos una conversación acerca de su día a día que dimos con el meollo del asunto.

En el centro médico en el que trabaja, Jenny y su equipo tienen solamente una línea telefónica. Se usa para recibir los requerimientos de los médicos familiares. Ahí también llaman las personas que se encuentran extraviadas y necesitan ubicar el laboratorio. Además, con esa línea se conectan al punto de venta y realizan cobros por medio de tarjeta de crédito. Es un gran cuello de botella que no le permite ser más eficiente. Por otro lado, las computadoras parecen ser bastante antiguas y funcionan de manera muy lenta. En promedio, procesar un simple requerimiento puede llevarles hasta el doble del tiempo. En palabras de uno de los trabajadores de esta unidad de negocio, «puedo presionar una tecla y tomarme un café mientras la computadora responde, y ni hablemos del tiempo que lleva reiniciarla».

Definitivamente, el equipo de Jenny se comparó con otros equipos que, pesar de trabajar en la misma empresa, no cuentan con las mismas condiciones laborales. Específicamente, no cuentan con la misma calidad de equipos de cómputo y líneas telefónicas.

En resumen, la empresa midió a todos las unidades de negocios con los mismos indicadores pero descuidó un aspecto importante: no todas las unidades de negocios tienen las mismas herramientas. ¡Esto desmotiva igual que hacer una competencia de velocidad y permitir que algunos corran libremente mientras otros tienen los pies atados!

La empresa agregó una línea de teléfono adicional a este laboratorio, realizó una actualización en los equipos de cómputo y mejoró la velocidad de la conexión a internet. Entonces, Jenny y su equipo pudieron procesar tantas muestras como el resto de los laboratorios a nivel nacional. Además del impacto positivo en el servicio al cliente, Jenny y su equipo están mucho más relajados en su trabajo. Definitivamente, ahora gozan de un mejor pago emocional en este importante elemento del salario emocional.

A partir de hoy nadie se va a casa si no se han enviado todos los reportes.

¡Estoy en problemas! Mi computador aún está enviando los de la semana pasada.

De acuerdo al modelo P.E.R.M.A. del Dr. Martin Seligman (Seligman, 2011), padre de la psicología positiva, la sensación de logro es sumamente necesaria para nuestra felicidad. Contar con el equipo y herramientas necesarios nos permitirá obtener esa sensación de logro que nos mantiene motivados en el entorno laboral.

Muchas empresas exigen a sus colaboradores que lleven a cabo tareas para las cuales no tienen el equipo necesario. He visto vendedores a quienes les exigen que estén siempre presentables con el uniforme de la empresa, aunque solo les brindan un par de camisas al año. Esas camisas, al ser usadas diariamente, terminan por desgastarse y ofrecer una mala imagen. Aún bajo esas condiciones, cuando las camisas se desmejoran los colaboradores reciben un regaño.

He visto a trabajadores arriesgar su salud, e incluso su vida, por la falta del equipo necesario para realizar una tarea. Hay ejecutivos estresados al borde de la locura por la lentitud de un sistema de cómputo. Recientemente, con la pandemia, he visto cómo a muchos ejecutivos se les exige conectarse virtualmente a las reuniones sin siquiera ofrecerles un plan de internet en casa. ¡Increíble, pero cierto!

Además de proveer la herramienta adecuada, es importante proveer la capacitación para utilizarla. Recuerda que aquél que solo tiene un martillo a todo le ve cara de clavo, así que es importante capacitar adecuadamente a los colaboradores para que obtengan el máximo potencial de las herramientas que se les proveen.

Ideas para mejorar el primer elemento: equipos y herramientas

¿Cómo podemos incrementar la calidad del elemento «equipos y herramientas»? Lo podemos hacer en varios niveles.

- Proveyendo las herramientas necesarias para el trabajo

- Capacitando eficientemente en el uso de las mismas

- Facilitando el proceso de mantenimiento, reparación y reposición del equipo y herramientas.

A continuación, ofrezco un listado con algunas ideas para incrementar la percepción del bienestar en este importante elemento del salario emocional. Sugiero que utilices el siguiente código para interaccionar con el ejercicio:

- equis (x): ideas con las que ya contamos

- círculo (O): ideas que no tienes aún y que te gustaría implementar en tu equipo

Lista de ideas para incrementar el elemento del salario emocional: «equipos y herramientas»

☐ Revisión e inventario de herramientas

☐ Capacitación en el uso de herramientas

☐ Capacitación en las seis «S» japonesas*

☐ Capacitación en ergonomía en distintas funciones (incluyendo oficinas en las casas)

☐ Capacitación en carga de objetos pesados de forma segura

☐ Revisión de procesos de mantenimiento de herramientas

☐ Revisión de velocidades de internet

☐ Revisión y actualización de equipos de cómputo y aplicaciones/software

☐ Implementación de herramientas gratuitas de la red (revisar con el departamento de tecnología de la información, o T.I.)

☐ Implementación de departamento de soporte técnico virtual para empleados

☐ Capacitación interna en entornos tecnológicos básicos (Microsoft Office, correo electrónico, calendarios digitales, aulas virtuales, etc.)

☐ Permitir que el colaborador trabaje desde su equipo propio (revisar con T.I.)

☐ Implementación de tarjetas Kanban** para reposición de equipos obsoletos

☐ Sistema de capacitación en línea para colaboradores

☐ Planes de datos para teléfono móvil

☐ Implementar planes de mantenimiento preventivo

☐ Adquirir seguros para el equipo

☐ Proveer equipo para reuniones a distancia (auriculares, micrófono, fondo virtual, iluminación)

☐ Tomar el curso de mejores prácticas de teletrabajo del Emotional Paycheck Institute

☐ Preguntar a los colaboradores acerca de sus necesidades para ser más eficientes.

¿Qué otras formas conoces para incrementar este elemento del salario emocional?

Las seis «S» en el salario emocional

En caso de que no estés relacionado con el concepto de las seis «S», aquí lo describo brevemente. Atribuida al técnico japonés Taiichi Ohno, quien trabajaba para la empresa Toyota, esta técnica es fundamental para la mejora continua. Se enfoca en mantener organizadas las herramientas que se requieren para la realización de un trabajo.

Originalmente llamada las cinco «S» (5S) y posteriormente enriquecida con una sección más, las seis «S» (6S) son: *Seiri, Seiton, Seiso, Seiketsu* y *Shitsuke* y posteriormente se agregó «*safety*» (seguridad).

1) *Seiri* – **organizar**: el objetivo de organizar es separar los elementos necesarios de los innecesarios en el lugar de trabajo. Los elementos que no se necesitan actualmente y que no se utilizan deben retirarse del área de trabajo. Algunos pueden descartarse por completo, otros se pueden poner cerca para recuperarlos fácilmente, y algunos pueden tener una etiqueta roja y colocarse en un área de eliminación para una evaluación adicional.

2) *Seiton* – **poner en orden**: poner en orden significa ordenar los elementos que se necesitan en el área e identificarlos para que cualquiera pueda encontrarlos o guardarlos. La frase clave es «un lugar para todo y todo en su lugar». Se crean bordes o límites para evitar que los elementos se salgan de su lugar con cinta adhesiva o líneas pintadas. Se crea una dirección particular para los artículos para que las personas sepan dónde van y puedan saber si falta algo de un vistazo. El etiquetado, las señales y las descripciones de los artículos son importantes.

3) *Seiso* – **brillar**: brillar, o *shine* en inglés, enfatiza la eliminación continua de suciedad, mugre y polvo del área de trabajo. Este es un programa continuo para mantener el área de trabajo limpia y libre de escombros. A menudo se dice que la limpieza es inspección; la inspección es la detección; la detección es la corrección.

4) *Seiketsu* – **estandarizar**: estandarizar significa desarrollar e implementar un procedimiento para hacer las seis «S» (6S), particularmente las tres primeras; ordene, ponga en orden y brille.

5) *Shitsuke* – **sostener**: sostener significa desarrollar una mentalidad mediante la cual el programa 6S tiene una disciplina que asegura su éxito continuo y está arraigada en la vida y los procedimientos del trabajo diario.

6) *Safety* – **seguridad**: la seguridad era una «S» adicional que se agregó al 5S original. Además de centrarse en la seguridad en el lugar de trabajo, las 5S tienen un impacto en la seguridad. Si el lugar de trabajo está limpio y organizado, será menos probable que alguien se lastime o que algo se dañe.

Mantener las 6S es una buena práctica que no solo incrementa la productividad sino que reduce el estrés y con ello incrementa el salario emocional.

Jefe, para implementar las 6 «S» primero debemos identificar los problemas.

Javi, aquí no tenemos ningún problema

Por un momento pensé que el jefe agregaba una «S». ¡Sarcasmo!

Las tarjetas Kanban

Las tarjetas Kanban facilitan el seguimiento del tiempo de entrega de un producto o servicio. Nos referimos al tiempo que tarda un elemento de trabajo en ir de principio a fin. Las tarjetas Kanban, junto con un tablero Kanban, pueden ayudar a los equipos a identificar «cuellos de botella» en su flujo de trabajo y optimizar su proceso. En lo personal, he utilizado las tarjetas Kanban para ayudar a ingenieros a detectar cuellos de botella en la operación. Con ellas descubrimos áreas de oportunidad para incrementar la productividad y reducir el estrés en los operadores.

Elemento #2: El ciclo de vida del colaborador en la empresa

Debemos encontrar nuevas formas de enamorar a nuestros clientes.

Debemos atraerlos, cuidarlos, lograr que deseen estar aquí.

Si tan solo hicieran lo mismo con nosotros los empleados.

Para explicar este elemento del salario emocional de forma mucho más sencilla, debemos entender un concepto utilizado por el departamento de mercadeo para identificar, atraer, servir y fidelizar a los clientes externos. Hablamos del concepto del recorrido del cliente (*customer journey*). Ese concepto nos permite identificar todos los puntos de contacto de un cliente externo con la marca, desde el descubrimiento hasta la creación de fidelidad.

Este mismo análisis puede aplicarse a la relación de la empresa con su cliente interno, el colaborador. Ese también atraviesa una serie de momentos importantes en su viaje de identificación con la empresa para la cual trabaja. El ciclo de vida del colaborador permite identificar, analizar y mejorar cada uno de los puntos de contacto que los colaboradores tienen con la organización.

A continuación, menciono algunas de las etapas más comunes del viaje interno del colaborador en la empresa, esperando que puedas identificarlos en tu caso en particular.

• El candidato ve un anuncio sobre una vacante

Desde el momento en que un colaborador tiene contacto con la empresa y sus anuncios sobre una vacante, el colaborador comienza a formarse una opinión con respecto a la cultura de la organización. Es importante que vigilemos la forma en que se propone el trabajo y se publicita el puesto, y las expectativas que se generan con la publicación de esta vacante.

He visto algunas empresas que aún siguen publicando abiertamente que el puesto solo requiere hombres o mujeres, o personas menores de cuarenta y cinco años. Estos son claros mensajes de discriminación que incluso en muchos países ya infringen la ley. Estos mensajes ya nos dicen algo acerca del espacio de trabajo y el entorno y cultura que se maneja en el mismo. ¿Y qué tal la frase, «que sepa trabajar bajo presión»? Esa, de forma inmediata, nos describe un ambiente donde los niveles de estrés son altos. ¿Desde cuándo es obligatorio trabajar con altos niveles de estrés?

En general, las expectativas que se forma un colaborador con respecto a una organización en gran medida surgen desde que se escucha sobre la posibilidad de un empleo en la misma. Mantén las expectativas vigiladas y pon atención a las distintas interpretaciones que tu anuncio de vacantes puede tener. Estas a menudo se salen de control y pueden causar grandes estragos en la empresa.

• El candidato decide aplicar para la vacante

La facilidad con la que puede aplicar para la vacante, la navegabilidad del sitio web, la claridad de la información que se presenta, son todos aspectos importantes que alimentan las expectativas del colaborador incluso antes de que nos conozca físicamente. ¿Recibe una confirmación de recibo de su hoja de vida (currículum)? ¿Se le da seguimiento? Toda comunicación manda un mensaje: ¿qué comunicas con ese procedimiento?

• El candidato recibe una invitación para entrevista

Una vez que se invita al colaborador para una entrevista, es sumamente importante causar una buena impresión en el mismo. Algunas empresas hacen que el candidato espere por horas sentado en una sala de recepción o, peor aún, esperando afuera a la intemperie en la caseta de vigilancia. Esto lanza un claro mensaje acerca del estilo de liderazgo que se vive en la organización. En una empresa centrada en el cliente (y también en el cliente interno) es importante recibir a los futuros colaboradores como lo haríamos con los clientes externos de la organización.

Asegúrate de informar al departamento de seguridad y recepción de la empresa que estás esperando a un candidato. Es triste ver cómo algunos de ellos se mantienen por horas en la recepción, o incluso fuera de la empresa, simplemente porque no pueden localizar a la persona que los va a entrevistar.

- **Al candidato que NO se contrata para el puesto**

Aunque no lo creas, también aquí estás enviando un mensaje. La forma en que cierras el proceso de contratación e informas a los candidatos que no fueron seleccionados es muy importante. Esos candidatos invirtieron su tiempo y generaron expectativas de trabajar en la empresa. Su trato tiene un impacto en la cultura organizacional.

¿Qué haces con los candidatos que no fueron contratados? ¿Se quedan con la frase, «nosotros le llamamos»? Cierra, comunica, brinda certidumbre, trata con respeto a todos los candidatos. Como me dice mi esposa, «el mundo es una caraota y todos vivimos en el puntito blanco» (caraota= frijol, habichuela). Así que trata bien a las personas que no fueron contratadas, porque esto también es trabajar para generar una buena cultura laboral en la comunidad.

- **Al candidato que se contrata para el puesto**

Este es el momento en el que se da la bienvenida oficial al colaborador. Muchas empresas comienzan el proceso de fidelizar en esta fase. Otorgan un paquete de bienvenida con algunos souvenirs y ofrecen una descripción del puesto detallada. Algunas otras organizaciones van más allá e incluso asignan a un mentor dentro de la organización, para que puedan acercarse a él y resolver cualquier duda que tengan.

En cualquier caso, es muy importante asegurar que tenemos todo listo para recibir a nuestro nuevo cliente interno. ¡Garantiza una buena impresión!

• El colaborador comienza su curso de inducción

Cada empresa es distinta cuando se trata de ofrecer un curso de inducción y cada uno de los puestos en la organización tendrá diferentes tiempos de adaptación antes de ser productivos. Es importante estar consciente de la curva de aprendizaje y apoyar a los nuevos colaboradores con mentores dentro de la organización para resolver sus dudas.

Sabemos bien que hoy en día las universidades no pueden entregar profesionales completamente listos para los puestos actuales. Independientemente del nivel de preparación que tenga un profesional, siempre deberá cursar una curva de aprendizaje, adaptándose a la forma de hacer las cosas en la organización que le contrata.

En gran medida, las empresas se han convertido en la verdadera maestría de las universidades. Tan es así, que algunas instituciones educativas ya cuentan con periodos de trabajo dentro de las organizaciones y cuentan como materias de estudio en el plan universitario. Esta es una medida que permite que las universidades ofrezcan experiencia práctica con temas de actualidad. ¡Indispensable!

Las universidades no pueden mantenerse al día con la especialización que se requiere dentro de las organizaciones. Esto nos lleva a desarrollar cursos de inducción cada vez más complejos y especializados. Es importante que le brindemos el tiempo necesario a cada uno de los colaboradores para que pueda adaptarse de manera eficiente a su nuevo puesto de trabajo.

¿Mides la curva de aprendizaje en cada puesto? ¿Cuentas con seguimiento y apoyo para que el colaborador encuentre respuesta a sus preguntas? ¿Cómo aseguras mantener actualizado tu programa de inducción?

• El colaborador atraviesa algunos momentos importantes en su vida

Una vez el colaborador se encuentra trabajando formalmente en la organización, debemos vigilar su viaje interno, respetando y observando cada uno de esos momentos importantes que logra en su vida tanto a nivel personal como profesional. El colaborador, como cualquier otro ser humano, está expuesto a distintos momentos que pueden aprovecharse como grandes oportunidades para conectar a nivel emocional con él.

Frecuentemente, invito a los embajadores del salario emocional a desarrollar protocolos para los distintos momentos en la vida de un colaborador. Veamos estos momentos como unas ventanas en las cuales el colaborador se encontrará especialmente sensible y abierto a nivel emocional. Esos son momentos donde vamos a poder conectar de manera mucho más eficiente con nuestros colaboradores. A continuación, un listado de algunos de estos momentos. Te invito a que marques aquellos para los cuales tienes un protocolo establecido.

Un protocolo es el conjunto de reglas o procedimientos que, ya sea por práctica de cultura general o por mandato de la organización, se establecen para ciertos momentos en la vida del colaborador.

Por ejemplo, en casos de cumpleaños, el protocolo de algunas empresas es que el departamento de recursos humanos asigna un presupuesto para la compra de una torta (pastel), panecillos, aperitivos y materiales para la decoración del lugar de trabajo. El departamento de mercadotecnia otorga un paquete de souvenirs con la marca de la empresa y al colaborador se le permite retirarse temprano si así lo desea. ¡Todos los colaboradores recibirán el mismo trato en su cumpleaños!

Protocolo: Conjunto de reglas de cortesía que se siguen en las relaciones sociales y que son establecidas por costumbre.

Protocolo en salario emocional: Procedimientos que tienen como objetivo responder de manera pronta y equitativa ante las necesidades de los colaboradores de una empresa.

Como puedes observar, en un protocolo se encuentra claramente establecido quién hace qué y cuánto cuesta. A menudo, este protocolo se apoya en varios departamentos que deben informarse con antelación. Esto permite tener un comportamiento estándar con diversos miembros del grupo, evitando que algunos de ellos perciban favoritismo o se sientan aislados.

Momentos importantes en el ciclo de vida del colaborador

A continuación, encontrarás un listado de distintos momentos importantes dentro de la vida de un colaborador. Te invito a que coloques cuál es el protocolo que tienen dentro de tu empresa para dicho momento. En caso de que no cuenten con un protocolo establecido, este es un buen momento para comenzar.

Cumpleaños

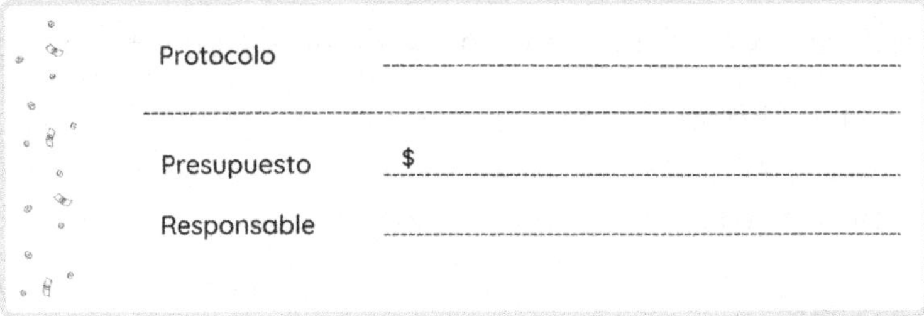

Matrimonio

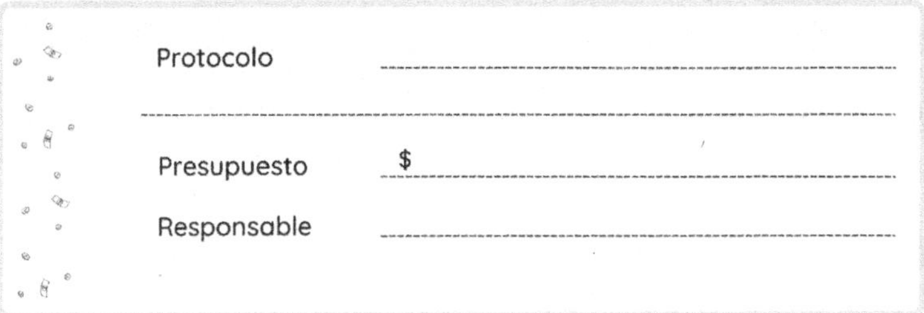

Aniversario en la empresa

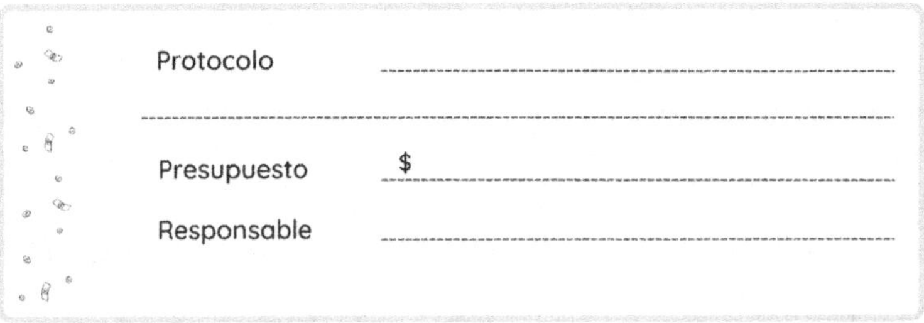

Nacimiento de un hijo

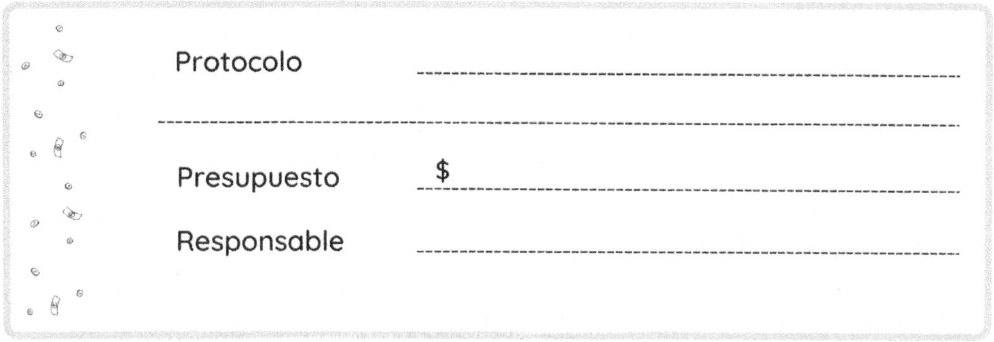

Protocolo

Presupuesto $

Responsable

Graduación propia o de un hijo

Protocolo

Presupuesto $

Responsable

Matrimonio de un hijo

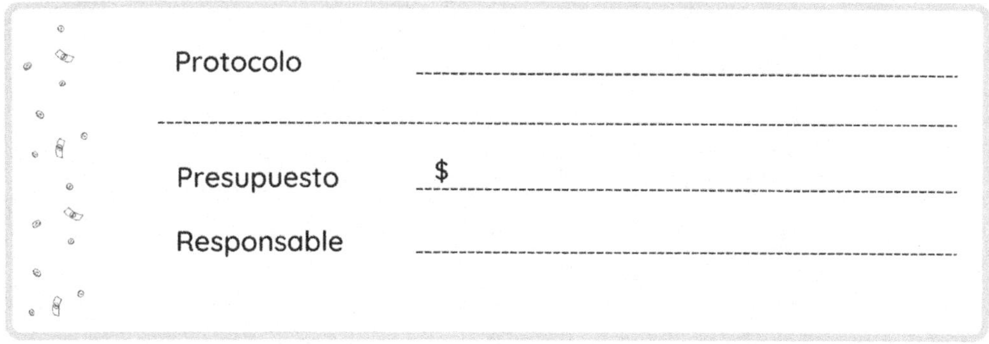

Protocolo

Presupuesto $

Responsable

Fallecimiento de un familiar

Protocolo

Presupuesto $

Responsable

Fallecimiento de una mascota

Protocolo

Presupuesto $

Responsable

Colaborador cae en enfermedad o tiene algún accidente

Protocolo

Presupuesto $

Responsable

Fallecimiento del colaborador (contacto con familiares)

Protocolo ______________________________________

____

Presupuesto $______________________________

Responsable ______________________________

Desvinculación voluntaria

Protocolo ______________________________________

____

Presupuesto $______________________________

Responsable ______________________________

Desvinculación involuntaria

Protocolo ______________________________________

____

Presupuesto $______________________________

Responsable ______________________________

Retiro

Protocolo

Presupuesto $

Responsable

¿Encuentras algún otro momento importante dentro de la vida de un colaborador que debamos considerar?

Es de suma importancia aprovechar cada una de estas ventanas emocionales para conectar con nuestros colaboradores. En esos momentos es cuando el colaborador puede identificar a sus amigos y quiénes de verdad le apoyan, y es crucial que le dejemos claro que él es importante para la empresa.

Contar con estos protocolos te permitirá ser consistente en tu mensaje y poder tratar a las personas de igual manera. Recuerda que no solo es importante atraer talento, sino que el verdadero éxito del salario emocional se encuentra al fidelizarlo.

Todos sabemos que el paradigma de los departamentos de recursos humanos se ha invertido en los últimos años. El aumento en rotación de personal y la dificultad para atraer a los candidatos ideales para el puesto lleva a los reclutadores a pasar meses sin cubrir una vacante, lo cual los lleva a la desesperación.

Esta desesperación lleva en muchas ocasiones a los reclutadores a exagerar las condiciones de trabajo, omitir algunos detalles o minimizar las áreas de oportunidad buscando «enamorar» al candidato para que continúe la solicitud. Es decir, frecuentemente los reclutadores terminan siendo vendedores de oportunidades laborales. Desgraciadamente, esto no siempre resulta positivo.

La emoción es el pegamento que adhiere las memorias a nuestro cerebro. Aprovechemos estos momentos importantes (ventanas emocionales) para conectar con nuestro colaborador.

Un curso de inducción sólido y bien estructurado, indicadores, conocimiento sobre los clientes y proveedores internos, mentores internos, metodologías y procedimientos claros suman para que la experiencia de un nuevo elemento en la empresa sea positiva y podamos gozar de un buen pago emocional desde el inicio.

Aquí te comparto un chiste de RR. HH. que, si bien es una adaptación de otro chiste más antiguo, describe la situación de muchos colaboradores en sus primeros días de trabajo.

Una gerente de RR. HH. sufre un accidente y fallece. Al ser practicante de la religión católica, su alma llega al cielo, donde San Pedro le da la bienvenida.

—Antes de admitirte en el cielo permanentemente —le dice San Pedro, —tenemos un pequeño problema… Verás, nunca antes un gerente de RR. HH. ha llegado hasta aquí, y no estamos muy seguros sobre qué hacer contigo.

—Oh, entiendo —dice la mujer, —¿No podrían simplemente dejarme ingresar?

—Bueno, definitivamente me gustaría —dijo San Pedro, —pero tengo órdenes específicas del jefe. Nos han pedido que te dejemos pasar un día en el infierno y un día en el paraíso. Luego, deberás elegir en dónde te gustaría pasar el resto de la eternidad. Es una especie de entrenamiento cruzado. Velo como un *tour* por las instalaciones antes de que te contrates permanentemente.

—En realidad pienso que preferiría simplemente quedarme en el paraíso —dijo quien en vida fue gerente de RR. HH.

—Lo siento, es parte del procedimiento de la organización y es política para casos como el tuyo —le contestó San Pedro mientras dirigía a la señora al ascensor que llevaba al infierno.

Así, la mujer subió al ascensor y descendió a las tinieblas. Al abrirse la puerta ella vio un hermoso campo de golf. A la distancia se veía el hoyo 19 al otro lado de un pasto perfectamente cuidado. A su alrededor estaban muchos amigos, viejos colegas, había reclutadores, líderes de empresas conocidas y muchos políticos. ¡Creo que todos los políticos estaban ahí! Y se encontraban vestidos impecablemente, felices y charlando. La recibieron con abrazos mientras recordaban anécdotas de su vida.

Ella les acompañó jugando golf y luego disfrutaron de una maravillosa cena de cinco platos con vinos de los más diversos tipos. Ahí se encontró con «el jefe del lugar», mismo que contra todo pronóstico, parecía un buen tipo. Él le dio la bienvenida a aquél lugar y terminaron la velada riendo y bailando.

El tiempo pasó volando y llegó la hora de volver al ascensor. La mujer no salía de su asombro mientras todos se despedían amigablemente. Así la mujer subió al ascensor y llegó al paraíso, donde San Pedro la estaba esperando justo en la puerta. «Bienvenida al paraíso», le dijo.

Entonces, de acuerdo a la política de aquél lugar, ella transcurrió las próximas veinticuatro horas en las nubes, en paz, con calma, cantando, tocando el harpa y observando el paisaje. Aquello estuvo genial, pero no podía dejar de pensar en los buenos momentos que pasó en su paseo por el infierno. Llegó el final del día y San Pedro le dijo, «ahora que ya conoces ambos lugares, debes elegir en donde pasarás la eternidad».

—Bueno, el paraíso es ciertamente encantador, no me lo tomes a mal, pero la pasé mucho mejor en el infierno, así que es ahí donde quiero estar —dijo la mujer mientras se subía al ascensor.

Cuando se abrieron las puertas del infierno, en lugar de un campo de golf se encontró parada frente a un paisaje desolador cubierto de basura y restos de animales muertos. Sus amigos estaban vestidos con harapos, buscando comida en el suelo. El Diablo se le acercó y puso su brazo sobre el hombro de la mujer mientras le decía, ¡Bienvenida!

—No entiendo —dijo la gerente de RR. HH.. —El otro día había un campo de golf y lujos, cenamos platillos suculentos, bailamos y reímos… Ahora solo hay suciedad, mis amigos se ven miserables y ciertamente nadie está contento de verme.

El Diablo la miró y sonrió. —Ayer te estábamos reclutando. Hoy ya eres parte del equipo.

¿Cuántas veces he visto suceder algo similar? ¡Perdí la cuenta! Muchas empresas, ante el desespero de atraer talento, terminan por convertirse en «vendedores de humo», generando expectativas que luego no pueden cumplir. Prometen un excelente ambiente laboral cuando en realidad tienen múltiples conflictos internos. Ofrecen un ambiente donde el colaborador es primero y ni siquiera cuentan con un plan de vida y carrera. En fin, terminan prometiendo las estrellas y terminan estrellados. Pero, ¿cómo podemos comenzar a cambiar eso?

Si deseas mejorar el pago emocional de tus colaboradores, es importante que comiences con el pie derecho. Un sano proceso de entrevistas, inducción e integración pueden causar una buena primera impresión, pero es importante vigilar las demás estaciones del ciclo de vida del colaborador en la empresa.

Formas de mejorar el ciclo de vida del colaborador en la empresa

A pesar de que el ciclo de vida del colaborador en la empresa tiene múltiples etapas, en mi experiencia hay una que causa una huella verdaderamente importante y en ocasiones difícil de olvidar. Se trata de la primera impresión al ingresar a un empleo.

Sistema R.I.C.O.T.T. para recibir a un colaborador exitosamente

Para mejorar el proceso de adaptación de un colaborador al entorno laboral diseñé el sistema R.I.C.O.T.T., que consiste en una serie de requerimientos para que los primeros días del colaborador en su nuevo empleo tengan un alto salario emocional.

R.I.C.O.T.T. es un acrónimo que nos ayuda a recordar los elementos primordiales en el proceso de bienvenida. Los elementos del acrónimo son:

- **Rol en la empresa**: Es importante que el colaborador reciba una explicación clara de su rol en la empresa. Debes incluir tareas, objetivos, conexión con el resto del equipo de trabajo, etc. (Un buen curso de inducción cubre parcialmente este punto.) En este paso a menudo se entregan souvenirs, paquetes de pertenencia y se le asigna un espacio de trabajo, extensión telefónica, correo electrónico, entre otras herramientas y materiales de bienvenida. ¡Este es el primer paso para generar una conexión entre la marca empleadora y la marca personal del profesional!

- **Integración social**: Presentar al nuevo colaborador con sus compañeros más cercanos, permitir que se conozcan y que intercambien al menos una breve conversación por unos minutos es fundamental para cubrir el aspecto social. Recordemos que entre más rápido se integre el colaborador con el equipo, más rápidamente se cursará la curva de aprendizaje. Como punto adicional, es importante asignar un mentor o ángel guardián bien capacitado y que esté alineado a la cultura de la organización con el que el colaborador pueda contar en caso de cualquier duda. ¡Integración social!

- **Cultura**: Al mismo tiempo que presentamos al colaborador con sus nuevos compañeros de trabajo, es el momento de presentarle los aspectos más relevantes de la cultura. ¿Saludamos de mano o de lejos? ¿Utilizamos títulos o nombres propios? ¿Existe algún tipo específico de vestimenta? ¿Qué es bien visto y qué no en términos de inclusión y diversidad? Estos, entre otros factores. Es importante no asumir que el colaborador sabe cómo comportarse y encajar en nuestra cultura. Evitemos malos momentos y presentemos cuáles son los aspectos más importantes de la cultura organizacional a la que se está integrando. ¡Presenta tu cultura como es y no como deseas que sea!

- **Objetivo**: Cuando asignamos un objetivo a nuestro nuevo colaborador, le estamos brindando la oportunidad de comenzar con la certidumbre de saber lo que se espera de él.

- **Tarea inicial**: Siempre es importante asignar una tarea inicial al colaborador, esto con el fin de que comience con el pie derecho y sintiéndose útil para la empresa. Asegúrate de asignar algunas actividades que, aunque sean sencillas, puedan ser revisadas en un tiempo determinado. Esto permite una expectativa en el futuro que le mantendrá motivado.

- **Tiempo de revisión**: Siempre es importante que al implementar el sistema R.I.C.O.T.T., aseguremos que existe una fecha determinada en la que revisaremos el sentir del colaborador. Ahí obtendremos cualquier retroalimentación que nos ayude a mejorar el proceso de inducción.

¿Qué piensas del sistema R.I.C.O.T.T.? ¿Qué otras ideas sugieres para mejorarlo?

Ideas para mejorar el segundo elemento: el ciclo de vida del colaborador

A continuación, ofrezco un listado con algunas ideas para incrementar la percepción del bienestar en este importante elemento. Selecciona aquellas que ya tienes y marca también aquellas que consideras puedes aplicar en tu organización. Sugiero que utilices el siguiente código para la lista a continuación:

- equis (X): ideas con las que ya contamos

- círculo (O): ideas que no tienes aún y que te gustaría implementar en tu equipo

☐ Proceso de reclutamiento y selección claro

☐ Mensaje de agradecimiento a candidatos no seleccionados

☐ Programa de bienvenida con tour por instalaciones

☐ Kit de bienvenida personalizado

☐ Kit de equipo de seguridad y protección

☐ Asignación de un colaborador a quien acudir en caso de cualquier duda

☐ Acompañamiento en la primer semana de trabajo

☐ Curso de inducción sólido y bien estructurado

☐ Reunión con jefe inmediato para bienvenida

☐ Reunión con jefe inmediato al mes de ingreso

☐ Reunión con jefe inmediato cada cuarto

☐ Asignación de mentor interno

☐ Desarrollo de plan de vida y carrera

☐ Descripción de puesto clara

☐ Medición del desempeño (KPI claros)

☐ Asignación de presupuestos para emergencias de colaboradores (defunciones de familiares, desastres, etc)

☐ Protocolos de intervención en momentos especiales (ver ejercicio previo)

☐ Día de la familia (visita de familiares al entorno laboral)

☐ Programas de reubicación (*outplacement*)

☐ Promover la promoción interna

☐ Programa de *gamification* (aprendizaje mediante juegos)

☐ Reconocimientos por antigüedad (2,5,10... años en la empresa)

☐ Seguros de vida

☐ Seguros de gastos médicos

☐ Permisos especiales de acuerdo a protocolos (ver ejercicio anterior)

¿Qué otras formas conoces para incrementar este elemento del salario emocional?

Elemento #3: El rol del salario económico en el salario emocional

«Poderoso caballero es don dinero», dicen por ahí, y creo que tienen bastante razón. Sin un salario económico competitivo, tampoco podría existir un salario emocional, a menos que se trate de un voluntariado.

Como hemos discutido antes, cuando nos referimos a un entorno laboral, no puede existir un alto pago emocional sin que exista primero un buen salario económico que sea justo y competitivo. ¡Así es! El colaborador debe recibir un pago justo y a tiempo.

El salario emocional no es para aquellas empresas que no desean pagar un salario económico. Es para las que pagan un buen salario económico pero además quieren generar espacios de bienestar altamente productivos para todos sus colaboradores.

A menudo, los asistentes a mis conferencias me preguntan cómo es posible que demos un incremento en el salario económico sin afectar el presupuesto. Pues bien, comenzaré por explicar que a lo largo de mi vida, nunca he conocido un mundo sin crisis. Mi padre me contaba acerca de un México con una economía mucho más próspera. Sin embargo, desde que yo nací la palabra crisis abunda en los medios de comunicación. Las crisis económicas, bélicas, humanitarias y recientemente de salud han sido comunes mientras crecimos. Esto lleva a que las organizaciones operen en un entorno altamente volátil con presupuestos muy limitados. Todos estamos en crisis ¡todo el tiempo!

Precisamente, por la crisis económica que parece ser una constante en las organizaciones es que me esfuerzo en generar espacios de bienestar con un bajo o nulo presupuesto. No se trata de ser tacaño, sino de ser realista y entender que en un entorno como el actual, los presupuestos siempre serán limitados. ¿Cómo podemos incrementar el elemento del salario económico sin afectar lo económico?

Si como líderes de un área o departamento no tenemos el poder de dar un incremento económico, eso no significa que no podamos hacer algo con respecto a este tema. Debemos pensar fuera de la caja y educar para el mejor uso del salario económico que ya se recibe.

La mayor parte de los adultos no conocen cómo funcionan los créditos. Los utilizan, pero no saben cómo obtener el mejor provecho de ellos. De la misma forma, terminan por gastar dinero de manera innecesaria en muchas de sus actividades, lo cual tiene como efecto un menor aprovechamiento del salario económico que se recibe. Como decía mi papá, «No hay dinero suficiente cuando se gasta y no se invierte».

Recordemos que **no hay esclavitud forzada, pero existe una especie de esclavitud endeudada.** Es aquella que se genera cuando las personas manejan mal sus finanzas a tal punto que terminan por endeudarse más allá de su capacidad de pago, causando estrés e insatisfacción.

Ideas para mejorar el tercer elemento: cómo incrementar el salario económico sin afectar el presupuesto

¡A continuación algunas ideas para ayudar a tus colaboradores en temas financieros! Estas ideas comprenden tanto programas de educación como de apoyo. Sugiero utilices el siguiente código para la lista a continuación:

- equis (X): ideas con las que ya contamos

- círculo (O): ideas que no tienes aún y que te gustaría implementar en tu equipo

☐ Cómo preparar un presupuesto en casa

☐ Programa de apoyo para compra de focos LED o bombillos ahorradores

☐ Programa de apoyo para adquirir equipos de aire acondicionado/calefacción con tecnología de ahorro de energía

☐ Curso de capacitación en uso de tarjetas de crédito

☐ Programa de bazar interno (empleados re-venden artículos personales usados)

☐ Seguros de vida

☐ Seguros de coche en flotilla

☐ Seguros de gastos médicos

☐ Seguros con becas estudiantiles

☐ Precio especial a empleados en productos y servicios de la empresa

☐ Convenios con negocios de primera necesidad (mercados, estéticas, médicos, veterinarios, etc.)

☐ Programas de salud gratuitos (por intercambio)

☐ Revisión de sueldos y escalas salariales de forma anual

☐ Programa de comparación de sueldos en el mercado

☐ Programa de cajas de ahorro

☐ Servicios médicos básicos en planta

☐ Gimnasio en planta

☐ Planes de apoyo económico en momentos importantes (ver el elemento C.V.C. – Ciclo de Vida del Colaborador)

☐ Educación financiera en inversión y planes de retiro

☐ Convenios con laboratorios para análisis clínicos y medicina preventiva.

¿Qué otras formas conoces para incrementar este elemento del salario emocional?

Es importante hacer notar que no podemos abusar de este tipo de estrategias. El embajador del salario emocional practica la integridad y sabe reconocer cuándo las escalas salariales deben ser revisadas. Si bien los ahorros en diversos rubros siempre podrán favorecer la economía del colaborador, hay ocasiones en las que únicamente un incremento de sueldo puede resolver el problema. ¡Revisemos qué tan competitivo es el salario económico de la empresa!

Elemento #4: Expectativas de futuro

Debido al recorte presupuestal, se posponen las reuniones de plan de carrera.

Se suspenden las sesiones de coaching y mentoría hasta nuevo aviso.

El estilo de liderazgo de Camilo es como la canción: -No importa saber quién soy, ni de donde vengo, ni por donde voy.-

¿Conoces a alguien que renunció a un empleo simplemente porque no vio un futuro en el mismo? Estoy seguro de que sí. Contar con una buena expectativa de futuro genera la motivación suficiente para permanecer en un empleo. Por eso, es importante generar las expectativas adecuadas para crear fidelidad en los colaboradores en la empresa.

Cabe mencionar que uno de los errores más comunes que cometen los líderes buscando generar expectativas positivas y motivación en sus colaboradores es el de prometer en falso. Hay pocas cosas más desmotivantes que una promesa no cumplida.

El embajador del salario emocional entiende la forma en que se generan expectativas en nuestros colaboradores. Cuida todas y cada una de sus comunicaciones para mantener las expectativas de su equipo de trabajo realistas con el entorno. Las expectativas de futuro deben ser lo suficientemente atractivas para despertar esa motivación. También, lo suficientemente realistas para poder lograr la sensación de logro que ya hemos comentado previamente.

¿Cómo podemos generar expectativas claras en nuestros colaboradores? ¿Qué tan frecuentemente debemos verificar las expectativas que nuestros colaboradores tienen con respecto a su crecimiento en la organización? ¿Es verdaderamente importante que revisemos este elemento? ¡Te contaré una historia de la vida real de la cual fui testigo presencial!

Una empresa en la industria de la manufactura comienza una campaña de motivación para sus colaboradores donde se publican mensualmente los resultados de la organización en el mercado. Transcurren así los primeros dos cuartos del año, (cuarto = trimestre), generando gran motivación en los colaboradores. Se están logrando todas las metas. La producción está en los mejores números históricos. El desplazamiento de producto fluye de manera impecable y los equipos comerciales prácticamente no se dan abasto para atender los pedidos.

Conforme avanzan hacia el tercer cuarto, la dirección y la gerencia siguen enviando mensajes de felicitación por el buen desempeño en lo que llevan de año. El ambiente de trabajo es inigualable. Se acerca el último cuarto y los resultados son tan exitosos que uno de sus competidores se les ofrece en venta. Los directivos invierten los últimos meses del año cerrando la negociación y realizando la adquisición de la nueva unidad de negocio.

Las utilidades (porcentaje de la ganancia neta) que la empresa generó durante ese año se invirtieron en una nueva unidad de negocio que permitirá una nueva fase de crecimiento del próximo año. La celebración por parte de los colaboradores en la organización es total, sin embargo, pocos vieron el problema que se estaba gestando.

Comenzó el siguiente año y llegó el momento de hacer un reparto de utilidades. Esa es una prestación establecida por ley en algunos países de Latinoamérica, donde los trabajadores de una organización se hacen merecedores de una parte de las utilidades generadas por la empresa en el año anterior.

Los colaboradores, ante el éxito obtenido en el año previo, formaron grandes expectativas acerca de la cantidad de dinero que iban a recibir. Aquellos colaboradores con mayor antigüedad y experiencia incluso aseguraban saber la cantidad de dinero que recibirían como parte de esta prestación de ley. Quince mil dólares por persona sería lo mínimo que recibirían, aseguraban.

Llegó la fecha de entregar utilidades y los colaboradores recibieron solamente $3,000 dólares, lo cual obviamente causó gran inconformidad entre todos. La empresa entró en paro y enfrentó una crisis en la que participé como parte del equipo de mediación y negociación con los trabajadores. Las historias que escuché en esos días de negociación fueron increíbles y con gran enseñanza para todos.

Muchos de los colaboradores, al confiar en que recibirían esa cantidad de dinero, ya incluso habían realizado acuerdos económicos entre ellos para la adquisición de productos y servicios. Recuerdo claramente cómo el jefe de producción le vendió su coche a uno de los trabajadores de la línea. Otro de los trabajadores adquirió varios artículos para su cocina a crédito, mismos que ahora no podría pagar debido a que no recibió el dinero esperado. Algunos otros dieron anticipos para viajes con su familia y algunos más hicieron promesas de pago de créditos pendientes. En general, era evidente que se generó una gran crisis económica en la comunidad local debido al déficit en las utilidades.

¿Por qué sucedió lo anterior? Por un mal manejo de las expectativas. Los directores y gerentes comunicaron el constante éxito de la organización y se olvidaron de explicar un gran detalle. La adquisición de una nueva unidad de negocio tendría un impacto directo sobre las utilidades presentadas por la empresa ese año. No hubo un comunicado específico acerca de la cantidad de dinero que se iba a recibir. Sin embargo, cuando se generó la expectativa entre los colaboradores, ninguno de los directores o gerentes fue lo suficientemente hábil como para detectarla y abordarla en su debido momento. Al contrario, dejaron que la historia y las expectativas siguieran creciendo, lo cual llevó a la crisis que explicamos anteriormente.

Al final, y después de dos meses, la empresa y el sindicato llegaron a un acuerdo económico. Sin embargo, la empresa terminó perdiendo mucho más dinero en términos de producción por todo el tiempo que la empresa estuvo en huelga. Tardó años en recuperar el clima organizacional debido a la pérdida de confianza de sus colaboradores. Un error como este llevó años en repararse.

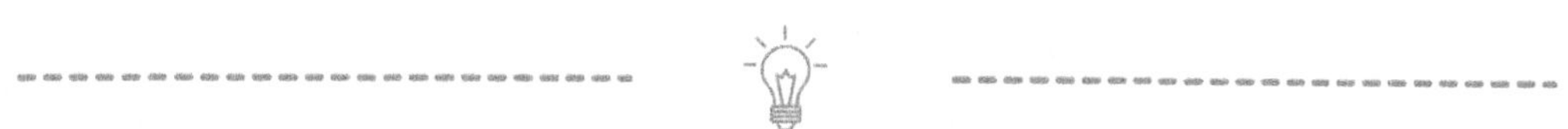

La generación de expectativas no se da solamente en el área económica, sino también con respecto a la asignación de responsabilidades, permisos, descansos, vacaciones, crecimiento, promociones, entre otros aspectos del diario vivir en la organización.

El embajador del salario emocional sabe manejar las expectativas, tanto las económicas como de crecimiento, dentro de la organización. ¡La comunicación es clave!

Ideas para mejorar el cuarto elemento: expectativas en el salario emocional

A continuación, te comparto algunas ideas para que incrementes este elemento del salario emocional dentro de tu organización. Selecciona aquellas que ya aplicas y marca también aquellas que desees aplicar en tu empresa. sugiero utilices el siguiente código para la lista:

- equis (X): ideas con las que ya contamos

- círculo (O): ideas que no tienes aún y que te gustaría implementar en tu equipo.

☐ Planes de vida y carrera

☐ Reuniones uno a uno con el líder (al menos cada cuarto)

☐ Aplicación de la herramienta E.F.C. (hablaremos de ella más adelante)

☐ Descripción clara de puestos

☐ Modelo de competencias

- [ ] Indicadores claros (KPI)

- [ ] Comunicación de vacantes y procesos de contratación

- [ ] Comunicación clara de promociones internas

¿Qué otras formas conoces para incrementar este elemento del salario emocional?

Elemento #5: Balance vida/trabajo

Sin duda alguna este es uno de los elementos del salario emocional que más aqueja a los colaboradores hoy en día, especialmente desde el inicio de la pandemia COVID-19 que llevó a un gran porcentaje de los colaboradores a trabajar desde casa.

El tema del balance entre la vida y el trabajo es tan complejo que lo abordaremos desde distintas perspectivas. No es un tema que solo compete al jefe inmediato, sino también a la empresa, los clientes, compañeros de trabajo y por supuesto al mismo colaborador. ¡Comencemos!

El rol de la empresa en el balance vida/trabajo

Para que una estrategia de salario emocional enfocada en regular el balance entre vida y trabajo de los colaboradores funcione, es fundamental que cuente con las políticas y procedimientos de la alta dirección.

Cada vez es más común encontrar empresas que cuentan con políticas de desconexión digital, lo que permite el descanso de los colaboradores cuando no se encuentran en horario de trabajo. Esta desconexión digital es clave para el correcto funcionamiento del cerebro humano.

En algunos casos, los departamentos de tecnología son quienes directamente bloquean el acceso a algunas aplicaciones fuera del horario de trabajo, permitiendo así el descanso del colaborador. En otros casos vemos cómo se implementan talleres para educar a los líderes de la empresa acerca de la importancia de permitir la desconexión digital de sus colaboradores.

Otros esfuerzos importantes para mejorar el balance vida/trabajo en la organización son los programas de reducción del estrés, relajación, pensamiento positivo e incluso administración del tiempo libre, todas ellas iniciativas loables cuando se trata de incrementar el balance vida trabajo. Sin embargo, poco efecto tendrán todas estas iniciativas si no se cuenta con la capacitación adecuada en el siguiente nivel, el del jefe inmediato.

El rol del jefe inmediato en el balance vida/trabajo

El rol que juega el supervisor inmediato para el balance entre vida y trabajo es, por supuesto, fundamental. De nada sirve tener una política bien establecida para el respeto de los horarios de trabajo si en cada uno de los departamentos existen líderes que se vuelven terroristas del salario emocional. Esos son los que llaman a reuniones justo antes de la hora de salida, envían mensajes y correos electrónicos en horario de descanso y convierten el domingo por la tarde en el nuevo lunes por la mañana.

Es común encontrar escenarios en los cuales los ejecutivos comienzan a recibir mensajes relacionados al trabajo a partir del mediodía del día domingo, lo cual reduce en un 25% sus días de descanso.

Desde que comenzó la pandemia en 2020, generando la gran migración a trabajar desde la casa, los trabajadores remotos pasan un 10% más de tiempo conectados cada semana. Eso sería el equivalente a cuatro o más horas semanales adicionales para alguien con una semana laboral normal de cuarenta horas. Es una tendencia preocupante, considerando que es probable que las semanas laborales más largas provoquen agotamiento y una mayor rotación (Yang et al, 2022). Esto es el equivalente a trabajar trece meses y medio al año. ¡Por supuestos, sin goce de sueldo!

¿Un mes y medio más? Suma el tiempo del mensaje de correo electrónico que respondes por la noche, de la conexión a la reunión de trabajo el sábado por la mañana, de las ocasiones en que respondiste en tus fiestas familiares y, por supuesto, de todas las ocasiones en que un domingo por la tarde te conectaste para revisar los pendientes de la semana. Así, sin darnos cuenta, vamos sumando más horas de trabajo, las cuales tienen un impacto en la salud física y emocional de todos nosotros.

Por eso, es importante que el líder inmediato cuente con la capacitación suficiente y la sensibilidad para poder decidir cuándo es verdaderamente urgente e importante comunicarse con un colaborador en sus días de descanso.

En algunas empresas hemos visto cómo algunos líderes permiten que los mismos colaboradores se coordinen para montar guardias y estar siempre disponibles sin sacrificar su vida personal. Vemos cómo el personal de mantenimiento se coordina para tener una desconexión digital en sus días libres gracias a una programación escalonada, o bien un teléfono de servicio que van rotando entre todos. Con algunos otros líderes hemos generado un programa de *triage* (término regularmente utilizado en la medicina para determinar y clasificar la urgencia médica que se presenta y administrar adecuadamente los recursos disponibles). En ese sistema existen una serie de preguntas que funcionan como filtro previo a que se envíe un correo electrónico al personal a cargo.

Cuando se presenta un asunto que aparenta requerir la comunicación inmediata de aquellos colaboradores que se encuentran en descanso, nos preguntamos: ¿es verdaderamente urgente? ¿Es importante? ¿Cómo afecta la operación? ¿Existe otra forma de resolverlo? ¿Se requiere presencia física o solo virtual? ¿Quién debe estar involucrado en esta comunicación? Estas son algunas de las preguntas previo a enviar un mensaje de correo electrónico con copia a todos sobre un tema en el que no tienen injerencia. ¿Te ha sucedido?

Como comenté previamente, existen algunos avances en nuestra misión de tener a un embajador del salario emocional en cada líder de departamento. Pero, también encontramos a muchos terroristas del salario emocional que pareciera que se comunican con sus colaboradores en los días de descanso intencionalmente. ¡Aún queda mucho trabajo por hacer! Es tu misión, como nuevo embajador del salario emocional, generar consciencia acerca del importante rol que los jefes inmediatos juegan en este tema.

Cabe mencionar que en muchas ocasiones, no solo es el jefe, sino los mismos compañeros de trabajo quienes nos conectan durante los días libres. Esto sucede con el famoso correo electrónico con respuesta a todos. ¿Has recibido alguno? Es especialmente incómodo cuando el mismo correo solo dice «ok» o «enterado». ¡Uff!

Los compañeros de trabajo también forman parte de esa cultura organizacional que genera la desconexión digital. Muchas veces son los clientes los que empujan al colaborador para resolver un asunto fuera de horario, responder un mensaje, confirmar recibo o resolver un asunto de inmediato. Así que, los clientes también forman parte de esa cultura que rompe el balance vida/trabajo de los colaboradores. ¡Es cuestión de educación y conciencia!

Una vez que hemos sensibilizado a los líderes inmediatos, supervisores, gerentes, jefes de turno, directores y líderes de proyecto para que respeten los horarios de descanso de sus equipos de trabajo, también tenemos que realizar un trabajo a nivel personal. ¡Así es! ¡Tú también tienes que hacer algo al respecto!

El rol que todos jugamos en el balance vida/trabajo

Cada vez más ejecutivos y personas en general padecen de una adicción al teléfono inteligente, pero más que al teléfono, padecen de una adicción a la conectividad. En palabras de Julián, un exitoso empresario de República Dominicana, «miedo es que te quede 5% de batería en tu teléfono inteligente, pánico es que además no encuentres el cargador». O bien, como dice una de mis alumnas embajadoras del salario emocional, «si quieres castigar a tus hijos adolescentes, no les quites el teléfono, esconde el cargador y observa cómo se desesperan mientras se les termina la batería». Estos ejemplos evidencian claramente de la dependencia generalizada a la conexión al internet.

Nomofobia es un término que recientemente circula en las redes sociales y grupos de psicólogos para describir el miedo a no tener el teléfono inteligente. Algunos describen que no es el teléfono el que da miedo perder. sino la posibilidad de que algo suceda y no nos demos cuenta. Esto es lo que describe el término FOMO, *Fear of missing out* (miedo a perderse de algo). ¿Te sientes identificado con alguno de estos padecimientos? ¡Te ayudaré un poco!

¿Sientes pánico al no encontrar tu teléfono inteligente? ¿Te desesperas cuando ves que no tienes buena señal? ¿Sientes que te ignoran cuando no te responden ese mensaje de WhatsApp en algunos minutos? Pues bien, si tu respuesta es sí, tal vez formes parte del creciente grupo de personas para quienes la hiperconectividad es una parte fundamental de sus vidas.

Como embajadores del salario emocional, es importante que nosotros mismos tomemos conciencia acerca de nuestro rol en este importante aspecto del bienestar y tomemos las medidas necesarias para generar, promover y disfrutar plenamente de esos espacios de desconexión de nuestro entorno laboral.

¿Recuerdas la historia de la mulita de la molienda? Sí, esa que te conté en el segmento *Salario emocional que nos pagamos a nosotros mismos*. En muchas ocasiones somos como esa mulita, que se conecta a la molienda (el trabajo) aunque no tenga nada que hacer. Es algo que también hacemos con el teléfono inteligente de manera frecuente.

¿Te sorprendes verificando tu teléfono buscando notificaciones antes de que se presenten? ¿Abres tu teléfono inteligente con un objetivo y posteriormente lo olvidas al distraerte con las publicaciones en redes sociales? Esos son ejemplos claros de cómo nosotros mismos buscamos la conexión y no siempre es la tecnología la que nos busca a nosotros. ¡Necesitamos hacer un esfuerzo consciente por desconectarnos cuando sea posible!

Te dejo otro dato para confirmar el importante rol que tú y yo jugamos en este elemento. ¿Sabías que solamente el 23% de los colaboradores toman todas sus vacaciones al año? Más aún, ¿sabías que el 9% de los colaboradores no tomó ninguna? (Glassdoor, 2017.) También se reporta que un 61% de los colaboradores sigue trabajando durante sus vacaciones. ¿Qué tal ese dato?

Y otro tema interesante es que a pesar de que regularmente se estereotipa a los *Millennials* como una generación que tiende a vacacionar en exceso, en un estudio publicado por la CNBC (Leonhardt, 2019) la mayoría de ellos tiene vacaciones pendientes. Es decir, que no toman sus vacaciones porque, según el estudio, consideran que están trabajando en los cimientos su carrera profesional y prefieren seguir demostrando que tienen compromiso con la empresa. ¡Vaya paradigma que acabamos de romper! Grábate esta estadística y compártela con aquellos que siguen diciendo que los *Millennials* son flojos o pocos comprometidos.

Como podemos observar, todos tenemos un rol que jugar en este creciente quiebre del balance vida/trabajo en las organizaciones. Estamos viviendo tiempos en los que, así como la tecnología se integra a nuestras vidas, de la misma forma el trabajo nos persigue a todas partes. ¡Debemos aprender a manejarlo!

Ideas para mejorar el quinto elemento: balance vida/trabajo

A continuación, te comparto algunas ideas para que incrementes este elemento del salario emocional dentro de tu organización. Selecciona aquellas que ya aplicas y marca también aquellas que desees aplicar en tu empresa. Sugiero que utilices el siguiente código para la lista:

- equis (X): ideas con las que ya contamos

- círculo (O): ideas que no tienes aún y que te gustaría implementar en tu equipo

☐ Horarios flexibles

☐ Trabajo desde casa (*home office*)

☐ Modelo de trabajo mixto (virtual y presencial)

☐ Pausas activas

☐ Trabajar en base a resultados

☐ Flexibilidad de horarios

☐ Programas de compensación de descansos por conexión fuera de horario

☐ Fomentar el uso de las vacaciones

☐ Capacitación en manejo del estrés

☐ Capacitación en inteligencia emocional

- [ ] Flexibilidad en días libres para eventos personales importantes

- [ ] Salones de distracción (mascotas, descanso, espacios relajantes etc.)

- [ ] Capacitación en meditación y concenciación

- [ ] Semana de cuatro días / viernes corto

- [ ] Capacitación para administración del tiempo libre

- [ ] Charla sobre adicciones a medios digitales

- [ ] Capacitación para administración de tecnología (horas pantalla)

- [ ] Capacitar para hacer teletrabajo de forma saludable (tomar el curso Mejores prácticas de teletrabajo del Emotional Paycheck Institute)

- [ ] Capacitación para manejar conflictos

- [ ] Programas y actividades familiares para fomentar la convivencia.

- [ ] Apoyo con trámites gubernamentales (el gobierno viene a la empresa y facilita el pago de ciertos servicios)

- [ ] Capacitación para automatización de pagos por medios digitales (incrementa el tiempo libre.

¿Qué otras formas conoces para incrementar este elemento del salario emocional?

Elemento #6: La importancia del reto, el aprendizaje y el descanso en el S.E.

¿Te sientes estancado en tu trabajo? ¿Percibes que estás en un puesto sin posibilidad de crecimiento? ¿El siguiente ascenso sería ser dueño de la empresa y sabes que eso no va a suceder? ¿Sientes que nadie sabe hacer lo que tú haces y eso te tiene atado al puesto? ¡No estás solo!

Miles de profesionales se encuentran con una sensación de estancamiento. Puede ser porque no existe suficiente reto, porque sienten que ya dominan su puesto o porque perciben que el jefe inmediato no desea otorgarles el crecimiento que merecen. En cualquier caso, se sienten estancados y eso disminuye el salario emocional.

Recuerdo a María del Rosario, una ejecutiva de recursos humanos en España que cumplía muchas funciones dentro de la pequeña empresa en la que laboraba. Lo mismo contrataba que vendía, asistía a reuniones donde se tomaban decisiones directivas y mediaba entre los colaboradores. Definitivamente era el brazo derecho del dueño de la empresa familiar.

Pareciera ser el sueño de muchos. Ella estaba en una situación de tanto poder que prácticamente el dueño hacía lo que ella sugería. Sin embargo, para María del Rosario esto no era suficiente. Ella sentía que podría hacer muchas otras cosas, pero el puesto y la empresa simplemente no daban para más. ¡Ella estaba en un trabajo sin salida (*dead-end job*)! ¿Te parece familiar?

Tal vez alrededor de María del Rosario había otras personas que también eran muy competentes, pero a quienes no se les había dado la oportunidad. Tal vez María fue víctima del premio a un buen trabajo: ¡más trabajo!

A menudo, los líderes terminan por otorgar más trabajo a aquellos colaboradores que realizan una buena entrega, cumplen a tiempo y comprueban que tienen las competencias necesarias para hacer una tarea. Esto puede funcionar en dos formas. Por un lado, terminará por generar una sobrecarga laboral en aquél colaborador que da un buen resultado. Por otro lado, también limitará las oportunidades de los colaboradores a quienes no se les asignan más responsabilidades, pues no se sabe si tienen las competencias para llevarlas a cabo. Este fenómeno en el que se da más trabajo a quienes hacen bien la tarea a menudo lleva al síndrome de fatiga crónica, también conocido como agotamiento, «el quemado» o *burnout*.

Asignar más tareas a aquellos colaboradores que realizan un buen trabajo también puede resultar en aislar a colaboradores, privándoles de un crecimiento dentro de la organización. Esto puede llevar a la renuncia por falta de crecimiento. ¿Qué puede ser más aburrido que no tener oportunidades?

Como podemos observar, tanto la sobrecarga laboral, como la falta de crecimiento por un desbalance en las oportunidades asignadas, son razones para abandonar la empresa. Así, se siguen incrementando los índices de rotación de personal. ¿Cómo podemos evitar esto?

Para ayudar a los embajadores a mantener una alta percepción del salario emocional en el aspecto reto/aprendizaje, creé una herramienta que permite distribuir equitativamente la carga laboral. Además, resuelve algunos de los problemas más comunes que enfrenta el jefe inmediato (mando medio) en una organización. Entre otras cosas, la herramienta que estás por descubrir logra:

✓ Documentar eficientemente la asignación de tareas

✓ Permitir oportunidades para todos los miembros del equipo

✓ Otorgar los descansos necesarios para el bienestar de los colaboradores

✓ Contar con una herramienta eficiente para medir el desempeño

A esta herramienta la he llamado E.F.C. (*Equity Flow Chart*) y permite a los embajadores del salario emocional sostener una conversación concreta acerca del desempeño, competencias, carga laboral y asignación de tareas al colaborador en la organización.

Cómo funciona el E.F.C.

El *Equity Flow Chart* (gráfica de distribución equitativa de la carga laboral) se diseñó con los siguientes objetivos en mente:

- Reducir la carga laboral y las posibilidades de agotamiento en los colaboradores que muestran mejor desempeño.

- Equilibrar las oportunidades de desarrollo y exposición en todos los miembros del equipo.

- Facilitar la conversación guiada entre el colaborador y su líder

- Contar con un sistema de medición del desempeño que fortalezca y acompañe a los KPI (*Key Performance Indicators*) personales y corporativos

- Documentar el proceso de crecimiento del colaborador en la empresa

Para entender cómo funciona el E.F.C., primero debemos comprender la gráfica. En el eje «X» se encuentra la habilidad con la que el colaborador cuenta para realizar una tarea, mientras que en el eje «Y» tendremos la dificultad de la misma.

E.F.C.

Nota: Muchas tareas sencillas incrementan la dificultad de la tarea.

Es importante mencionar que tanto la capacidad para realizar de una tarea, como la complejidad que esta tarea representa para una persona, son dos temas completamente subjetivos. Por eso, es importante mantener la conversación entre el colaborador y el líder abierta y transparente.

Dicho lo anterior, podremos comprender que entre más difícil sea una tarea, mayor será la habilidad que se requiera para completarla. Es decir, que a una calificación mayor en el eje «Y» corresponderá la necesidad de una calificación mayor en el eje «X», para así lograr un equilibrio.

El equilibrio entre la dificultad de una tarea y la habilidad con la que se cuenta para realizarla es lo que conocemos como estado de flujo, o estado *flow*. El estado de flujo fue descrito por el autor Mihaly Csikszentmihalyi (si dices su nombre tres veces, ¡levitas!), quien nos dice cómo es que la persona disfruta de un estado de felicidad cuando se encuentra absorta por la tarea que lleva a cabo (Csikszentmihalyi, 1990). Es decir, que podemos inferir que las posibilidades de encontrar felicidad aumentan cuando realizamos tareas que están balanceadas con nuestras habilidades. ¡Vaya que esto hace sentido!

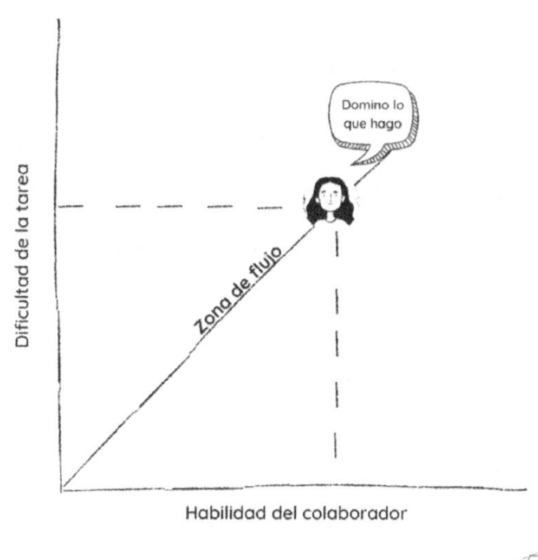

El objetivo del E.F.C. es facilitar el estado de flujo en el que un colaborador realiza tareas que se encuentran en equilibrio con sus habilidades, competencias y carga laboral.

¿Alguna vez te has sentido que el tiempo pasa sin darte cuenta? ¿Te sorprendes al ver el reloj y descubrir que transcurrieron las horas y apenas parecieran minutos? ¡Este es el estado de *flow*! Y se parece mucho al estado que el Dr. Seligman menciona como el estado de pasión, mismo que también es necesario para la felicidad (Seligman, 2012). ¿Te gustaría lograr estos estados de flujo más a menudo? ¡Nivela las cargas de trabajo de acuerdo a las habilidades con las que cuentes!

Cabe mencionar que una actividad sencilla puede volverse compleja si se incrementa el número de tareas que se deben realizar. Por ejemplo, Jazmín es una ejecutiva contable que maneja perfectamente los archivos de impuestos personales. Sin embargo, cuando llega la temporada de impuestos, la cantidad de archivos que se deben realizar terminan por volver la tarea sencilla en una tarea compleja que parece no tener fin. Este es un claro ejemplo de cómo la carga laboral también incrementa la dificultad de la tarea.

Por otro lado, también debemos considerar que una persona que realiza una tarea por un tiempo determinado terminará por dominarla, lo cual hace que la gráfica se deslice de forma natural hacia la derecha (sobre el eje «X»). Esto incrementa la habilidad del colaborador en cierta tarea. Por ejemplo, cuando recién se ingresa a un trabajo, se puede encontrar que incluso las tareas más sencillas se complican. Hay que adaptarse a un nuevo software, un nuevo equipo de cómputo e incluso a las extensiones de sus compañeros para solicitar apoyo. Sin embargo, conforme transcurre el tiempo se puede percibir cómo se automatizan algunas de esas tareas y son llevadas a la zona de flujo, e incluso, con el tiempo a la zona de descanso. Más aún, con el tiempo podrían llegar a convertirse en tareas tediosas que no son motivadoras.

¿Por qué sucede esto? Porque de esa sensación de reto y aprendizaje que alguna vez tuvieron, hoy solo quedan tareas repetitivas que se tornan monótonas y aburridas. ¿Alguien dijo reto? Precisamente ese es el siguiente espacio en la gráfica, ¡la zona de reto!

La zona de reto es aquella que se presenta cuando la tarea está un poco por encima de las habilidades, competencia y carga laboral de los colaboradores. Esto nos permite sentir la suficiente motivación para lograr una tarea, sabiendo que es posible realizarla.

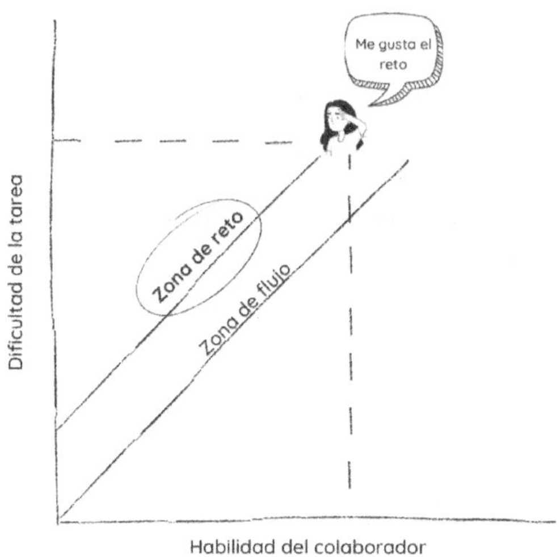

Cuando la actividad supera solo un poco las habilidades y competencias o carga laboral del colaborador, este se encuentra en una zona de reto. La tarea es compleja, ¡pero asequible!

Se trata de retos controlados que pueden dominarse y forman parte de nuestro crecimiento en la organización. Pero, debemos tener cuidado, pues a menudo en las organizaciones se tiene una versión errónea de la palabra reto y se le confunde con el trabajo constante bajo presión.

En las etapas tempranas de su carrera, el Dr. Seligman se dedicaba a investigar lo que llamó *learned helplessness* (impotencia aprendida) (Seligman, 1972). Este concepto se refiere a una persona que simplemente se daba por vencida cuando pensaba que nada de lo que hiciera daría resultado. Imagina a un colaborador diciendo, «no importa cómo te esfuerces, ¡aquí nunca te agradecen nada!» ¿Te suena familiar?

Este tipo de frases son desgraciadamente cada vez más comunes en las organizaciones, y ya se identificaron como una etapa del proceso de síndrome de fatiga crónica.

Para evitar que los colaboradores se encuentren frecuentemente en la zona de reto (con riesgo de agotamiento) y facilitar que sus niveles de estrés, carga laboral y demanda de competencias sea menor, es necesario darles un descanso. Esto suena bastante utópico en un mundo cada vez más demandante.

¿Cómo lograr un espacio de descanso en un mundo tan competitivo como el que vivimos actualmente? ¿Cómo me puedo permitir no trabajar al 100% todo el tiempo? A menudo recibo estas preguntas de parte de alumnos y clientes, y la respuesta es sencilla.

Generar un espacio de descanso no es una opción, ni un plus. Es una verdadera necesidad física, una ventaja competitiva y una obligación moral en los negocios.

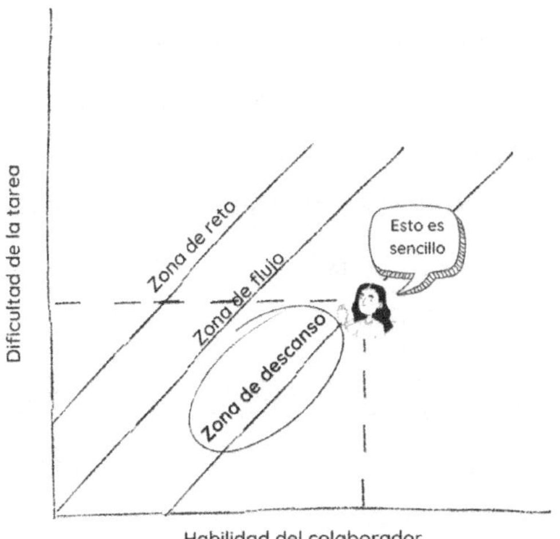

Cuando las actividades asignadas se encuentran por debajo de la habilidad del colaborador, este puede descansar. Es conveniente alternar momentos de descanso y momentos de reto para el correcto crecimiento profesional del colaborador.

El hecho de que tengas un coche Ferrari® que puede correr a 300 kilómetros por hora no implica que siempre tengas que correr el vehículo a esa velocidad, ¿correcto? Si lo haces, terminarás por reventar la máquina, desgastar los neumáticos o tener un accidente. Lo mismo sucede con ese colaborador estrella al cual le sigues asignando tareas, proyectos y compromisos, a pesar de que sabes que desde hace tiempo está al máximo de su capacidad y competencias. ¡Vas a causarle un accidente, y será peor!

Puedes apoyar para delegar algunas tareas, asignar algún proyecto en el que su rol no sea el de liderazgo sino de seguidor, asignarle roles que no requieren un desgaste tan alto. Estas son algunas de las muchas opciones para poder otorgarle un espacio en la zona de descanso.

El crecimiento de un colaborador en su plan de vida y carrera debe diseñarse mientras cursa una curva entre la zona de reto y la zona de descanso. De forma intrínseca, esto permite que el colaborador disfrute de los espacios típicos de la zona de flujo que facilitan su felicidad mientras labora. ¿Suena bonito?

Si estás pensando que esto es demasiado bonito para ser cierto, permíteme compartirte lo que sucede si no administramos correctamente a nuestro equipo de colaboradores con la herramienta E.F.C. Para eso, tengo las siguientes preguntas. ¡Responde mientras las lees!

- ¿Quién es el miembro de tu equipo al que siempre le dan más responsabilidades?

- ¿Quién es el miembro de tu equipo al que nunca le asignan responsabilidades?

- ¿Qué puede pasar con ambos?

La mayoría de las personas podrán identificar rápidamente a aquél que recibe la mayor carga laboral en un equipo de trabajo y también a aquél al que no se le permite desarrollar sus competencias. Tan malo es lo uno como lo otro, puesto que ambas alternativas llevan a una probable salida de la organización por razones igualmente dañinas para los índices de rotación de personal.

Si un colaborador se encuentra constantemente en la zona de reto y se continúa con la asignación de tareas y proyectos, este colaborador entrará en una zona de pánico. Ese pánico se caracteriza por tener tareas que superan por mucho las competencias, habilidades o tiempo disponible del colaborador. ¡Recordemos que no solo se trata de la complejidad, sino de la cantidad de tareas asignadas!

Si un colaborador se encuentra en la zona de pánico, se estresa y puede cometer errores más fácilmente o caer víctima del ya mencionado síndrome de fatiga crónica.

Por otro lado, si un colaborador no cuenta con las oportunidades para su desarrollo, terminará por sentirse poco valorado, frustrado y estancado en su puesto, lo cual puede llevar a que busque nuevas oportunidades en otro lugar de trabajo. Es decir, que cuando un colaborador solo recibe asignaciones que están muy por debajo de su habilidad, competencias o tiempo disponible, terminará por caer en la zona de aburrimiento y muy probablemente termine por abandonar el empleo.

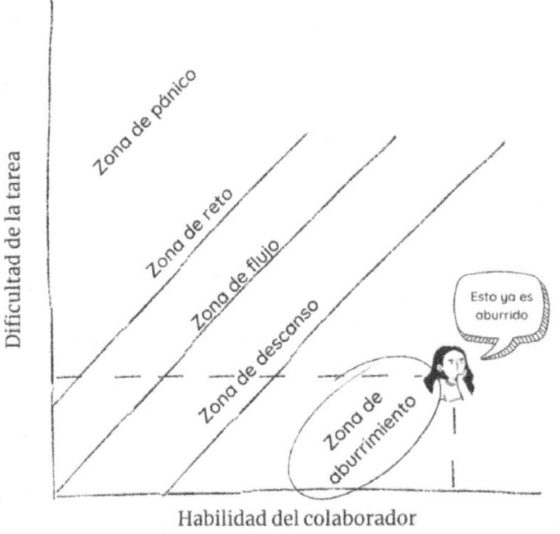

Cuando las actividades asignadas se encuentran muy por debajo de la habilidad del colaborador, este puede sentirse aburrido y estancado.

Para este momento, estoy seguro que queda clara la importancia de sostener conversaciones frecuentes con nuestros colaboradores. Estas conversaciones cumplen múltiples funciones en el salario emocional: mantienen la conexión del colaborador con el líder; permiten los espacios para la comunicación; se recibe retroalimentación de forma constante; y se puede evaluar el rendimiento del colaborador mientras se aclaran las expectativas. ¡Todo esto es importante! Sin embargo, existe un reto para los líderes: ¡no saben de qué hablar durante las reuniones con sus colaboradores! O peor aún, se la pasan hablando todo el tiempo y guardan muy poco espacio para escuchar. ¿Te ha sucedido?

Algunos líderes terminan controlando las reuniones uno a uno y se convierten en versiones micro de las reuniones de trabajo, donde se habla de lo que la empresa o el jefe quiere, pero no de lo que el colaborador necesita. ¡Triste pero cierto! ¿Cómo resolverlo? La respuesta es el E.F.C.

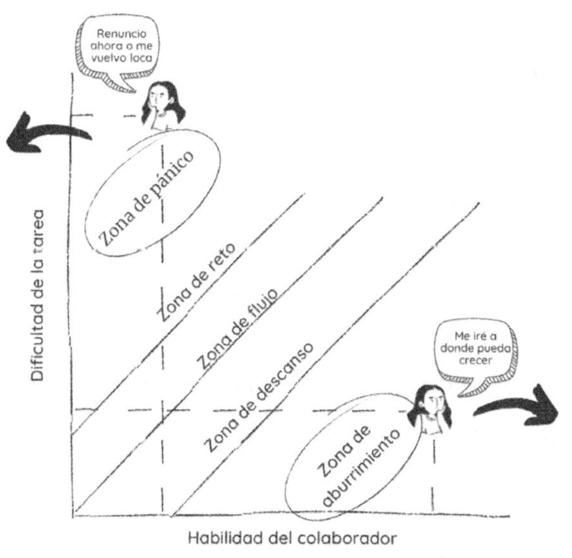

Tanto la zona de pánico como la zona de aburrimiento son espacios que causan la rotación de personal en una empresa.

El E.F.C. debe ir acompañado de una serie de preguntas que sirven como guía en una conversación con tu colaborador. A pesar de que me encantaría diseñar una guía específicamente para ti, esta debe diseñarse para las necesidades de la empresa, el puesto y el colaborador. Así que debes diseñar tu propia guía de conversación. Sin embargo, puedo ayudarte en el proceso describiendo cuáles son las áreas que debes cubrir.

Diseñando la guía de conversación E.F.C.

El embajador del salario emocional debe diseñar la guía de conversación de acuerdo a las necesidades y especificaciones del puesto. En teoría, no deberían existir dos guías iguales. Sin embargo, cualquier guía de conversación debe cubrir los siguientes aspectos:

✓ **Aspecto social**: Qué tan apoyado, reconocido y apreciado se autopercibe el colaborador en el entorno laboral actual.

- Preguntas de ejemplo:

    - ¿Cuánto reconocimiento percibes hacia tu trabajo?

    - ¿Cómo evaluarías la forma en que te tratamos en la organización?

    - ¿Cuánto respeto, apoyo y colaboración recibes de todos a tu alrededor en la empresa?

    - ¿Qué ideas sugieres para mejorar este aspecto?

✓ **Aspecto físico**: Qué tan saludable se autopercibe el colaborador actualmente (dolores, estrés, etc).

- Preguntas de ejemplo:

    - ¿Cuán saludable te percibes física y emocionalmente?

✓ **Aspecto financiero:** Este aspecto se marca como opcional porque no siempre es conveniente hablar sobre sueldos y salarios. Este tema depende mucho de la época del año en la que nos encontramos (cierre de año, reparto de utilidades, revisión de tablas salariales, etc).

- Preguntas de ejemplo:

  - ¿Cómo está tu situación financiera?

  - ¿Tienes capacidad de ahorro?

Nota: muchas personas encontrarán este tema mucho más sensible que los demás y debe abordarse con cautela.

✓ **Aspecto de carrera:** Esta es la sección clave de este ejercicio, y debemos abordar todos los aspectos para que el colaborador se ubique con mayor precisión en la gráfica E.F.C.

- Preguntas de ejemplo:

  - ¿Qué tanto reto enfrentas en la realización de tus tareas cotidianas?

  - ¿Cuán estresado te sientes con tu carga laboral?

  - ¿Qué tanto utilizas tus talentos actualmente?

  - ¿En qué zona te consideras? (Zona de flujo, reto, descanso, agotamiento o aburrimiento.)

  - ¿Qué podríamos hacer para mejorar en este aspecto durante el próximo cuarto?

Una vez concluyas tu guía de conversación, invita a tu colaborador para que juntos ubiquen su posición actual en la gráfica E.F.C. Recuerda que esta medición es subjetiva, y que en muchas ocasiones nuestra percepción puede estar equivocada. Por ello la conversación es tan importante.

¿Qué sucede si tu colaborador se ubica en la zona de pánico y tú lo consideras en una zona de flujo, descanso o aburrimiento? ¡Charlar! Debes llegar a un acuerdo y encontrar la forma de mejorar la percepción del colaborador. Puedes implementar mayor capacitación, mejora de herramientas, entrenamiento en administración del tiempo entre otros factores que ayuden al colaborador a salir de ese estado de «pánico».

Es importante entender que el mundo de los negocios está «diseñado» para asignar más carga laboral a quien logra solventar la carga actual. En otras palabras, el mundo de los negocios tiende a seguir el llamado «principio de Peter» (Peter & Hull, 1969) en el cual, en cualquier estructura corporativa, los empleados tienden a ascender a rangos en los que no son competentes (Benson et al., 2019). Si un individuo trabaja para una empresa que practica la gestión vertical, es probable que lo asciendan hasta que llegue a un peldaño por encima de su nivel de competencia. Tal vez ahora estarás pensando en varios de los líderes que has tenido en tu experiencia laboral, ¿correcto?

Pues bien, muchos colaboradores sufren de la misma forma que los líderes, pues se les asignan más tareas de las que pueden manejar. Peor, no se asignan de un solo golpe sino que al ver que el colaborador logra entregar sus tareas, simplemente se le asignan más. Se fue su compañero de trabajo y se le asignan las responsabilidades a otro. Se tiene una sobrecarga de trabajo y se vuelve a asignar más tareas. Así sigue hasta llevar al colaborador a una zona en la que aplica el dicho, «no sienten lo duro sino lo tupido». O sea, que ya no importa la dificultad de las tareas sino la cantidad de las mismas.

Así sea una tarea sumamente compleja o muchas tareas sencillas, ambos escenarios pueden llevar a la zona de pánico. ¡Sé empático con tu colaborador!

¿Qué sucede si un colaborador piensa que está en la zona de flujo pero nosotros lo vemos en zona de pánico? Sostenemos una charla acerca de la importancia del descanso para el mejor rendimiento y bienestar del colaborador. Este debe ser un mensaje de apoyo, donde el colaborador no sienta que al retirarle algunas tareas o responsabilidades estamos preparándolo para la salida de la empresa. ¡Se trata de mejorar su bienestar, porque le queremos con nosotros por muchos años!

¿Qué sucede si mi colaborador se ubica frecuentemente en una zona muy diferente a la que yo le ubico? (Yo le ubico en descanso y el se ubica en reto.) Precisamente ese es uno de los muchos beneficios que emanan del E.F.C. Con esta herramienta formas un expediente donde cada cuatrimestre sostienes una conversación con el colaborador. Ahí vas documentando las mejoras y recursos que se implementaron para mejorar su rendimiento. Si aún así no hay mejoras, se debe evaluar definitivamente el puesto o las competencias del colaborador.

Existen muchas aplicaciones para el E.F.C. Esto fue solo un vistazo al gran potencial de la herramienta que balancea las cargas laborales. El E.F.C. es una herramienta para la cual tenemos un entrenamiento especializado que tal vez quieras explorar en el instituto *Emotional Paycheck*.

En resumen, el balance entre el reto y el aprendizaje del colaborador es fundamental para mantenerlo motivado y conectado con sus labores y responsabilidades en la empresa. ¡Utiliza el E.F.C.! Implementa una entrevista con tus colaboradores cada cuatrimestre y desarrolla un plan de vida y carrera que permita el crecimiento de tus colaboradores de acuerdo a sus propias motivaciones y deseos.

Ideas para mejorar el sexto elemento: el reto, aprendizaje y descanso

A continuación, te comparto algunas ideas para que incrementes este elemento del salario emocional dentro de tu organización. Selecciona aquellas que ya aplicas y marca también aquellas que desees aplicar en tu empresa. Sugiero que utilices el siguiente código para la lista:

- equis (X): ideas con las que ya contamos

- círculo (O): ideas que no tienes aún y que te gustaría implementar en tu equipo

☐ Entrenamiento cruzado

Capacitación a líderes en:

☐ Salario emocional

☐ Inteligencia emocional

☐ E.F.C.

☐ Retroalimentación efectiva

☐ Coaching

☐ Herramientas de comunicación

☐ Negociación

☐ Asignación de mentores

☐ Descripciones de puesto

☐ Modelo de competencias

☐ Indicadores claros (KPI)

☐ Planes de vida y carrera

☐ Alinear objetivos de empresa con objetivos personales

☐ Delegar proyectos

☐ Implementar metodologías ágiles

☐ Liderazgo situacional

☐ Pasantías (prácticas) en puestos superiores

☐ Programas de marca personal

¿Qué otras formas conoces para incrementar este elemento del salario emocional?

Elemento #7: El rol de la cultura organizacional en el S.E.

¿Qué se dice de ti cuando no estás presente? ¡No me refiero al chisme de los vecinos! Bueno, tal vez sí un poco, pero en general me refiero a aquellas cualidades, talentos y áreas de oportunidad que tienes como persona y que otros ven en ti, tanto a nivel personal como profesional.

¿Cómo te describirían los colaboradores de tu equipo de trabajo? ¿Qué tal tu jefe inmediato? ¿Qué dirían de ti tus clientes? Todo ello forma parte de tu marca personal y este elemento es sumamente importante para que, como empleado, incrementes tus posibilidades de ascenso y promoción en la organización o bien de conseguir ese empleo que tanto deseas.

La marca personal en un mundo cada vez más conectado también implica el manejo de tus redes sociales. Hoy más que nunca, la huella digital cobra vital importancia para generar reputación (buena o mala). Aquello que publicas, las publicaciones que sigues y los comentarios que realizas en redes sociales son cada vez más sencillos de encontrar por softwares especiales. Estos le permiten a grandes empresas darse cuenta de tu perfil, lo que te agrada y los valores que verdaderamente practicas. ¡Para pensar! ¿No crees?

¿Qué idea se formaría una persona si solo viese tus redes sociales? ¿Qué dirían tus antiguos compañeros y jefes de trabajo sobre tu profesionalismo o la falta del mismo? Todo esto también forma parte de la marca personal y, a pesar de que sea un término nuevo para ti, es algo que sin duda alguna ya impacta la forma en que te relacionas con otras personas e incluso en quien confías.

Así como los profesionales cuentan con una marca personal, también las empresas cuentan con una marca empleadora. Hoy en día, las organizaciones se encuentran bajo el escrutinio de la opinión pública más que nunca. Hay redes sociales y distintas páginas web que se especializan en evaluar la calidad del ambiente de trabajo de una organización.

¿Qué tan buen ambiente laboral existe? ¿Pagan bien y a tiempo? ¿Cumplen sus promesas? ¿Son explotadores? Todas estas son características que se asignan a la marca empleadora. La mayoría de estas opiniones están basadas en lo que se dice de esas marcas, ya sea en redes sociales o en las charlas informales entre amigos y familiares.

Todos hemos escuchado a alguien decir, «ahí ni te acerques, son explotadores», o bien, «esa empresa es de las mejores, espero conseguir trabajo en ella». Ambos son ejemplos opuestos de una marca empleadora.

Como ya sabes, uno de los síntomas de un alto salario emocional es que el colaborador se vuelve un reclutador informal de la organización, sugiriendo a amigos y familiares que trabajen en aquél lugar en el que él se desempeña. Esto solo sucede si contamos con una buena cultura organizacional.

La cultura de la organización es un tema sumamente complejo y debe ser trabajado de múltiples formas. Probablemente requiera un libro dedicado solo a eso. Pero, con el fin de cubrir las ideas para incrementar este elemento del salario emocional, procedamos a dividirla en mercadotecnia (*marketing*) y endomercadotecnia (*endomarketing*).

Mercadotecnia tradicional comprende las estrategias de promoción, posicionamiento y comercialización de los productos y servicios de la organización en la comunidad.

Endomercadotecnia es una estrategia interna de comunicación en la que se busca posicionar la imagen de la organización ante los colaboradores y clientes internos de la misma. Esto, con el fin de conformar un equipo más unido, mejorar el ambiente laboral, atraer y fidelizar talento en la organización.

¿Qué sucede si descubren al líder de una empresa en actividades ilícitas? ¿Qué pasa con una empresa si se le vincula con fraude o daño al medio ambiente? Seguramente las acciones en la bolsa de valores caen, pero no solo eso, sino que también la moral de los colaboradores dentro de la organización se ve afectada. Incluso, habrá quien prefiera dejar de trabajar en una empresa debido a la imagen que esta representa ante la comunidad. ¿Estás de acuerdo?

La empresa puede utilizar programas de responsabilidad social con el fin de mejorar y promocionar su imagen ante la comunidad, apoyar campañas de donación, realizar eventos altruistas, visitar ancianatos (asilos o casas de retiro), ayudar a una casa hogar, donar víveres en casos de emergencia, entre algunas otras labores. Si bien tienen un fin loable y altruista, estas acciones tienen un resultado tangible para la imagen de la organización.

Por otro lado se encuentran las acciones de endomercadotecnia, que son aquellas que se llevan a cabo para mejorar la imagen de la empresa ante los colaboradores. Esta es una gran carencia de las organizaciones. Como digo en mis charlas, las empresas están llenas de buenas intenciones mal comunicadas. ¡Corrijamos eso!

Con el fin de mejorar la imagen que el colaborador tiene de la empresa, debemos primero reconocer todas aquellas ventajas y áreas de oportunidad que tenemos en ese rubro. ¿Contamos con los suficientes programas de apoyo al colaborador? ¿Tenemos programas que promuevan el bienestar y el salario emocional? ¿Requerimos generar nuevos programas de promoción de nuestra marca? ¿Debemos mejorar los que ya tenemos?

Muchas veces me encuentro con empresas que tienen excelentes prestaciones mal comunicadas. Son empresas que cuentan con acuerdos de descuentos, programas de crédito y apoyos que los mismos colaboradores de la empresa ni siquiera conocen. ¡Triste realidad!

Recientemente me gradué como mercadólogo. Luego de muchas aventuras laborales, decidí comenzar nuevamente una carrera a nivel de licenciatura. Me gradué como licenciado en mercadotecnia y publicidad con especialidad en emprendimiento y negocios internacionales. Este reto me arrojó múltiples aprendizajes. Entre ellos estuvo reconocer las grandes áreas de oportunidad que los psicólogos y profesionales de RR. HH. tenemos al momento de comunicar (vender) los programas de bienestar dentro de la empresa. ¡Vaya que tenemos trabajo pendiente en ese rubro!

Ideas para mejorar el séptimo elemento: la cultura organizacional

A continuación, te comparto algunas ideas para que incrementes este elemento del salario emocional dentro de tu organización. Selecciona aquellas que ya aplicas y marca también aquellas que desees aplicar en tu empresa. Sugiero que utilices el siguiente código para la lista:

- equis (X): ideas con las que ya contamos

- círculo (O): ideas que no tienes aún y que te gustaría implementar en tu equipo

☐ Programa de incorporación de colaboradores

☐ Revista interna (puede ser digital)

☐ Reconocimiento anual

☐ Programas de reciclaje con medición tangible

☐ Reconocimiento de antigüedad

- [ ] Capacitar a mandos medios en salario emocional
- [ ] Integrar a los empleados como modelos de la marca (nuestra gente)
- [ ] Integrar a los empleados en la publicidad o productos
- [ ] Día de la familia (visitando a papá/mamá)
- [ ] Programa de testimoniales

Celebraciones para la familia

- [ ] Día de la madre
- [ ] Día del padre
- [ ] Día del niño
- [ ] Posada o fiesta navideña
- [ ] Aniversario de la empresa
- [ ] Programa de forestación

Apoyar a alguna organización de caridad

- [ ] Ancianato
- [ ] Orfanato
- [ ] Escuelas en barrios en desventaja
- [ ] Otro
- [ ] Muro de reconocimiento
- [ ] Programa de valores (promoción)
- [ ] Implementación de uniforme

☐ Actividades de integración con tema de valores

☐ Reducción de la huella de carbono

☐ Medición e información de programas ecológicos

☐ Apoyo a organizaciones de protección animal

¿Qué otras formas conoces para incrementar este elemento del salario emocional?

Elemento #8: La importancia de generar crecimiento personal

La empresa se ha convertido en la escuela de los adultos. En la antigüedad, los seres humanos estaban de alguna forma condenados a perpetuar el oficio o profesión del hogar en el que se nacía. El hijo del herrero aprendía a herrar, el hijo del carpintero trabajaría la madera y el hijo del agricultor aprendería a trabajar la tierra. No fue sino hasta hace apenas unas décadas cuando las escuelas modernas se formalizaron y popularizaron.

Ahora puedas estudiar lo que te parezca más interesante o conveniente sin importar la familia en la que naciste. Así es que, las escuelas se convirtieron en el lugar en el que se enseñaba aquello que no se aprendía en casa. ¡Por eso es tan triste ver que en las escuelas se tengan que enseñar valores! eso es algo que se debería aprender desde casa. ¿Estás de acuerdo?

Por mucho tiempo, las escuelas fungieron como el espacio en el que el ser humano podía desarrollar su potencial y se preparaba para el entorno laboral y productivo que la sociedad necesitaba. Por mucho tiempo funcionó así. Ingenieros, licenciados y médicos se encontraban prácticamente listos para incorporarse a cualquier empresa exitosamente tan pronto se graduaban.

Sin embargo, la tecnología, en su carrera acelerada, ha terminado por rebasar a las universidades que hoy en día siguen luchando por mantener el paso. Ahora es frecuente encontrar profesionales que reciben su formación profesional en las mejores universidades del mundo, pero que aún así deben adaptarse al estilo de trabajo y cultura organizacional de las empresas.

Ante esta necesidad, es común encontrar empresas con programas formales de capacitación interna para acelerar el viaje por la curva de aprendizaje. Incluso, les llaman universidades, y vaya que tiene sentido.

Estos programas educativos, muchas veces en modelo en línea o híbrido, forman parte del crecimiento del colaborador y le proveen las certificaciones requeridas para poder desarrollarse en el ambiente y cultura de la empresa.

Tip de liderazgo: Si quieres incrementar tu liderazgo, debes capacitar, enseñar, compartir conocimiento. Quien enseña inmediatamente cobra ascendencia sobre quien aprende. ¡Comparte conocimiento!

Administración de proyectos, manufactura esbelta (eficiencia productiva), administración del tiempo, metodologías ágiles, sistemas de calidad, comunicación, liderazgo, inteligencia emocional, solución de conflictos, trabajo en equipo y negociación son solo algunos de los temas en los que los recién egresados deberán formarse para poder integrarse exitosamente al mundo profesional. Esto, sin contar algunas otras certificaciones que dependen de la industria en la que se desarrollen.

Por ejemplo, un profesional de RR. HH. puede contar con certificaciones de HRCI o SHRM, dos instituciones reconocidas a nivel mundial, que certifican los programas de profesionalización de los recursos humanos.

Además de tu carrera profesional, maestría o doctorado, ¿cuáles son las certificaciones que se requieren para tu área o industria? Seguramente la empresa puede proveerlas si se encuentra la ventaja competitiva que arrojaría dicha formación en los resultados de la organización.

Hoy en día, las empresas hacen el trabajo que las universidades, institutos y escuelas no han podido realizar. La empresa se convirtió en la nueva escuela, la fuente de educación continua de los adultos. ¡Educar es una ventaja competitiva!

Dicho sea lo anterior, educación es crecimiento y la formación genera un apego importante. Es por ello que debemos preocuparnos por formar a nuestros colaboradores en todos los niveles y ayudarles a convertirse en mejores seres humanos.

¿Cómo se preocupa por ti la empresa en cada una de estas áreas?

Ideas para mejorar el octavo elemento: generar crecimiento personal

A continuación, te comparto algunas ideas para que incrementes este elemento del salario emocional dentro de tu organización. Selecciona aquellas que ya aplicas y marca también aquellas que desees aplicar en tu empresa. sugiero utilices el siguiente código para la lista:

- equis (X): ideas con las que ya contamos

- círculo (O): ideas que no tienes aún y que te gustaría implementar en tu equipo.

☐ Programas para continuar estudiando

☐ Primaria

☐ Secundaria

☐ Bachiller

☐ Formalización de habilidades técnicas

☐ Segundo idioma (inglés, francés, portugués)

- [ ] Apoyo educativo
- [ ] Maestrías
- [ ] Especializaciones
- [ ] Certificaciones
- [ ] Autoconocimiento y familia
- [ ] Manejo de emociones
- [ ] Comunicación familiar
- [ ] Manejo de finanzas personales
- [ ] Comunicación con los hijos
- [ ] Ecología y reciclaje
- [ ] Escuela para padres
- [ ] Entrenamiento técnico interno
- [ ] Formación interna
- [ ] Manejo de maquinaria
- [ ] Conociendo otras áreas
- [ ] Programa de enseñanza cruzada (Un día en el departamento de....)
- [ ] Bienestar
- [ ] Meditación
- [ ] Pausas activas
- [ ] Desconexión digital

☐ Uso efectivo del tiempo libre

☐ Concienciación (*mindfulness*)

☐ Técnicas de respiración

☐ Ejercicio y actividades físicas

¿Qué otras formas conoces para incrementar este elemento del salario emocional?

Elemento #9: El impacto de la relación con el jefe inmediato en el S.E.

Los franceses dirían que este elemento es *la crème de la crème*, la piedra angular del puente en arco, el elemento que termina por construir o desarmar una estrategia de salario emocional. Estoy hablando del elemento del jefe inmediato.

Ya comentamos que el salario económico se paga en el macroclima organizacional, pero el salario emocional se entrega en el microclima organizacional. Por eso, resultan de poco impacto los esfuerzos de un gran líder a nivel global cuando los líderes locales no se encuentran alineados a la cultura global.

En pocas palabras, ¿de qué me sirve trabajar para la mejor empresa si mi jefe inmediato me trata como una basura?

Cuando tenemos a un líder global o directivo de alto nivel con un enfoque de alto salario emocional, pero los mandos medios no logran replicarlo en la organización, se produce el efecto «candil de la calle y oscuridad en la casa». Desgraciadamente, esto es mucho más común de lo que quisiéramos.

De acuerdo a investigaciones de Robin I. M. Dunbar, el «número de Dunbar» (Dunbar, 2010) es la noción de que existe un límite cognitivo en grupos humanos de aproximadamente 150 individuos. Es decir, que un ser humano podría mantener un límite máximo de 150 relaciones en un momento determinado. Después de eso, si un contacto nuevo entra, un contacto antiguo sale. ¡Más o menos, la idea es esa!

Según explica Dunbar, esto se debe a que, para mantener la cohesión del grupo, los miembros del mismo deben poder satisfacer sus propios requerimientos mientras coordinan sus interacciones y comportamiento con los demás miembros del grupo. Es algo difícil de lograr si consideramos lo complejas que se vuelven las relaciones interpersonales cuando los grupos son grandes.

De acuerdo a esta hipótesis, el neocórtex cerebral juega un papel crucial en el manejo de las relaciones sociales. Entonces, su tamaño sería una referencia para establecer un límite en el número de relaciones sociales que un primate puede sostener en un momento determinado. Esto hace sentido si piensas en el cerebro como una libreta de direcciones electrónica con un límite máximo de capacidad. Por supuesto, el número puede variar de persona a persona. Mientras algunos traen un servidor moderno capaz de gestionar un gran número de relaciones sociales, otros tienen una máquina de los '80 que con apenas unas cuantas ya está requiriendo limpiar un poco de la memoria caché.

El número de estas relaciones se fijó en 150. Dicho número se estableció extrapolando una línea regresiva que describe la relación entre el tamaño del grupo y el tamaño relativo del neocórtex en primates comparado con los humanos.

En resumen, Dunbar nos comparte que existe un límite de personas con las que un ser humano puede establecer una relación, nutrirla y mantenerla en el mediano y largo plazo. Un buen ejemplo de ello puede estar justo frente a ti en las redes sociales: muchos contamos con 1,000 contactos o más en las redes sociales, pero no todos ellos son personas a las que conocemos y por las cuales cruzaremos la calle para saludarles. Si lo analizas bien, tendrás alrededor de cien personas por las cuales sí harías una pausa en tu día para charlar o saludarles. El resto son solo contactos. Tal vez Facebook debería cambiar el nombre de «amigos» a «contactos», ¿cierto? Pero bueno, es que «amigos» tiene más impacto.

Pero volviendo al tema que nos atañe, cuando consideramos el número de Dunbar entendemos por qué es imposible para un líder de una empresa mediana o grande mantener un buen salario emocional con todos sus colaboradores. Antes de que consideres que tal vez tú sí puedes, porque en tu empresa apenas son 150 personas, permíteme decirte que el número Dunbar incluye a todas las personas en tu vida, y no solo en el entorno laboral. O sea, que a ese número debemos restar la familia, amigos de la infancia y familiares extendidos. Incluso, aquellos familiares incómodos que prefieres no frecuentar pero con quienes tienes que mantener una relación cordial en cada fiesta de la familia. ¡Tú sabes a quién me refiero!

Debido a la limitación que nos evidencia el número Dunbar, es crucial el rol del jefe inmediato que replica la cultura del buen salario emocional.

Si no trabajas a nivel micro con cada jefe inmediato, te podría suceder como a algunas empresas que aparentan tener dos caras. Aunque ganan galardones como el mejor lugar para trabajar, empresas socialmente responsables o con gran ambiente laboral, sus colaboradores te dicen claramente que eso solo está en el papel. Para ellos, su historia en el día a día es muy diferente. ¡Este es el efecto candil de la calle, oscuridad en la casa!

El jefe inmediato es el catalizador que entrega el salario emocional diariamente, en la moneda requerida, en la cantidad adecuada, algo que ni el más eficiente líder a nivel mundial puede lograr de forma global. ¡El jefe inmediato es la clave!

Las estadísticas nos comparten que los mandos medios, el jefe inmediato, son los responsables del 70% de las renuncias voluntarias. Estamos hablando de el talento que NO deseábamos ni esperábamos que se fuera de la empresa, pero que decidió irse debido a una mala relación con el jefe inmediato. Como vimos en el capítulo de la rotación de personal, esto significa un gran costo para las organizaciones. ¿Cómo evitarlo?

CAPACITACIÓN A MANDOS MEDIOS, así, con mayúsculas. Los tiempos en los que los mandos medios eran duros, agresivos e intransigentes se terminó. Hoy no hay cabida para terroristas del salario emocional. Las funciones repetitivas están sustituyéndose por robots y procesos de automatización. Mientras, nos estamos quedando con aquellas funciones que requieren de negociación, manejo de conflictos, trabajo en equipo y comunicación. Todas ellas están vinculadas a las emociones y, por supuesto, al salario emocional. ¡Todo mando medio debe tomar, al menos, un curso básico de salario emocional! Si no tienes presupuesto suficiente, entonces divide la capacitación en este tema de la siguiente manera.

- ✓ Todo profesional con personal a su cargo (supervisores, jefes de turno) debe tomar el curso básico de salario emocional del *Emotional Paycheck Institute* (30 horas)

- ✓ Todo gerente, líder de proyecto y director debe tomar la certificación de embajadores del salario emocional (100+ horas con proyecto personalizado)

Debido a la importancia de este elemento en el salario emocional, es importante mencionar que las ideas para incrementar este elemento tienen dos componentes. Uno de ellos es la capacitación técnica que debe tener el líder en cada una de sus industrias. Por otro lado, están las habilidades blandas, las cuales serán el enfoque principal debido a que son más universales. ¡No descuides las técnicas, que son también importantes!

Ideas para mejorar el noveno elemento: la relación con el jefe inmediato

A continuación, te comparto algunas ideas para que incrementes este elemento del salario emocional dentro de tu organización. Selecciona aquellas que ya aplicas y marca también aquellas que desees aplicar en tu empresa. Sugiero que utilices el siguiente código para la lista:

- equis (X): ideas con las que ya contamos

- círculo (O): ideas que no tienes aún y que te gustaría implementar en tu equipo

☐ Reuniones uno a uno usando el E.F.C.

Capacitación en:

☐ Inteligencia emocional

☐ Manejo de retroalimentación

☐ Negociación

☐ Manejo de conflictos

☐ Administración del tiempo

☐ Salario emocional

☐ Diversidad e inclusión

☐ Equidad de género

☐ Liderazgo de equipos remotos

- [ ] Liderazgo en entornos V.U.C.A. (volátiles, inciertos, complejos y ambigüos)

- [ ] Metodologías ágiles

- [ ] Detección e intervención en casos de acoso laboral

Política de agendas abiertas (no de puertas abiertas) los líderes, como cualquier otro colaborador, tienen una serie de tareas que deben cumplir. En muchas ocasiones, las políticas de «puertas abiertas» terminan por disminuir su productividad ante las múltiples interrupciones que reciben por parte de sus colaboradores. Sin embargo, la política que sugiero es de «agendas abiertas». Por medio de un calendario compartido, los colaboradores pueden programar reuniones con el líder en cuanto lo consideren necesario. Tener «agendas abiertas» es mucho más productivo para todos.

¿Qué otras formas conoces para incrementar este elemento del salario emocional?

Así es como culminamos con los nueve elementos del salario emocional, la columna vertebral del bienestar en las organizaciones. Pero, antes de que salgas corriendo a aplicar el salario emocional basado en estos nueve elementos, debes recordar que cada uno de estos también tiene una fuerte influencia de las categorías de la P.S.B., mismas que vimos en capítulos anteriores.

Los nueve elementos y las categorías del bienestar

Los nueve elementos del salario emocional se encuentran estrechamente relacionados entre sí, y a pesar de la gran relevancia del elemento del jefe inmediato, todos los demás siguen jugando un rol importante para la compensación no monetaria del colaborador.

Cada uno de estos elementos del salario emocional también se encuentra alimentado constantemente por las cinco categorías de la percepción subjetiva del bienestar. Es decir, cada uno de estos elementos debe contar con una porción de bienestar social, comunitario, financiero, de carrera y físico emocional.

Por ejemplo, piensa en un líder que tiene una buena relación con su colaborador (alta categoría social en el elemento del jefe inmediato). Pero, este no logra pagar el salario económico a tiempo (baja categoría financiera en el elemento del jefe inmediato). En esta situación el componente de la relación «jefe inmediato» se verá afectado. Después de todo, «no solo de amor vive el ser humano».

Así como en el ejemplo anterior, cada uno de los elementos del salario emocional se verá afectado en mayor o menor medida por cada una de las categorías de la percepción subjetiva del bienestar. Un buen ejercicio es el de identificar cómo es que cada categoría de la percepción subjetiva del bienestar impacta a cada elemento del salario emocional. ¡Si decides hacer el ejercicio, te invito a que me lo compartas en Linkedin!

Ahora que tenemos claro que hay nueve elementos que debemos cuidar en el trabajo, y que tenemos una plataforma de la felicidad afianzada en las categorías del bienestar, solo nos falta un elemento para poder desarrollar una estrategia del salario emocional. ¡Falta que nuestros colaboradores quieran! ¿Cómo? ¡Así es! Ahora solo falta que una vez tengamos todo lo necesario para ser felices, nos decidamos a serlo. Ahí es precisamente donde entra el rol de la motivación en nuestra estrategia. ¿Cómo facilitar la felicidad de tus colaboradores? Acompáñame en una historia que transcurre en algo que todos hacemos: ir al mercado. ¡Compremos víveres!

Jaime en su ponencia TEDx sobre salario emocional. (2016)

Por qué tus clientes internos siempre quieren más

Y CÓMO MANTENERLOS SATISFECHOS.

De la misma forma en que los clientes externos siempre tienen mayores expectativas, los clientes internos no se quedan atrás. ¡Veamos por qué!

Conversaba con uno de los embajadores del salario emocional en Canadá, quien es además director regional de una empresa de venta de víveres y productos de primera necesidad. Charlábamos sobre el constante incremento en las expectativas de los clientes finales de su organización, y resumimos la charla de la siguiente manera.

En la antigüedad, las personas debían comprar los productos de primera necesidad en distintas tiendas o establecimientos. La carne se conseguía en la carnicería, la fruta en la frutería, el pan en la panadería y los productos lácteos en la lechería o directamente de alguna granja. Estos lugares requerían de una negociación por separado con cada vendedor, y por supuesto, habría que recorrer cierta distancia entre cada establecimiento mientras se cargaban los víveres previamente adquiridos. Esto no era práctico ni eficiente.

Tenía que haber otra forma, un modo más eficiente de adquirir víveres y satisfacer esa necesidad. Los clientes comenzaron a preferir aquellos establecimientos que ofrecían una variedad de productos para reducir la distancia transitada entre un vendedor y otro. ¡Bienvenidos a la era del mercado!

Así nacieron los mercados, establecimientos que congregaban a distintos vendedores de productos similares y facilitaban el proceso de compra. Al menos ya no había que caminar grandes distancias para adquirir los productos. Todos, o al menos la mayoría, se encontraban en el mismo lugar y existía la posibilidad de comparar precios, calidad y cantidad de productos adquiridos. ¡Muy conveniente!

Esto fue suficiente para mantener a los clientes felices por un tiempo. Sin embargo, una vez los compradores se adecuaron a los mercados, comenzaron a preferir aquellos establecimientos que además de facilitar el proceso de traslado de mercancías, también facilitaba el proceso de pago. El cliente no deseaba pagar en varias ocasiones, sino solo una. ¡Comienza la era del supermercado!

Así fue que los mercados se transformaron en supertiendas o supermercados, lugares en los que los clientes pueden adquirir gran variedad de productos de un solo vendedor. Así, se pagaba solo una vez y se agilizaba el proceso de adquisición de sus víveres. ¿Qué más se podría pedir? ¡Mucho más! Los clientes comenzaron a esperar más y mejor servicio y se cansaron de caminar por los pasillos buscando los mismos víveres cada semana. No pasó mucho tiempo antes de que surgiera la pregunta: ¿qué tal si no tenemos que entrar al supermercado? Alguien reúne los productos que el cliente requiere y yo, el cliente, solamente paso a recogerlos. ¡Y se inventó el recogido! (Recogido = *pickup*.)

El servicio de recogido se instaló en Canadá (y en otros países) con el fin de satisfacer la demanda de los clientes de no caminar los pasillos. Ellos solicitan lo que requieren por correo, y todo se coloca en una canasta para que el cliente la recoja. ¡Algo muy conveniente para el agitado estilo de vida de las grandes ciudades!

Parecía que habíamos alcanzado el límite de lo que podemos hacer por los clientes en el mundo de los supermercados, ¿correcto? Después de todo, ¿qué más se puede pedir? Sin embargo, los clientes pidieron más.

La tecnología del internet llegó, y los clientes se hicieron la pregunta: ¿qué tal si ni siquiera tengo que entrar al supermercado? ¿Puedes traer los productos a mi coche? ¡Y así nació la entrega hasta tu vehículo!

Las empresas de víveres comenzaron a utilizar la tecnología para recibir los pedidos de los clientes, alistarlos convenientemente y entregarlos en un lugar preferencial del estacionamiento del mercado.

Un asociado de la tienda entrega los víveres directamente en tu automóvil. Ni siquiera tienes que bajarte de tu vehículo para recibir tus víveres. No se puede pedir más, ¿correcto? Pues sí, ¡sí se puede!

Si ya vienes hasta mi coche, ¿qué tal si ahora entregas los víveres en mi casa? Así no tendré que conducir hasta el mercado. ¡Nació la entrega a domicilio!

Así es como las empresas comenzaron a entregar víveres hasta la puerta de la casa de los clientes. Esto es un esfuerzo por satisfacer la creciente demanda de mejor y más conveniente servicio de quienes desean adquirir sus víveres con el menor esfuerzo posible. ¡Pareciera que ahora sí no hay nada más! Hemos logrado llegar al límite del servicio al cliente. Los productos aparecen en las puertas de tu casa, ¿Qué más se puede pedir? Pues te tengo una sorpresa. ¡Los clientes quieren más!

Al diseñar los programas de capacitación del equipo de reparto de mi cliente en Canadá, rápidamente nos encontramos con que los clientes estaban solicitando algo más. No era suficiente entregar los productos en las puertas del domicilio, sino que ahora recibimos peticiones para realizar la entrega dentro del domicilio de nuestros clientes. Es decir, no bastaba con que entregasen los víveres en la puerta de la casa, ahora deseaban que los pusieran en la mesa del comedor y, en algunos casos, en la nevera. Todo esto, incluso en medio de la pandemia de COVID19. ¡Aunque usted no lo crea!

En el momento en que un servicio incluye entrar a un domicilio, se requiere de todo un nuevo entrenamiento. Existen diversas situaciones que se pueden presentar una vez que entramos a una propiedad privada. ¿Qué hacer si un menor abre la puerta y aparentemente se encuentra solo? ¿Qué sucede si una persona aparenta estar bajo la influencia de drogas o alcohol y nos sentimos inseguros entregando los víveres? ¿Qué sucede si presenciamos violencia doméstica o algún otro delito? Esos son solo algunos de los múltiples escenarios para los que tuvimos que capacitar a nuestro equipo de reparto. Así es que comenzamos a realizar entregas dentro de la vivienda de los clientes. «Los víveres hasta tu nevera». ¡Pareciera que no hay más allá! ¿Qué más se podría pedir? Seguro que a estas alturas de la historia ya nada te sorprende, y estás en lo correcto, ya comenzamos a recibir los primeros requerimientos adicionales.

¿Qué más pedirán ahora? Hemos tenido de todo un poco, desde el típico requerimiento de limpiar la nevera o sacar algunos productos que se encuentran en mal estado, hasta la petición de abrir una cerveza o preparar un sándwich. Esos servicios no se cubren en el entrenamiento e incluso podrían implicar otras limitaciones legales. ¡Hasta aquí va la historia ahora!

En resumen, algo nos debe quedar completamente claro: nuestros clientes siempre quieren más. Mientras haya una empresa que esté dispuesta a satisfacer esa demanda, seguirán incrementando esas expectativas de buen servicio y nuevos nichos de mercado. ¿Por qué es relevante esta historia para nuestro libro de salario emocional? Porque esos mismos clientes que están solicitando más y más servicios, son tus colaboradores.

¡Así es! Tus colaboradores también incrementan sus demandas con el tiempo, y aquello que en alguna ocasión fue considerado una prestación, hoy se convierte en una obligación. Es algo similar a lo que los abogados llaman *mos maiorum* o la costumbre que tiene fuerza de ley.

Mos maiorum – La costumbre se vuelve ley

En términos legales y de acuerdo a la enciclopedia jurídica, la **costumbre** (consuetud, *mos maiorum*) es esencialmente no escrita, aparece sin ser expresamente sancionada ni promulgada por ninguna autoridad, y solo **se convierte en derecho cuando ese uso ha sido practicado durante un tiempo más o menos largo** (Enciclopedia jurídica, 2020). En pocas palabras, si haces algo el suficiente tiempo, se vuelve una ley. ¿Te suena familiar?

Ofreces un favor a un compañero de trabajo y, si lo ofreces por largo tiempo, cuando lo dejas de brindar este compañero se ofende. ¿Te ha sucedido? ¿Qué tal este otro ejemplo? Te quedas unas horas extra a la semana, tu jefe se acostumbra a que siempre estás disponible y el día que le dices que no puedes hacerlo, tu jefe te considera poco comprometido con el trabajo. ¡Vaya que los romanos tenían razón!

Cualquier acción que se conserve en el tiempo se volverá una expectativa y, paulatinamente, estas expectativas se vuelven leyes. Algunas de ellas serán leyes no escritas, pero leyes al fin que terminan por afectar, positiva o negativamente, la relación entre dos o más personas.

A pesar de que muchas de las iniciativas de salario emocional y bienestar organizacional que implementamos en la empresa no tienen, en su mayoría, respaldo jurídico, sí tienen este poder de la costumbre, una especie de *mos maiorum* local, además del impacto emocional en nuestros colaboradores.

Es muy importante que estemos atentos a aquellas prestaciones, beneficios o costumbres que implementemos como parte de nuestro programa de salario emocional para que no se conviertan en una expectativa que a su vez pase a ser una obligación. El elemento sorpresa habrá desaparecido, y con ello se disminuye el valor que esa prestación o beneficio tiene.

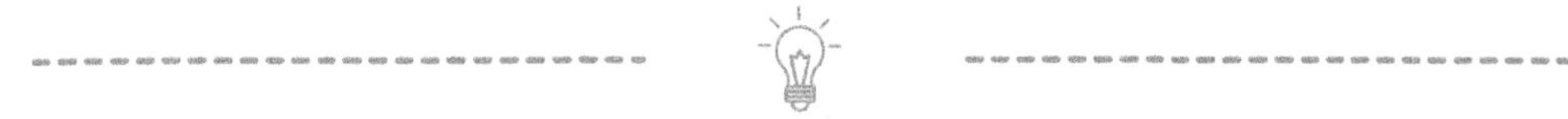

En palabras de una paciente que tuve hace algunos años, «Es más lindo lo que me dan porque desean hacerlo que aquello que me dan por obligación». Desgraciadamente, muchas iniciativas de bienestar comienzan como una prestación adicional y terminan siendo vistas como una obligación de la empresa. ¿Estás de acuerdo?

La importancia del factor sorpresa en las prestaciones y beneficios no debe ser menospreciada. Es muy importante que recordemos que aquello que nos produce una emoción de sorpresa mientras contiene emociones positivas, se integra fácilmente a nuestra memoria a largo plazo. Las emociones son como el pegamento que adhiere las memorias a nuestro cerebro. ¡Recuerda que la costumbre tiene fuerza de ley!

En la certificación de embajadores del salario emocional que impartimos en línea, a menudo comparto un caso que representa este mecanismo. La historia se titula «viernes de tacos», y seguramente te resultará familiar.

Como parte de las iniciativas de bienestar y con el objetivo de generar mejor percepción de la empresa entre los colaboradores, una empresa mexicana establece un presupuesto para llevar tacos a sus colaboradores. Seleccionan el día viernes para hacerlo, y durante las primeras semanas todo fluye de la mejor manera. El ambiente organizacional mejora, los comentarios son positivos y los empleados se ven satisfechos. Los colaboradores se sorprendieron con un buen detalle que les hace sentir apreciados por la organización en la que trabajan. ¡Buena idea! ¿Correcto?

El programa se mantiene por algunas semanas, y conforme el tiempo transcurre, algunos colaboradores comienzan a cuestionar, ¿por qué siempre son tacos? ¿Podrían traer tamales? ¿Por qué no hay una opción más saludable? ¿Qué tal unas ensaladas? Los tacos, que comenzaron siendo una agradable sorpresa entre los colaboradores, ahora se convirtieron en algo esperado que perdió su sabor (literalmente).

Mientras el departamento de RR. HH. comienza a buscar nuevas opciones, notan que algunos de los colaboradores no consumen los tacos. Algunos incluso reclaman acerca de la calidad de los mismos, por lo que deciden suspender el programa «viernes de tacos» sin previo aviso.

Como seguramente ya te imaginas, llega el viernes y los tacos no aparecen. Algunos colaboradores reclaman: «¿Dónde están los tacos? ¡Yo no traje comida! ¿Por qué nos tratan así? ¡Seguro no les importamos!». Esas frases trascienden hasta llegar a la estación de «radio pasillo», esa que se sintoniza en las salas de café previo a las reuniones y en los traslados al trabajo. La escucha todo el mundo, menos el jefe.

Como podemos ver, algo que comenzó como una buena iniciativa terminó por ser una obligación. Los errores son sencillos de identificar: 1) se mantuvo sin cambio por un tiempo, 2) no se le vinculó con un indicador, actitud o suceso en el tiempo y 3) terminó por convertirse en una obligación, misma que ahora, al desaparecer, termina por causar descontento entre el personal. Como dice mi esposa: ¡comenzamos con muchos bríos y terminamos con escalofríos!

En resumen, cualquier iniciativa que se implemente como parte de la estrategia de salario emocional debe:

- Comunicarse adecuadamente

- Contar con un factor sorpresa

- Tener un tiempo finito determinado

- Ser dinámica

Estar vinculada a un indicador clave (no hay nada más sabroso que aquél taco que sabes que ganaste con tu esfuerzo)

¡Vigila no ser víctima de la costumbre que se vuelve ley! Es importante que, como líder, sepas comunicar efectivamente las prestaciones, beneficios y eventos que la empresa realiza a favor del bienestar de los colaboradores. Este tema precisamente nos lleva a hablar de la retroalimentación y el reconocimiento, ese que es tan deseado por todos pero desgraciadamente poco otorgado por muchos.

Tus colaboradores requieren retroalimentación, palabras de aliento y reconocimiento, ¿Cómo hacerlo? Dales un V.E.S.O.

Dale un V.E.S.O. a tus empleados

Antes de que llames a RR. HH., sigue leyendo, no estoy hablando de BESO sino de VESO, así, con «V».

Un buen embajador del salario emocional sabe dar una retroalimentación que cumple con el acrónimo del V.E.S.O., el cual es **Verdadero**, porque la verdad siempre debe reinar sobre todas las cosas. Es **Específico**, porque decir ¡buen trabajo! no es suficiente, es mucho más enriquecedor entender exactamente cuál es la razón del elogio. **Sincero**, porque la sinceridad se transmite de las más variadas formas y **Oportuno**, porque no es lo mismo recibir una felicitación sobre algo que se ha logrado hoy, que recibir el elogio dentro de seis meses.

Gran parte del rol del líder consiste en comunicarse eficientemente con sus colaboradores y a su vez, gran parte de esta comunicación implica la habilidad de ser asertivo y eficiente en la retroalimentación. Ahí es donde entra en acción el V.E.S.O.

Un ejercicio que sugiero que realices frecuentemente es el de otorgar «V.E.S.O.s» a tus colaboradores, siempre cumpliendo con cada una de las letras del acrónimo. Esta retroalimentación efectiva y constante permitirá la aparición y desarrollo de la motivación de tus colaboradores. Precisamente, hablando de motivación, veamos cómo mediremos la motivación de tus colaboradores en el salario emocional.

Por qué hacemos lo que hacemos

Para explicar las diferentes motivaciones del ser humano, utilizaremos las categorías del Dr. Clare Graves (Graves, 2004) quien nos invita a analizar cómo, en cada etapa de la existencia humana, el ser humano adulto emprende la búsqueda de aquello que considera le hará feliz. El ser humano busca la forma de vida por la que cree que los seres humanos deben vivir.

Desde la supervivencia hasta el cuidado del ambiente y todos los seres vivos, existen siete motivaciones, las cuales explicaré con la historia a continuación. Te invito a que la leas con atención y encuentres en cuál de esas etapas de motivación del cavernícola te encuentras ahora. ¡Comencemos!

La historia del cavernícola

¡Había una vez! Sí, así comienzan todas las historias, pero te aseguro que esta tendrá un aprendizaje que puede mejorar tu estilo de liderazgo como nunca antes. Así que, como dice mi súper héroe favorito, ¡síganme los buenos!

Había una vez, un cavernícola que vivía solo en una cueva, bajo sus propias reglas, o mejor dicho, sin ninguna regla.

El cavernícola comía lo que cazaba, y cuando quería levantarse a trabajar temprano, lo hacía. Gozaba de una libertad típica de la soledad y la autonomía en la que nadie le decía lo que tenía que hacer. Si quería bañarse en el río lo hacía, y si no le apetecía, simplemente esperaba hasta que le diesen ganas. Era libre y no tenía reglas que cumplir. ¡Seguramente era soltero!

Este cavernícola se encontraba en etapa de supervivencia, la primera de las etapas de motivación de un individuo. En esta etapa, si bien no se depende de nadie más que marque reglas, tampoco se tiene a alguien que brinde apoyo. Se está solo, sin un grupo que le respalde. ¡Así como cuando estás sin un empleo fijo!

Por un tiempo, este cavernícola se sintió bien. Su libertad era lo que le importaba. Sin embargo, como lo podemos inferir del Dr Graves, cuando el hombre encuentra el «santo grial» que buscaba no se siente satisfecho, deseando siempre algo más. En otras palabras, una vez que disfrutó su libertad e independencia, el cavernícola comenzó a anhelar otras cosas.

Así, comenzó a tener un deseo de algo diferente. Tenía libertad y autonomía, pero se encontraba solo. ¿Qué te imaginas que deseaba el cavernícola solitario?

Si pensaste en una pareja o un equipo, pensaste bien. Este cavernícola, una vez que domina la libertad y autonomía, desea tener a alguien que le apoye, que le respalde, que le motive a trabajar, que le provea mientras está enfermo y con quien pueda compartir sus logros. El cavernícola entra a una etapa conocida como seguridad.

Está buscando una pareja, un clan, un equipo de trabajo para no cazar solo. Sacrificará algunas de las bondades de su libertad con tal de tener el apoyo del grupo que en este momento le parece más importante. Accede a bañarse, peinarse y trabajar en ciertos horarios a cambio de gozar de los beneficios del apoyo, la compañía y el trabajo en equipo.

Tal vez este cavernícola se parece a aquél colaborador que está buscando empleo, tener la seguridad de un pago y de un equipo de apoyo. Espera que ese equipo le permita lograr mayores objetivos, le brinde soporte en tiempos de carencia y le permita la seguridad de sentirse en pertenencia. Este colaborador está buscando pertenecer, y como tal, habrá de modificar su lenguaje para hacerlo. ¡Ya no habla de hacer lo que quiere! Ahora habla de hacer lo que apoye al equipo, colaborar y respaldarse mutuamente.

Para identificar al cavernícola que se encuentra en esta fase de seguridad, basta con escucharle. Repetirá constantemente frases como:

- Pertenecer al equipo

- Se refiere a la empresa como la familia

- Apoyo mutuo

- Respaldo

- Pertenencia

- Menciona su orgullo de formar parte de…

- Se expresa en forma plural (nosotros…)

- Destaca las bondades del grupo y de pertenecer al mismo

Así, el cavernícola de nuestra historia abandonó la libertad de su caverna hasta encontrar un grupo que le aceptó. Después de todo, un buen cazador siempre es bienvenido en el grupo, así que rápidamente le aceptaron y el cavernícola se sintió feliz. Recibió su curso de inducción y se le dieron algunas herramientas de cacería como souvenirs de bienvenida.

Ahora podría no solo comer venado, sino también pescado, frutos y contar con la protección del grupo mientras dormía. Todo ello surge a cambio de respetar algunas reglas y dedicar su tiempo al resto del clan, compartir el fruto de su cacería y respetar las jerarquías y políticas del equipo. ¡Nada mal para el cazador!

Con el tiempo, la pertenencia terminó por causar el efecto *mos maiorum* que mencionamos anteriormente. Una vez que logra obtener el fruto de su lucha, en este caso la seguridad de pertenecer a un grupo, por un tiempo breve será feliz. Pero, terminará por buscar nuevos espacios. Aparecen nuevas motivaciones.

Este cavernícola tiene ya la pertenencia al grupo, forma parte del equipo y participa de sus cultivos, cacerías y ganancias en general. Sin embargo, hay un deseo que le despierta, hay algo más que busca y que le comienza a motivar. ¿De qué crees que se trata?

¡Siempre deseamos más! Y nuestro cazador ya no desea ser un simple miembro del grupo, sino que ahora busca destacar en el mismo, está buscando reputación, buen nombre, ser distinguido. Esto hace que su discurso cambie. Ahora no habla del grupo, sino de sí mismo, cambia el nosotros por el yo. Busca ser mucho más que un cazador, busca ser, ¡don Cazador!

¿Es mi trabajo importante? ¿Qué tanto se me reconoce? ¿Qué opinan los demás de mí? ¿Soy visible ante los ojos de la mayoría? Estas son solo algunas de las preguntas que comienzan a rondar en la mente de nuestro cazador, mismo que termina por entrar en conflicto con algunos miembros del grupo que también tienen intereses similares. Nuestro cavernícola se encuentra en una nueva etapa, una nueva categoría de motivación llamada poder.

Tal vez nuestro cazador se parece a ese colaborador que ya se integró al equipo, que ya se siente parte de la empresa y que, después de unas semanas o meses en la misma, comienza a luchar porque su trabajo sea reconocido. Es un colaborador que responde bien a los estímulos de reconocimiento individual, donde se destaque la importancia del rol del colaborador en el equipo.

El líder del clan de nuestro cavernícola, con el fin de no perder la motivación del nuevo cazador, tiene que implementar una serie de premios y reconocimientos. Así, aparecen el cavernícola del mes, el mejor cazador de la temporada, las insignias a los miembros de cierto equipo. Los galardones para aquellos que se distinguen de entre los demás surgen y se presentan en ceremonias alrededor del fuego. Todos pueden ver a aquellos que lograron distinguirse por su valentía, arrojo o la cantidad de comida que trajeron al clan. El cavernícola con mejor reputación puede estacionar su caballo justo en la entrada de la cueva, se sienta a comer en la piedra más grande, cuenta con una cama cerca de la ventana y se le cede la palabra primero en las reuniones. ¿Te suena similar a lo que se vive en tu empresa?

En las organizaciones es importante cuidar la evolución de los colaboradores que ya se incorporaron a la organización y quienes posteriormente desean el reconocimiento. Contar con dichos mecanismos permitirá conservar el momentum y el crecimiento en la satisfacción de nuestros colaboradores. ¿Con qué reconocimientos de este tipo cuentan en tu empresa? (Empleado del mes, mención en publicaciones internas, pizarrón de reconocimiento, etc.)

Para identificar al cavernícola que se encuentra en esta fase de poder, basta con escucharle. Su discurso tiene las siguientes características:

- Se refiere a su reconocimiento

- Habla de su rol dentro del grupo

- Cuida su reputación

- Presume sus logros constantemente

- Busca generar un «buen nombre»

- Tiende a tener movimientos rápidos

- Busca inspirar autoridad

- Prefiere espacios grandes y lujosos

Una vez que se generan estos programas de reconocimiento, nuestro cavernícola percibe cómo se vuelve parte importante del grupo y se le permiten los más grandes honores gracias a su trabajo y esfuerzo. Es quien se sienta a la cabeza de la mesa, quien inicia una ceremonia y uno de los pocos que pueden portar la piel de un animal como el jaguar.

No solo es un miembro del equipo, sino que se distingue como uno de los más importantes en el mismo. ¡Su reconocimiento queda satisfecho! ¿Qué más podría querer este ser humano?

Así como lo hemos comentado en múltiples ocasiones, ¡siempre deseamos más! Nuestro cavernícola desea seguir creciendo, pero ahora que tiene el poder y el reconocimiento en sus manos, encuentra una gran disyuntiva. Las personas del clan se le acercan en busca de respuestas que él mismo no posee, pero su reputación le impide admitir que no lo sabe.

No puede asegurar si habrá cacería mañana, tampoco si un cazador sobrevivirá la próxima expedición. Vive un dilema en el que tiene que pretender ser Dios y saberlo todo o someterse a él esperando ser favorecido.

Por primera vez se encuentra en una posición en la que simplemente no sabe qué habrá de ocurrir. La incertidumbre le atrapa, y terminará por absorberlo si no logra ceder su poder a algo mayor que él.

Así es que comienza a refugiarse en algo que le supera, en un poder absoluto. Está dispuesto a compartir su reconocimiento (ya no es el más importante) con algo o alguien más que le permita la seguridad y el orden que no puede ofrecer de otra manera. Así, se somete a la naturaleza, a su Dios o a sus dioses dependiendo de sus creencias. Se somete al poder de su entorno y comienza a establecer un orden jerárquico que le permite seguir en el poder por más tiempo.

Establece rituales para obtener beneficios del ser supremo, y eso le lleva a respetar las jerarquías en base a la antigüedad. Los cazadores más novatos deberán ir al frente, los más veteranos podrán comer primero, los agricultores que cuenten con más años de experiencia estarán a cargo y quienes sean novatos deberán seguir las órdenes.

Nuestro cavernícola también desarrolla procedimientos que deberán ser cumplidos. ¿Quién habla en la cacería? ¿Quién rodea a los animales? Incluso, establece procedimientos para limpiar y procesar el fruto de la cacería. Todo esto en un intento por mantener el orden en un clan cada vez más abundante y con mayor cobertura. ¡Su poder ya no es suficiente! Ahora requiere de un orden.

Bajo este orden surgen los ejércitos. Sabemos que un sargento en sus treinta y tantos podría fácilmente derrotar en una pelea física a un general, que por lo general es un sexagenario. Sin embargo, será muy extraño ver que eso ocurra. ¡El respeto al superior es primordial!

El sargento se somete al orden y respeta la experiencia y antigüedad. Se sacrifica por un mejor mañana, y está dispuesto a tomar órdenes de una persona a la cual físicamente podría derrotar fácilmente. No lo hace, con la expectativa de lograr un crecimiento en el futuro. ¡El sacrificio, el respeto y los valores son clave! Esta es la etapa de motivación de orden.

Este cavernícola podría parecerse a aquél colaborador que constantemente se refiere a la autoridad, al organigrama, las políticas y los procedimientos establecidos. Es aquél que busca que otros certifiquen lo que hace y que se apega a lo ya conocido, al colaborador que prefiere consultar con el líder, hablar con el gerente, apegarse a los lineamientos oficiales y respetar a quienes tienen más tiempo en la empresa. ¡El respeto a la experiencia es clave!

Algunos, incluso, cuestionan cuando una persona con menor antigüedad recibe una promoción. Para ellos, la antigüedad y la experiencia son indispensables a la hora de crecer. ¿Te suena familiar? ¿Conoces a alguien así?

Un colaborador en esta categoría podría confiar más en aquellas políticas y certificaciones que vengan de entes externos, sobre todo si cuentan con reconocimiento internacional. En empresas con una gran motivación de orden es común encontrar un ISO® (International Organization for Standardization) Lean Manufacturing basado en el método Toyota®; metodologías de administración de proyectos PMP®; metodologías ágiles; certificación en salario emocional del Emotional Paycheck®; todas ellas metodologías que ya están probadas y que satisfacen la motivación de orden que el colaborador necesita en esta etapa. El colaborador cambia su conversación del «yo» del poder al «nosotros» en la etapa de orden. Ya no se expresa como el «yo poderoso que logra el éxito», sino como «nosotros que nos organizamos y logramos el éxito».

Para identificar al cavernícola que se encuentra en esta fase de orden, basta con escucharle. Su discurso tiene las siguientes características:

- Respeto a la experiencia

- Informar jerárquicamente

- Avales internacionales

- Certificaciones por terceros ajenos a la empresa

- Procedimientos y políticas claras

- Descripciones de puesto específicas

- Medición por competencias

- Indicadores claros y, preferiblemente, vinculados al éxito del negocio (KPI)

- Cambia el discurso del «yo» al «nosotros»

- Gusta de auditorías y procesos de revisión

¡Sigamos con nuestra historia! Nuestro cavernícola ha evolucionado bastante, ya forma parte de un grupo en el que es reconocido y ahora logra poner orden en el mismo. Una vez más, se satisface una motivación y aparece otra, comienza a despertarse un nuevo deseo. ¡Todos deseamos más! Pero, ¿qué más podría desear nuestro cavernícola?

Nuestro cavernícola desea competir, y no solo eso, ¡sino ganar! Ahora que estableció un orden en su clan, comienza a ver cómo es que puede mejorar. ¡Compararse es clave!

El cavernícola comienza a buscar cómo ser mejor, cazar más en menos tiempo, con mayor recompensa y menor uso de recursos. Los indicadores, las métricas y los objetivos y resultados clave (O.K.R., o Objectives and Key Results) y KPI son de alta importancia. Es en este momento en el que vuelve su mirada al «yo», donde es él quien se compara con otros, dentro y fuera de su clan. ¡Ganar lo es todo! Está en etapa o categoría de competencia.

En este momento nuestro cavernícola se parece a aquél colaborador que siempre está preguntando acerca del desempeño de otros compañeros, los resultados de otros departamentos, buscando comparar así su resultado y continuar su motivación. ¡Quiere ser primero! Quiere sobresalir y triunfar. Es una especie de poder, pero mejorado. No solo busca el reconocimiento, sino que busca la comparación con otros al mismo tiempo. ¿Conoces a alguien que a menudo se compara con los demás? Este perfil es muy común en las áreas comerciales, donde algunos ejecutivos se comparan con otros por medio de los indicadores de ventas o de servicio. Sin embargo, no es privativo de esta área, sino que se encuentra presente en cualquier departamento de la empresa.

La forma en que podemos identificar al colaborador que se encuentra en esta fase de competencia es cuando utiliza un lenguaje con las siguientes características :

- Comparativos

- Más que..

- Menos que..

- Superlativos

- Los mejores resultados

- Los peores equipos

- El mejor vendedor

- Compara continuamente empresas, departamentos e individuos

- Cambia del «nosotros» al «yo»

- Desea conocer indicadores y mediciones de éxito

Por un tiempo, nuestro cavernícola encuentra felicidad en el triunfo de la competencia y, una vez que se siente ganador, adquiere la satisfacción digna de lograr sus metas. Sin embargo, como ya lo hemos visto, la satisfacción de lograr la recompensa dura poco. Debemos estar preparados para la siguiente evolución del deseo del cavernícola, quien se parece mucho a todos nosotros que trabajamos en las organizaciones modernas.

El cavernícola logró dominar al grupo, su equipo de cazadores es reconocido por aportar en gran medida a la alimentación de la aldea, es bien sabido que su equipo es un ganador y con esto, el cavernícola, cazador líder del grupo, se siente satisfecho. Sin embargo, la satisfacción de una motivación alimenta el nacimiento de una motivación nueva. Conforme logra su objetivo, comienza a desarrollar un nuevo deseo de que todos tengan lo que él tiene, el deseo de compartir su triunfo, de que todos tengan la oportunidad de lograr lo que desean. Aparecen la justicia, la equidad, la distribución equitativa, la paridad, la inclusión y la diversidad. ¡Se encuentra ahora en una etapa de ideales!

Compartir, escuchar, triunfar en equipo se vuelven sus prioridades. La diversidad y la inclusión entran en su vocabulario y comienza a darles mayor importancia. La justicia, equidad y diversidad son relevantes. Busca no tomar decisiones sin consultar a la mayoría y procura que incluso los grupos menos representados se sientan escuchados. ¡Es un idealista! Y vuelve a cambiar su discurso del «yo» al «nosotros», ya que solo en el grupo se pueden concretar sus deseos de compartir.

Este cavernícola se parece a aquél colaborador que promueve la inclusión, los programas de diversidad, que escucha a todos los colaboradores a pesar de que la reunión se alargue. Es ese que desea que todos puedan participar y que valora la armonía grupal por sobre todas las cosas.

Es posible reconocer al colaborador que se encuentra en la categoría de ideales porque se expresa en estos términos:

- Escucha a todos en las reuniones

- Promueve

- Inclusión

- Equidad

- Diversidad

- Valora la armonía grupal

- Promueve el respeto

- Escucha más de lo que habla

- Habla en «nosotros»

Nuestro cavernícola logró abrir programas de inclusión. Tal vez ahora todos aquellos miembros de su clan que lo deseen pueden ser cazadores. Se asegura que los programas de crecimiento que estableció en la categoría de orden sean justos, equilibrados, equitativos. ¡La justicia es primordial!

Este cavernícola se parece a aquél colaborador que se distingue por su tono de voz pausado, casi compasivo, que permite las opiniones de otros y las hace parte del objetivo de la empresa. Este colaborador busca que todos tengan una oportunidad justa para lograr el máximo de su potencial.

Por un tiempo, nuestro cavernícola es feliz, se preocupa porque todos los elementos del grupo o equipo de trabajo sean tratados de la mejor manera y puedan desarrollar al máximo su potencial, Pero, una vez más se repite el patrón de deseos y motivaciones. Conforme logra la justicia en el grupo, comienza a despertar en él un deseo de conocimiento cada vez más fuerte. Hay algo que le hace falta, le inquieta la posibilidad de que haya algo más que él no sepa. ¡Requiere aprender!

Nuestro cavernícola quiere aprender, explorar, probar cosas nuevas y aplicarlas en su entorno. Tal vez quiera viajar y conocer nuevas técnicas de cacería para luego aplicarlas en el clan, o explorar nuevos métodos para procesar el alimento. Busca salir de su zona de confort. Piensa en criar animales o encontrarlos más fácilmente. Incluso, está dispuesto a incursionar en áreas que le son totalmente ajenas como el cultivo o la pesca. Nuestro cavernícola es un curioso explorador del conocimiento.

Tal vez se parece a ese colaborador que es adicto a los cursos y siempre quiere probar cosas nuevas. Es el que implementa nuevas estrategias, que se registra en mil y una certificaciones. Siempre está al día con las tendencias más innovadoras y ama aprender. ¿Conoces a alguno?

Es sencillo reconocer a ese colaborador en etapa de aprendizaje, puesto que cuenta con las siguientes características:

- Explora

- Aprende

- Se capacita

- Disfruta de probar cosas nuevas

- Le gusta experimentar

- Desarrolla nuevas estrategias y procedimientos

- Cambia del «nosotros» al «yo»

El cavernícola logró incorporar programas educativos. Aprendió cómo ser un cazador exitoso, cultivar la tierra y procesar las pieles. No solo se interesa por la cacería, sino por toda la cadena de valor. Le da importancia al procesamiento de los animales cazados y, por supuesto, al aprovechamiento del recurso. Es un cazador mucho más curioso por descubrir nuevas formas de hacer las cosas.

Por un tiempo, es feliz. Sin embargo, como en todo viaje en el que una persona se embarca, se va uno y regresa otro. Aprender cosas nuevas termina por hacerle desear cosas nuevas. ¿Cómo estamos aprovechando los recursos? ¿Qué tan justos somos con el ambiente? ¿Qué hay allá afuera que no conocemos? ¿Cómo afectamos nuestro entorno? Un despertar ecológico le aguarda. El cavernícola se encuentra en la etapa o categoría de visión holística.

Un colaborador en esta categoría se distingue por preocuparse por el entorno, la huella de carbono, el aprovechamiento de recursos, entre otras cosas. Busca ser justo no solo con las personas (como el idealista), sino también con los recursos, animales y seres vivos en general en el entorno en el que se encuentra.

Es sencillo reconocer a ese colaborador en etapa de visión holística, puesto que cuenta con las siguientes características:

- Preocupación ecológica

- Interdependencia

- Conexión con el ambiente

- Cuidado de recursos

- Huella de carbono

- Trascendencia

El cavernícola logró un estado evolutivo que le permite apreciar todas las categorías y entender que todas ellas forman parte de un entorno. Probablemente, nuevas aventuras le aguarden, y enfrentará momentos en los que deba volver atrás para retomar alguno de sus deseos previos. Pero, una vez que estos se satisfagan, rápidamente volverá a la etapa de visión holística que le permite considerar todo como parte de un entorno interconectado.

¿Por qué tus colaboradores nunca están satisfechos? ¡El cavernícola responde!

Los clientes nunca parecen estar satisfechos. Siempre parecen desear algo más. Así mismo los clientes internos (colaboradores) tampoco parecieran tener satisfacción. Satisfacemos una motivación y aparece otra. ¿Por qué? ¡Porque todos somos así!

Como podemos observar en la historia del cavernícola, las motivaciones surgen basadas en deseos. Estos deseos se originan cuando un deseo previo se satisface, algo muy similar a lo que sucede con tus colaboradores.

Esta es la eterna búsqueda del ser humano por la realización personal, por el logro de ese momento efímero en el que experimenta la realización de sus deseos. Es también una buena descripción de la búsqueda constante de la felicidad. Entre otros, podemos listar los siguientes aprendizajes de esta historia.

- No todas las personas se motivan de la misma forma

- Al lograr lo que buscamos, surgen nuevos deseos

- Siempre deseamos algo más (todos deseamos algo)

- En un equipo podemos encontrar personas con distintas motivaciones

- Cada motivación se expresa de manera diferente (regularmente al hablar, pero también al vestir y adquirir bienes)

- No existe un motivador bueno ni malo, ninguno es mejor que el anterior

- Solo motivamos a las personas hablando en su motivación

¿Qué otro aprendizaje podríamos obtener de esta historia?

La categorías de Graves, motivaciones que explicamos con la historia del cavernícola, las utilizamos en el salario emocional para conocer el momento que vive nuestro colaborador. Personas de la misma edad, género, nivel educativo e incluso en el mismo puesto pueden encontrarse en una categoría de motivación distinta. Esto les lleva a sostener conversaciones disonantes y probablemente incluso rechazarse entre sí.

Por ejemplo, si tenemos a un colaborador en la categoría de poder (desea reconocimiento propio) y otro en la categoría de ideales (desea que todos tengan voz y voto), muy probablemente estos pensarán negativamente uno del otro. Incluso, podrían estar charlando de los mismos temas, tener ideas similares, hasta el mismo objetivo y aún así tener desacuerdos por la forma en que se expresan. Seguramente has visto estas situaciones en el ambiente laboral, donde todos podemos desear lo mismo, pero lo hacemos por distintas razones y eso hace una gran diferencia.

En el siguiente ejercicio, sugiero que escribas en breves palabras por qué es importante lo que haces, cuál es la importancia de tu rol en la empresa y por qué es importante que alguien haga lo que tu haces en la organización. Escribe y exprésate libremente en el siguiente espacio.

Una vez que expreses la importancia de tu rol en la empresa, te invito a que lo leas nuevamente e identifiques cuáles son las motivaciones dominantes en tu escrito. ¿Qué frases utilizas? ¿A qué motivación pertenecen esas frases? Puedes utilizar la siguiente sección para plasmar tus impresiones.

¿En qué categoría te identificas? ¿Con qué etapa del cavernícola te sientes alineado en este momento de tu vida profesional? ¿Cuál de los siguientes motivadores requieres en este momento de tu carrera?

☐ Seguridad de pertenecer a un grupo o un equipo

☐ Poder y reconocimiento al saber que mi trabajo es importante

☐ Estructura, orden y respeto a experiencia, jerarquías y procedimientos

☐ Competencia y la sensación de estar mejorando

☐ La justicia y la equidad que traen los ideales

☐ La innovación del aprendizaje

☐ El respeto al medio ambiente y la ecología de la visión holística

Cómo podrás notar, las motivaciones de Graves se encuentran presentes en todo lo que hacemos, pero quedan más en evidencia en la forma en que nos expresamos. (En este caso, en tu ejercicio anterior.) Sin duda alguna, esta es una excelente forma de entender mejor a tus colaboradores y, sobre todo, mantenerles motivados.

Una vez logres identificar tu propia motivación, te será más sencillo identificar las de tus colaboradores. Para ello es importante entender lo siguiente.

No todos se motivan como tú

Cada persona puede encontrarse en una motivación diferente a la tuya, y eso no tiene nada de malo. Al contrario, contar con equipos que se encuentran en diversas motivaciones también aporta al crecimiento, innovación y diversidad cognitiva de las organizaciones.

Tú sabes que al momento de diseñar una estrategia de salario emocional para tu organización, debes hacerlo con todas las motivaciones en mente. ¡El embajador del salario emocional sabe comunicarse en todas las categorías!

Te tengo algunas preguntas para la reflexión:

- ¿Qué categorías consideras que son predominantes en la empresa en la que trabajas?

- ¿Cuáles son las categorías que identificas en tu equipo de colaboradores?

- ¿Cómo te hacen sentir los colaboradores con motivación diferente a la tuya?

No hay motivación buena o mala, ni una es mejor que la otra.

Una de las tendencias más comunes en las personas que no conocen de motivaciones es la de creer que todos los que no se motivan de la misma forma que ellos, simplemente están mal. ¡Eso no es correcto!

Tú, como embajador del salario emocional, ahora sabes que existen siete categorías, y que cada persona puede presentar una diferente o bien una combinación de varias. De hecho, en algunas ocasiones podremos ver cómo una categoría de motivación es utilizada para satisfacer otra. Esto lo explicamos a continuación. ¡La bandera no es el cargamento!

Una motivación nos ayuda a satisfacer otra – La bandera o el cargamento

En la antigüedad, las embarcaciones utilizaban las banderas para comunicar lo que llevaban a bordo, la nacionalidad de la carga y de la tripulación del barco. Eran tiempos en los que la tecnología no se encontraba tan avanzada. Las banderas permitían determinar el tipo de embarcación que se acercaba a nuestras costas, otorgando tiempo suficiente para preparar la defensa o la bienvenida. También, contar con esta bandera era de gran utilidad para prevenir ataques. Por ejemplo, si un barco con bandera enemiga se acercaba a la costa, simplemente se le atacaba. Apenas se le divisaba a la distancia, se procedía a lanzar la alarma y a preparar a la ciudad para una posible invasión.

Obviamente existían los piratas, algunos barcos que disfrazaban su nacionalidad o su carga o que portaban banderas de aliados para invadir una ciudad, tomándola desprevenida. Este efecto en el que la bandera presenta una intención y el cargamento otra muy diferente, es el mismo que podemos encontrar en las personas con las categorías Graves.

En algunas ocasiones encontraremos personas que son motivadas por el poder, es decir, que requieren reconocimiento, reputación y buen nombre. Pero, para obtenerlo utilizan los ideales, es decir, los programas de inclusión, equidad y diversidad. De alguna forma aprendieron que si participan en estos movimientos y procuran la participación de todos los miembros de la comunidad o equipo, lograrán la atención que requieren para satisfacer su motivación de poder. ¡Llevan una bandera de ideales con un cargamento de poder! ¿Conoces a alguien así?

¿Está mal mostrar una bandera diferente a la de nuestro cargamento? ¡La respuesta es no! En realidad, es algo que todos hacemos de alguna manera: encontramos diversos mecanismos para lograr satisfacer nuestras motivaciones. De hecho, es algo bastante común en empresas y redes sociales, artistas y miembros de la comunidad en general que se involucran en campañas de ayuda a los más necesitados (ideales) o bien en programas de reforestación (visión holística) con el fin de lograr reconocimiento y buena reputación. ¡Típico en los artistas que lideran fundaciones que favorecen su imagen pública!

Uno de los ejercicios que regularmente realizo con los embajadores en el instituto Emotional Paycheck es el de describir la razones por las que una persona compraría un automóvil de lujo. ¡Hagamos el ejercicio juntos!

Ejercicio: Por qué compramos el automóvil

Imagina que formamos parte de una empresa de mercadotecnia que se encuentra realizando una campaña publicitaria para un automóvil de lujo. Como embajadores del salario emocional, sabemos que nuestros clientes potenciales se encontrarán en las más diversas motivaciones, y nuestra misión es lograr transmitir un mensaje atractivo para todas y cada una de ellas.

A continuación, coloca aquellas razones por las que las personas en cada motivación adquirirán un automóvil de alta gama. Te doy el primer ejemplo para ayudar un poco.

Seguridad: Porque es el automóvil de los ejecutivos modernos. Todos tienen uno y, al formar parte de la familia de clientes que conducen este vehículo, nunca estará solo. Tendrá soporte técnico y de asistencia 24/7. Bienvenido a la familia [marca del vehículo]

Poder:

Orden:

Competencia:

Ideales:

Aprendizaje:

Visión Holística:

Como podemos observar, el mismo artículo, producto o servicio puede adquirirse por diversas razones. Lo mismo sucede con los proyectos e iniciativas dentro de la organización, mismos que pueden ser perseguidos por los miembros del equipo por diferentes motivos.

Después de todo, no todas las personas en una organización ecológica que siembra árboles y promueve la reducción de la huella de carbono tendrán la motivación de visión holística. Algunos estarán ahí porque les hacen sentir parte de un equipo (seguridad). Otros, porque así logran ser reconocidos como buenos ciudadanos (poder) o bien porque descubren nuevas formas de hacer las cosas (aprendizaje). Una vez más, ¡todos podemos hacer lo mismo, pero por razones o motivaciones diferentes!

Entonces, cuando veas a tus colaboradores, no solo observes lo que se encuentra en la superficie (la bandera) sino también busca aquellas señales que te indican cuál es la verdadera ganancia que tienen al participar de un proyecto, realizar una pregunta, promover una iniciativa, etc. En pocas palabras, no solo atiendas la bandera, sino también el cargamento.

Motivaciones diferentes tienden a no comprenderse o incluso a irritarse

Las personas con motivaciones diferentes tienden a no comprenderse, incluso a irritarse mutuamente. El embajador del salario emocional debe estar atento a las posibles fricciones que surjan de un equipo cognitivamente diverso en el que puede haber miembros con distintas categorías de motivación.

Es importante contar con herramientas de inteligencia emocional, manejo de conflictos, negociación y mediación para que podamos facilitar el proceso de comunicación entre personas con distintas motivaciones.

Cuando entendemos que siempre hay una intención positiva en cada deseo o motivación, comprendemos que las personas no están buscando hacernos daño al expresar sus motivaciones, ideas y formas de hacer las cosas. Simplemente, están compartiendo su perspectiva basada en sus motivaciones, misma que podremos incorporar a nuestro proyecto para que sume y contribuya al mismo. Recuerda que todos los problemas son problemas de comunicación, y precisamente de eso hablaremos ahora.

Principios del embajador en la comunicación

Existen algunos principios que pueden funcionar como guía para una buena comunicación, reducir la reactividad de nuestros comentarios e incrementar nuestra inteligencia emocional, una muy necesaria en nuestras vidas. A continuación, te presento tres de ellos.

✓ Todo aporte de un colaborador tiene una intención positiva

Cuando las personas hacen un comentario o contribución, siempre lo hacen desde la perspectiva de ayudar. Algunas personas ayudan motivando, con lenguaje positivo y enfocándose en aquello que está bien. Por otro lado, algunas personas tienden a comunicarse con un lente más crítico, donde sienten que suman cuando encuentran errores y áreas de oportunidad.

¿Conoces a alguien que siempre encuentra los errores? ¿Alguien que siempre tiene un problema para cada solución? Tal vez conoces a alguien que, sin importar la pulcritud del evento o la presentación, siempre encuentra un área de oportunidad o algo que pudo haber sido mejor. A pesar de que resulte un poco incómodo, esas personas también pueden sumar a tu equipo como una especie de consultor interno. Son un control de calidad que permite corregir, mejorar y seguir creciendo en tus proyectos. ¡Son un gran recurso si sabemos aprovecharlo!

Las personas siempre están buscando sumar, ayudarte y colaborar. Sin embargo, tu ego se puede convertir en un lente que te impida ver lo positivo en esas contribuciones. El embajador del salario emocional sabe aprovechar el potencial de un colaborador crítico, transformándolo de «insultor eterno» a «consultor interno», todo esto con el poder de la intención positiva, lo cual nos lleva al segundo principio.

✓ No hay personas tóxicas, sino relaciones tóxicas

Así como el embajador del salario emocional analiza la información desde la intención positiva, también es importante aclarar que el embajador del salario emocional reconoce que no existen las personas tóxicas, solo las relaciones tóxicas.

El hecho de que una persona no te agrade no le vuelve tóxica, incluso si esa misma persona no le agrada a un número de personas en tu departamento. Esa misma persona puede y seguramente tiene un grupo de amigos y familiares que le aprecian y que le consideran una persona positiva con muchos talentos. Hasta los más deplorables líderes en la historia de la humanidad tuvieron a un grupo de personas que les admiraban, frecuentaban y les amaban.

Este cambio de paradigma en el que se reconoce que no hay personas tóxicas, sino relaciones tóxicas, permite separar el comportamiento que consideramos problemático de la persona que lo presenta.

Es un pequeño ajuste en la percepción que nos permitirá abordar conversaciones con esa persona desde un punto mucho más neutral y con menor sesgo cognitivo. Con la comunicación adecuada, puedes mejorar la relación con cualquier persona.

✓ Separa el comportamiento de la persona

A veces escuchamos a personas referirse a otras con frases como, «es un tonto», «es un flojo», «es malo en tal o cual actividad». Estas frases sin duda se convierten en cajas de las que difícilmente se puede escapar.

En la psicología conocemos el efecto pygmalion, llamado así en honor al escultor del mismo nombre que termina enamorándose de una escultura de su propia creación. De la misma manera, en ocasiones terminamos creando nuestra propia versión de la «escultura» de otra persona y nos aferramos a ella, a tal grado que la volvemos una realidad. Cuando estereotipamos a una persona, estamos haciendo algo similar.

Las personas no son tontas, sino que hacen tonterías. Esa simple pero profunda diferenciación permite que la persona pueda cambiar, que exista otra versión, otro ángulo para conocer más aspectos de la misma persona.

De lo contrario, cuando a una persona la definimos como tonta, a donde quiera que vaya lo seguirá siendo. ¡Injusto! ¿No crees?

El embajador del salario emocional sabe separar los comportamientos de las personas. Entiende que todos podemos cometer errores y que tenemos derecho a corregirlos. Por supuesto que algunos de esos errores podrán tener mayores consecuencias que otros, incluso algunos merecerán algún castigo económico. Sin embargo, comprendemos que los seres humanos somos mucho más que un par de acciones en el tiempo.

Una vez logramos separar a la persona de su comportamiento, podremos abordar los comportamientos sin poner en riesgo nuestra relación con la persona, o al menos reduciendo significativamente la posibilidad de que se genere un conflicto entre ambas. Así que ya lo sabes, separa el comportamiento del individuo, aborda y corrige el comportamiento, siempre con respeto y amor hacia el individuo. Es posible, incluso en casos como el de una desvinculación no voluntaria.

Ya que hemos hablado de los principios de comunicación de un embajador del salario emocional, es tiempo de hablar de cuáles son aquellas actitudes, frases o comportamientos que terminan por minar el salario emocional de los colaboradores. ¡Hablemos de los terroristas del salario emocional!

Actitudes terroristas del Salario Emocional

Los terroristas del salario emocional son aquellos jefes que logran destruir el pago emocional de cualquier persona. Sus frases se parecen a estas:

✗ ¡Si no le gusta, ahí está la puerta!

✗ ¡Dé gracias porque tiene trabajo!

✗ ¡Para eso les pago!

Su salario debería ser suficiente motivación.

¿Conoces alguno?

Sin duda alguna, existen diversas formas en las que un líder puede reducir el bienestar de un colaborador. Pueden ser de forma verbal, con sus acciones o la ausencia de ellas o por medio de promesas no cumplidas. En casos más extremos, lo hace por medio de acciones físicas en forma de violencia psicológica, física, sexual, patrimonial o financiera.

Utiliza el siguiente espacio para identificar cuáles son las actitudes, acciones o palabras de un líder que tu consideras son dañinas para tu bienestar en la empresa (i.e. cuando no me cumplen una promesa):

Jaime después de una conferencia de salario emocional en Medellin, Colombia.

Midiendo la calidad del salario emocional

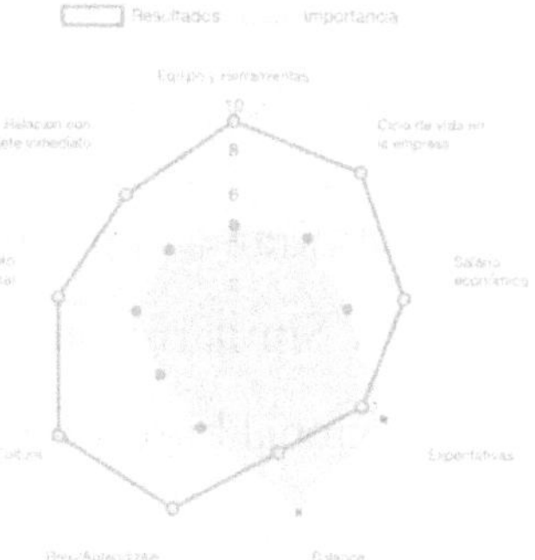

(TARRIX®)

Ahora que conocemos los distintos componentes del bienestar, los elementos del salario emocional y las distintas motivaciones que los colaboradores pueden tener en la empresa, ¡es tiempo de medir el salario emocional!

Para ello, hemos diseñado una herramienta llamada Tarrix que permite medir dichos elementos del salario emociona. Al mismo tiempo, nos arroja recomendaciones para mejorar cada uno de estos elementos.

El avalúo Tarrix es la primer evaluación diseñada para medir la calidad del bienestar que una persona percibe de su entorno de trabajo. Mide además las posibilidades de que esta persona pueda experimentar felicidad como parte de la realización de su empleo. Te invito a conocer Tarrix a fondo.

Origen del nombre Tarrix

Existen algunas especies de animales sin las cuales el ecosistema en el que habitamos simplemente no puede sostenerse de forma natural. Entre ellas se encuentran las abejas, estos insectos que además son asociados con la laboriosidad y el trabajo en equipo. Ellas funcionan de forma colectiva y producen miel, la cual por cierto, jamás expira. La miel regularmente se coloca en tarros que permiten que los seres humanos la disfruten.

Las abejas aportan a la polinización y mantenimiento de los bosques, facilitando la proliferación de sus frutos. Similarmente, la evaluación Tarrix (derivado de tarro de miel) y los embajadores del salario emocional buscamos facilitar la producción de espacios de felicidad y bienestar dentro del entorno laboral. Queremos «polinizar» un estilo de liderazgo mucho más consciente del impacto que el trabajo tiene en la calidad de vida de los colaboradores. De ahí puede emanar la miel que representa la dulce felicidad en todos sus sentidos, la cuál por cierto, ¡nunca expira!

Respaldo teórico de Tarrix

El reporte Tarrix arroja una evaluación basada en dos herramientas y una teoría psicológica, ambas explicadas en este libro. Por un lado, analiza la percepción que el colaborador tiene de los nueve elementos del salario emocional. Por otro lado, analiza las motivaciones del desarrollo humano adulto de acuerdo al Dr. Clare W. Graves, *Actualmente, estamos en el proceso de realizar la medición cronbach's alpha* (medida de consistencia interna) (Cronbach, 1951), la cual nos permite confirmar científicamente que el avalúo mide lo que dice medir.

Cabe mencionar que el avalúo Tarrix es un sistema vivo, mismo que recibe frecuentes mejoras, nuevas mediciones y cuyos datos acumulados permiten establecer nuevas formas de validar el poder de esta medición.

Resultados contextuales

Los resultados de esta evaluación son contextuales, es decir, que solamente aplican al contexto y tiempo en el que se responde la evaluación. Por ello, sugerimos un plazo de vigencia no mayor a los dos meses posterior a la aplicación de la evaluación Tarrix para la implementación de medidas para mejorar cualquiera de sus componentes.

Reporte interpretativo

Al responder el avalúo Tarrix recibirás un reporte interpretativo, que se presenta como una primera línea de sugerencias para conocer y mejorar la calidad del salario emocional. En las próximas secciones del libro encontrarás una metodología para tomar acción y comenzar a mejorar el salario emocional propio y el de tu equipo de trabajo.

En caso de requerir mayor información sobre cómo mejorar cada una de las áreas del salario emocional, sugerimos que te comuniques con un entrenador certificado. O bien, puedes registrarte a la certificación de *Embajadores del Salario Emocional* del instituto en www.emotionalpaycheck.com.

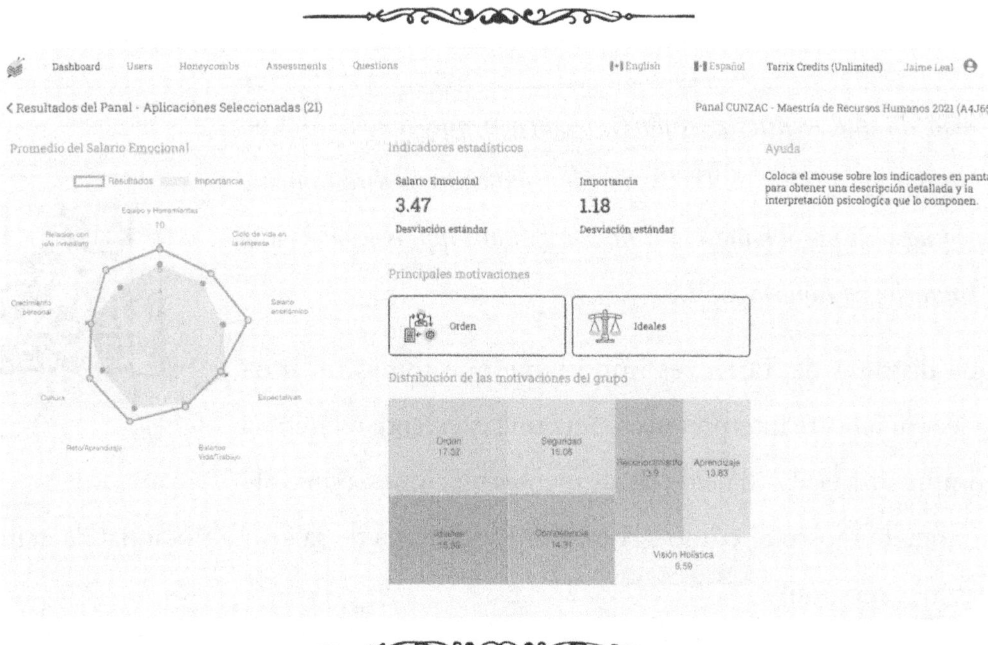

Muestra de cortesía de Tarrix

Como cortesía por haber adquirido este libro, podrás utilizar un código especial para medir tu propio salario emocional. ¡Sigue las instrucciones a continuación!

1. Visita www.emotionalpaycheck.com/tarrix

2. Utiliza cualquier dispositivo (escritorio, portátil o móvil)

3. Sugerimos utilizar el navegador *Google Chrome*

4. Cuando se te solicite, utiliza el código: **[E0ONK]**

5. Responde el avalúo Tarrix (te tomará alrededor de veinte minutos)

6. Disfruta los resultados en pantalla

7. Recibe resultados extendidos con un reporte interpretativo en tu correo electrónico.

Nota: En caso de que requieras soporte técnico o que tengas alguna dificultad al recibir los resultados Tarrix, puedes contactarnos directamente en nuestra página web presionando el ícono de WhatsApp. Recuerda que estamos en Ontario, en horario EST.

Una vez que disfrutes de Tarrix, es importante que tomes un momento para leer tu reporte interpretativo. Será una excelente referencia para que comprendas el abordaje de las siguientes secciones, especialmente ahora que te mostraré cómo generar una estrategia de salario emocional de acuerdo a tus resultados. ¡Qué emoción!

Jaime en una misión de rescate humanitario

Trabajando con soldados de la O.N.U. y otros cuerpos de seguridad.

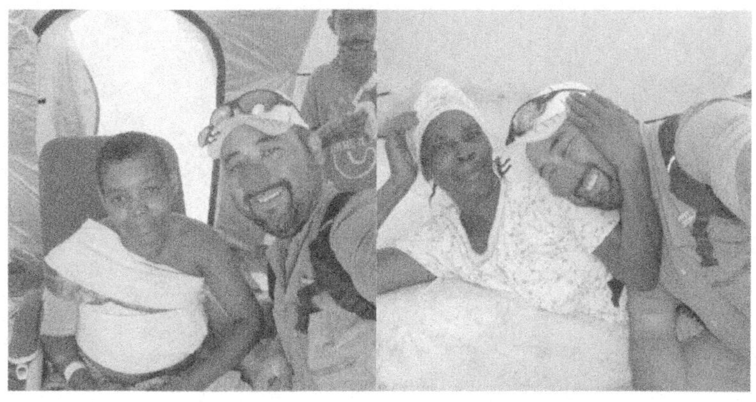

Jaime como payaso terapéutico trabajando con víctimas del terremoto en Haití 2010

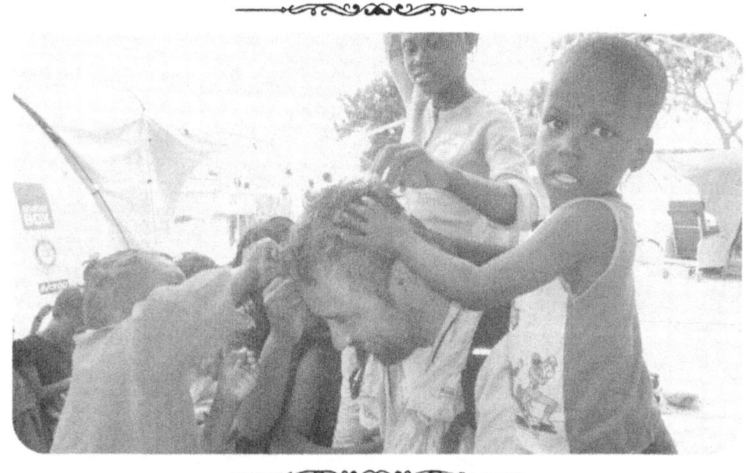

Jaime jugando con niños huérfanos después de un desastre natural.

Generando una estrategia del salario emocional

Es momento de poner manos a la obra y generar nuestra estrategia de salario emocional. Para ello, vamos a viajar a través de los distintos capítulos de este libro, específicamente a través de los ejercicios que realizaste. Esto, con el fin de recopilar información que utilizaremos para nuestra estrategia de alto salario emocional con bajo o nulo presupuesto financiero.

Recuerda que en el instituto *Emotional Paycheck* trabajamos bajo el concepto de unicidad, por lo que, si partimos de que cada persona es única, entonces cada grupo de personas también lo es. Por eso es que no presentaremos una receta mágica que sirva para todos los equipos, esto sería demasiado ambicioso. En su lugar, te equiparemos con las interrogantes que debes abordar para poder descubrir tu propia receta secreta. Como dice el refrán, en lugar de darte un pescado, te enseñaremos a pescar. ¡Buena pesca, marinero!

Recopilando las piezas – primero, indicadores

Dice un dicho que primero, dinero. Yo creo que tienen razón. Para que una estrategia de salario emocional funcione a nivel empresarial, esta debe estar conectada a indicadores financieros del negocio. Si tu estrategia no tiene un impacto en el área financiera, será muy difícil venderla ante los altos directivos de la misma. ¡Te explico!

El salario emocional puede trabajarse a nivel personal, y puedes utilizar la prueba Tarrix para medir tu propio salario emocional y así tomar acción sobre los elementos que requieran atención. Sin embargo, el salario emocional también puede medirse en grupos de personas, e incluso, generar estrategias grupales para mejorar la calidad del bienestar en las empresas. ¡Imagina un mundo donde trabajar incremente tu bienestar de forma integral!

Para las organizaciones acepten los programas de salario emocional, es necesario vincularlos a la razón principal por la que una empresa existe, o sea, al dinero. Si tu estrategia, plan de acción o capacitación no arroja un resultado financiero, simplemente es algo bonito que tener, pero no estás siendo estratégico.

Te invito a desarrollar una estrategia de salario emocional para tu empresa que se encuentre vinculada a la estrategia del negocio. Para esto, es necesario que aclaremos que métrica, indicador y KPI no significan lo mismo.

- **Métrica**: Todo aquello que se puede medir

- **Indicador**: Toda métrica que te ayuda a lograr un objetivo

- **KPI**: Un indicador importante para el logro de la estrategia del negocio.

Si yo deseo perder peso, voy al nutricionista y al médico y me van a brindar una estrategia para poder perder peso. ¿De acuerdo? Esta estrategia tiene que tener indicadores que son relevantes para la meta. Por ejemplo: medida de cintura, peso, índice de grasa y masa muscular, entre otros. ¿Vamos bien hasta aquí?

El objetivo de este equipo de trabajo (los médicos y yo) es que yo llegue a un peso ideal. La estrategia combina la comida saludable con el ejercicio, y la medición final de nuestro éxito se centrará en los indicadores:

- Peso

- Medida de cintura

- Índice de grasa y masa muscular

Ahora, en mi vida personal yo puedo medir casi cualquier cosa. Mido la cantidad de libros que leo en un mes, las horas que paso frente al computador, las veces que le llamé a mi mamá para contarle de mi día o los pasos que he dado en las últimas horas. Todas ellas son métricas que puedo utilizar para ciertos objetivos, pero solo algunas de ellas suman a la estrategia. ¡Revisemos!

Los libros que leo es una métrica que puedo medir e incluso mejorar, pero no tiene un impacto en el objetivo actual.

Las veces que llamé a mi madre es una métrica que puedo medir e incluso mejorar, pero no tiene un impacto en el objetivo actual.

Las horas que paso frente al computador podría ser un indicador, puesto que entre menos horas paso frente al computador, más probabilidades hay de encontrarme de pie.

Los pasos que doy al día podrían ser un indicador, puesto que entre más camino, más calorías consumo.

Como puedes ver, no todas las métricas resultan importantes para mi médico. Seguramente, él me solicitará datos que son mucho más relevantes para que logremos la meta. Por ejemplo: las calorías que consumí, la cantidad de agua que tomé en un día y las horas de ejercicio de cardio. Todas estás métricas se convierten en indicadores, porque suman directamente al objetivo.

Ahora, mi labor es identificar cuáles son aquellas métricas que en realidad son indicadores y cómo puedo contribuir para que logremos esos KPI. ¿De acuerdo?

De la misma forma, en las empresas, debemos hacer lo mismo. El director o presidente de la empresa comparte una estrategia. Los líderes te solicitan que des resultados (indicadores). Tu labor es encontrar esas métricas que contribuyen a la meta, convertirlas en indicadores y vincularlas a los grandes KPI de la empresa.

¿Cómo contribuyes al resultado final de la organización? ¿Qué indicadores puedes encontrar en tu área de trabajo?

¿Localizaste algunos indicadores clave? A continuación, aunque sea brevemente, describe la situación actual del negocio: el momento histórico que enfrenta, los objetivos anuales y, específicamente, los objetivos que estén mencionando en las reuniones más recientes. En un principio el análisis será global, y posteriormente aterrizaremos a nivel de tu equipo de trabajo.

Tengo algunas preguntas para ayudarte a identificarlos más fácilmente:

- ✓ ¿Cuáles son los problemas que la empresa enfrenta actualmente?

- ✓ ¿Cuáles de esos problemas se replican en tu equipo de trabajo?

- ✓ ¿Cuáles son los objetivos que persiguen? (A nivel global y local.)

- ✓ ¿Hay algún indicador que preocupe a la empresa (a sus directivos) actualmente?

- ✓ ¿De qué retos/problemas se habla en la organización?

- ✓ ¿Cómo puede vincularse esto al estado emocional y bienestar de los colaboradores?

Utiliza el siguiente espacio para resumir la respuesta a estas interrogantes.

Ahora hablemos de tu equipo de trabajo:

✓ ¿Tienes indicadores financieros claros que busques mejorar?

✓ ¿Tal vez alguno de ellos se afecta directamente por el bienestar o la carencia del mismo en tu equipo de trabajo?

Para ayudarte en el proceso de seleccionar los indicadores adecuados, te hago además las siguientes preguntas.

¿Cuál es el reto que enfrentas actualmente en la empresa o en tu equipo de trabajo?

¿Qué te hace pensar que un programa de bienestar y salario emocional mejorará esta situación?

¿De qué forma se conecta el reto que enfrentas actualmente con las emociones, relaciones y bienestar de los miembros de tu equipo de trabajo?

¿Cuál es el indicador financiero del negocio que está siendo afectado por esta situación?

Después de responder a estas interrogantes, tendrás el entregable del paso 1. Es importante que tengas claro cuál es el indicador financiero del negocio que deseas impactar en esta etapa. Muchos profesionales olvidan este paso y terminan por generar estrategias que, a pesar de tener buenas intenciones, no tienen un impacto tangible en las finanzas de la empresa. Asegúrate de tener acceso a dicho indicador antes, durante y posterior a la implementación de tu estrategia de salario emocional. Este se convertirá en uno de los medidores de tu éxito en este proyecto.

Si necesitas ayuda con los indicadores financieros, puedes dirigirte a la sección *Indicadores financieros relacionados al salario emocional* en este mismo libro.

Tener un indicador claro es tu primer objetivo. ¿Ya lo tienes? Ahora es tiempo de describir a fondo el equipo con el que estaremos trabajando.

Definiendo tu objetivo de forma inteligente.

Una vez definimos el indicador relevante de tu departamento y su impacto en la estrategia del negocio, estamos listos para realizar una descripción del equipo con el que vas a trabajar.

En este paso deberás describir las cualidades y características del grupo en el cual implementarás el modelo del salario emocional. Asegúrate de reservar un momento para realizar este paso. A menudo, este sencillo ejercicio nos permite reconocer cuáles son las necesidades que los miembros de este grupo tienen para incrementar su pago emocional.

Para ayudarte en esta parte de la metodología, te invito a que redactes una cuartilla en la que expliques las características del grupo, incluyendo los siguientes aspectos.

- Industria en la que se desarrolla la empresa

- Departamento o área de la empresa en la que se desempeña el equipo

- Cantidad de personas que componen el grupo

- Puesto/ocupación o roles dentro de la empresa

- Descripción de las labores

- Diversidad generacional (referirse a la sección de *diversidad generacional* para recopilar la información)

- Otros sucesos relevantes (reestructuras, accidentes, fusiones, cambios de marca, etc.)

Entregable del paso 2: En esta sección deberás obtener una descripción detallada del equipo con el que trabajarás para tu estrategia de salario emocional. Dicha información debe cubrir al menos los puntos mencionados anteriormente.

Midiendo el salario emocional actual – Aplicación del avalúo Tarrix

En este paso deberás aplicar la herramienta Tarrix para medir los elementos del salario emocional de manera objetiva y profesional. Además, Tarrix te permitirá conocer las motivaciones Graves de cada uno de los miembros de ese grupo de trabajo y ver una gráfica grupal de la evaluación de todo el equipo.

En esta sección deberás analizar los resultados Tarrix considerando los siguientes enfoques:

- Elementos del salario emocional mejor calificados

- Elementos del salario emocional con calificación más baja

- Áreas consideradas de alta prioridad (si hay alguna)

- Motivaciones dominantes

- Posibles explicaciones de sucesos externos que causaron estos resultados (i.e. recientes despidos, reestructuraciones, accidentes, etc)

- Reflexiones sobre el resumen y el resultado Tarrix

Nota: A pesar de que es mucho mejor contar con una medición imparcial y científica como el avalúo Tarrix, también puedes trabajar en elementos que ya hayas detectado como alta prioridad en bienestar y salario emocional (i.e. balance vida/trabajo, relación con el jefe inmediato, expectativas a futuro). Solo asegura que al seleccionar las prioridades a trabajar, lo hagas en coordinación con tus colaboradores, pues en muchas ocasiones las percepciones cambian radicalmente.

Si deseas adquirir pruebas Tarrix para medir de forma confiable los elementos del salario emocional, puedes hacerlo visitando www.emotionalpaycheck.com/tarrix.

Objetivos S.M.A.R.T.

La metodología S.M.A.R.T. (Doran, 1981) se refiere a los criterios para orientarnos en el establecimiento de objetivos. Un objetivo S.M.A.R.T., por sus siglas en inglés, tiene las siguientes características.

- *Specific* (específico): Entre más específicamente describas tu objetivo, mucho más sencillo será encontrar herramientas, fuentes de apoyo y diferentes formas de lograrlo. Un ejemplo de un objetivo poco específico es, «quiero estar mejor», y un ejemplo de un objetivo más específico es, «quiero bajar cinco kilos, subir las escaleras sin agitarme y reducir una talla en mis pantalones, todo de manera saludable». Como podemos ver, en el segundo ejemplo se especifica qué significa estar mejor, un concepto muy general. ¡Sé específico!

- **Medible**: Para enriquecer este punto tenemos los indicadores del paso 1 de la metodología del salario emocional del *Emotional Paycheck Institute*. Es importante que selecciones indicadores a los que puedas tener acceso. Serán de vital importancia para monetizar tu éxito en esta estrategia. ¿Qué indicador buscas afectar? ¿Qué beneficios trae esto al colaborador, a la empresa y a sus accionistas?

- **Alcanzable**: Una meta debe ser realista. Si una empresa tiene un 200% de rotación, a pesar de que desearíamos reducirla a un 20% en un año, esto sería una meta poco realista que posteriormente podría frustrarnos al lograrla. Asegura que tu meta es realista y posible en el tiempo deseado. Metas pequeñas, logros grandes.

- **Relevante**: Cuando una meta es relevante para la organización, aparecen de manera automática elementos de motivación. Recuerda el modelo de felicidad PERMA del Dr. Martin Seligman, que incluye el logro como un requerimiento para la felicidad. Asegúrate de que la meta que fijas es relevante, con un impacto directo en el negocio.

- ***Timebound*** (con un tiempo determinado): Establece tiempos para cada etapa de esta meta. Si bien es importante fijar un tiempo para el logro final del objetivo, también es importante fijar fechas para las entregas parciales y revisiones del proyecto. Como dicen por ahí, un sueño con fecha se transforma en un objetivo.

Uniendo las piezas

Ahora que cuentas con la información necesaria para diseñar tu estrategia, es tiempo de unir las piezas.

Describe el objetivo que deseas lograr con esta estrategia de salario emocional.

Utiliza el siguiente espacio para expresar tu objetivo con el formato S.M.A.R.T., y asegúrate de que cumple con todas las condiciones.

Analiza la diversidad generacional de tu grupo

Para este paso puedes utilizar el ejercicio que realizaste en la sección Diversidad generacional, siempre cuidando mantengas en mente las necesidades de los posibles migrantes generacionales de tu equipo de trabajo.

¿Cuál es la diversidad generacional de tu equipo de trabajo?

Generación tradicional

 personas, representa un % de la población total.

Generación Baby Boomer

 personas, representa un % de la población total.

Generación "X"

 personas, representa un % de la población total.

Generación Millennials

 personas, representa un % de la población total.

Generación Centennials

<table>
<tr><td></td><td>personas, representa un</td><td></td><td>% de la población total.</td></tr>
</table>

Selecciona los dos elementos del salario emocional que deseas trabajar en este grupo.

Sabemos que en muchas organizaciones los resultados del avalúo Tarrix son tan abrumadores que sentimos que debemos trabajar todos y cada uno de los elementos del salario emocional. Sin embargo, si ponemos atención, encontraremos que solo se requiere trabajar un par de ellos, los cuales tendrán un efecto positivo en el resto. ¿Cuáles son aquellos elementos del salario emocional que, de ser mejorados, terminarán por mejorar el entorno en general?

Utiliza el siguiente espacio para seleccionar aquellos elementos del salario emocional que deseas mejorar en tu equipo (máximo dos).

y

Que lluevan las ideas del
salario emocional

Una vez selecciones los elementos a trabajar, es tiempo de activar tu parte creativa del cerebro y hacer una lluvia de ideas sobre cómo mejorar el salario emocional en estos elementos. Puedes ayudarte con las más de 100 ideas que se encuentran en este libro, o bien con ideas que hayas visto en otras organizaciones. Sé creativo, el cielo es el límite. Si deseas ayuda en ejercicios de creatividad, puedes contactarme y con gusto te brindaré algunas actividades para destapar tu potencial creativo. Encontrarás mis datos al final del libro.

A continuación, haz un listado de al menos veinte formas en las que podrías incrementar estos elementos del salario emocional. Puedes ayudarte de las ideas que compartí en el capítulo de los nueve elementos del salario emocional.

Ideas para incrementar los elementos del salario emocional.

ELEMENTOS DE S.E.

IDEAS PARA MEJORAR EL S.E.

Clasificación de ideas para incrementar estos elementos del salario emocional

Una vez hagas tu lista de ideas, es tiempo de clasificarlas. Para ello, utilizaremos un método sencillo basado en tres columnas que definirás de acuerdo a tu propia realidad.

- Columna «A» - ideas de cero presupuesto: Aquí colocarás aquellas actividades o ideas que no requieren de ningún presupuesto económico. Son ideas que pueden llevarse a cabo con los recursos que ya están en la empresa o bien con apoyo de profesionales externos o internos que están dispuestos a donar su tiempo y talentos. Recuerda, hay que valorar las horas profesionales que se dedican a este proyecto.

- Columna «B» - ideas de presupuesto bajo a medio: Aquí colocarás aquellas ideas que requieren de algún tipo de fondo económico, ya sea en forma de efectivo o bien con la aportación de horas pagadas a profesionales externos o internos. ¿Qué significa bajo o medio presupuesto? Eso lo decides tú y la realidad económica que enfrenta tu organización. Cada empresa tiene un presupuesto diferente, y es indispensable que seas tú mismo quien defina lo que «bajo y medio» significan.

- Columna «C» - ideas de alto presupuesto: Aquí colocarás aquellas ideas que requieren de una inversión importante de dinero. No establezcas límites en el proceso creativo, aunque algunas ideas estén fuera de tu alcance presupuestario. Es importante incluirlas, porque una vez las coloques por escrito, es muy probable que encuentres formas de hacerlas realidad.

¿Listo para comenzar la clasificación de ideas para incrementar el salario emocional en los dos elementos seleccionados? Utiliza la siguiente tabla para realizar la clasificación.

<<A>>	<<B>>	<<C>>

Ahora que clasificaste las ideas para incrementar los elementos seleccionados del salario emocional, es tiempo de responder las siguientes preguntas.

- ¿Cuáles de esas ideas son viables? (Sé realista.)

- ¿Cuales de esas ideas son realistas conforme a tu presupuesto actual? (Revisa bien tu presupuesto.)

- ¿Existen algunas ideas de alto presupuesto que puedes lograr con menor inversión? (Tal vez una versión modificada de las mismas.)

- ¿Cuáles son las mejores tres ideas de este listado?

- ¿Cómo se conectan estas ideas entre sí?

- ¿Pueden conectarse en un orden cronológico?

Es importante conectar estas ideas en algún orden cronológico para que formen parte de una estrategia. Esa es la diferencia entre hacer ruido o música, entre ser productivo o solo estar ocupado.

Tip: Tus acciones de salario emocional cobran mayor relevancia cuando se encuentran organizadas en una estrategia.

Conectando las ideas a las categorías del bienestar

Ahora, es momento de conectar las ideas seleccionadas a las distintas categorías de la percepción subjetiva del bienestar. Puedes apoyarte en la sección Categorías del bienestar en el salario emocional de este libro.

Como piedra angular de este ejercicio, debes responder la pregunta: ¿cómo puedes conectar cada una de estas ideas a las distintas categorías del bienestar?

Por ejemplo, si piensas en instalar una máquina de café sofisticada para incrementar el elemento de equipos y herramientas en la empresa, este servicio podría resultar de buen impacto en más de una categoría.

Impacto de una idea en las distintas categorías del bienestar

Puedes observar que la misma idea para incrementar el salario emocional de los colaboradores tiene un impacto diferente en cada categoría de la percepción subjetiva del bienestar (P.S.B.). Al estar conscientes del impacto que causamos en las distintas categorías, estaremos en mejor posición para generar un impacto mayor en nuestros colaboradores. Recuerda que no todos se motivan como tú.

Ahora es tu turno, de las dos ideas que has seleccionado para tu estrategia de salario emocional, describe el impacto que cada una de estas tendrá en las distintas categorías del bienestar.

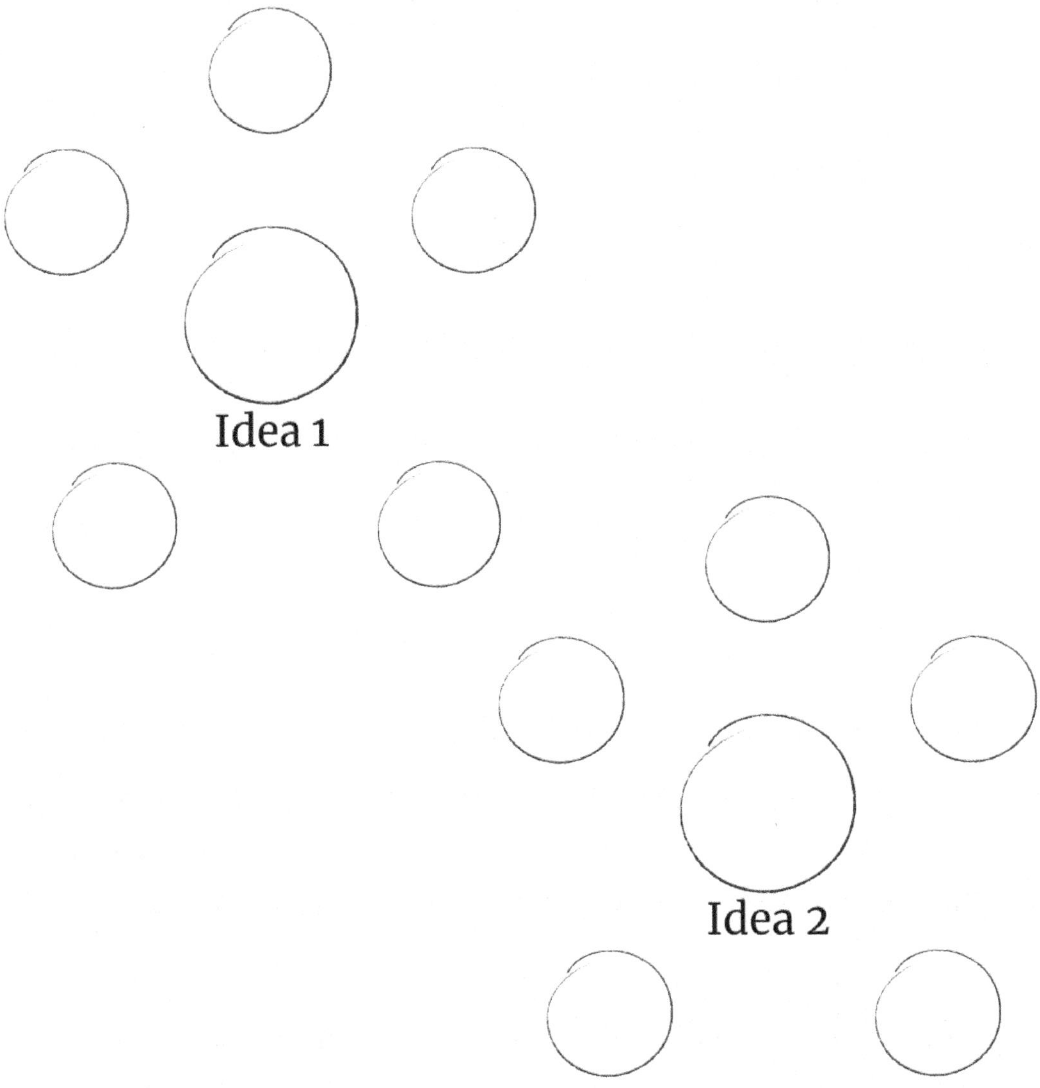
Idea 1
Idea 2

Detectando las motivaciones dominantes de tu equipo

Ahora es tiempo de determinar las motivaciones dominantes en tu equipo de trabajo. Es el momento de afinar la comunicación de nuestra estrategia de salario emocional para que conecte con nuestros colaboradores. Para este paso, es de vital importancia contar con un asesoramiento confiable, ya que las motivaciones pueden confundirse fácilmente sin la herramienta adecuada.

Si eres embajador certificado del Emotional Paycheck, ya tienes acceso a aplicar la herramienta Tarrix, las motivaciones Graves te serán dadas en automático y podrás trabajar con certidumbre. Si aún no eres un embajador certificado, ¿qué esperas? ¡Únete a nosotros!

Utiliza el siguiente espacio para colocar las motivaciones dominantes de tu equipo de trabajo (regularmente son dos).

Una vez identifiques las motivaciones dominantes de tu equipo de trabajo, es importante determinar cuáles son las frases con las que debes comunicar tu estrategia de salario emocional para lograr el mayor impacto. Puedes ir a la sección Por qué hacemos lo que hacemos de este libro, donde están los motivadores de Graves, para recuperar los aprendizajes obtenidos en esa sección.

Motivación dominante 1

✓ Frase 1:

✓ Frase 2:

✓ Frase 3:

✓ Frase 4:

✓ Frase 5:

Motivación dominante 2

✓ Frase 1:

✓ Frase 2:

✓ Frase 3:

✓ Frase 4:

✓ Frase 5:

Es momento de darle nombre a tu estrategia

En este paso es momento de «bautizar al muchacho», es decir, ponerle nombre a tu estrategia. Por supuesto que el nombre de la misma deberá estar de acuerdo con las motivaciones encontradas. Por ejemplo, si las motivaciones dominantes de tus colaboradores son de poder (reconocimiento, reputación) y aprendizaje (exploración, innovación), el nombre de la estrategia debería contener frases y elementos relacionados a estas motivaciones. Algo así como «Reconocimiento para nuestra gente» o «Aprendamos de los expertos», nombres que denotan poder y aprendizaje respectivamente.

Por otro lado, puedes pensar también en la construcción de un lema, eslogan o punchline que refuerce aquellos elementos del salario emocional que estás trabajando (buscando mejorar). Por ejemplo, si seguimos con el ejemplo anterior, y suponiendo que deseamos trabajar el elemento Balance vida/trabajo y expectativas a futuro, entonces complementaremos el título «Aprendamos de los expertos» con el eslogan «Reconozcamos el talento de nuestra gente».

La primera parte (aprendamos de los expertos) se refiere a la motivación de aprendizaje, mientras que el eslogan (reconozcamos el talento de nuestra gente) aborda la motivación de poder. Es una buena forma de abordar ambas motivaciones con el nombre de nuestra campaña de salario emocional y al mismo tiempo abordar un elemento del salario emocional.

Es tiempo de darle un nombre a tu estrategia de salario emocional. Recuerda utilizar los Graves para mejorar el impacto en tu comunicación.

Es tiempo de realizar tu hoja de ruta

La hoja de ruta te permitirá tener un respaldo visual de cómo se ve tu estrategia en el tiempo. Recomiendo que utilices un diagrama de Gantt para llevarla a cabo.

Al momento de planear tu estrategia de salario emocional, es importante recordar que esta estrategia quedará embebida en tu cultura organizacional. Además, se suma a tus otras responsabilidades y puede aprovechar y apalancarse de otras actividades, eventos y comunicaciones de la empresa. Debemos ser realistas y solo generar estrategias que podamos seguir de manera efectiva con los recursos económicos, físicos y de tiempo con los que contamos actualmente.

¿Qué es un diagrama de Gantt?

Se trata de una herramienta bastante útil para la planificación de proyectos. Permite tener una vista general de las actividades, personas, fechas y tareas implicadas en la realización de tu proyecto.

En resumen, un diagrama de Gantt contiene:

- La fecha de inicio y finalización de un proyecto

- Las tareas del proyecto

- Personas que trabajan en cada tarea

- Fecha de inicio, fecha estimada de finalización y fecha de entrega de las distintas fases y tareas del proyecto.

- Permite establecer condiciones, cuellos de botella y relaciones entre las distintas tareas.

Existen varios sitios web que ofrecen acceso gratuito a aplicaciones para crear diagramas de Gantt. Algunas son Monday, Asana, Hive, Teamgantt, Clickup, entre algunas otras. También Microsoft Office tiene algunas plantillas para hojas de cálculo o Excel. ¡Tú eliges! Incluso a mano puedes hacerlo. Lo importante es que tengas una referencia visual de cómo tu estrategia de salario emocional se observa en el tiempo.

Conecta al indicador y manténlo vigilado

Recuerda que tu estrategia del salario emocional se encuentra vinculada a una métrica que, por su importancia, se convirtió en indicador. Además, por su conexión con la estrategia se convirtió en un KPI. Mantén ese vinculo con la estrategia del negocio monitoreado durante tu estrategia, y asegúrate de medir el impacto de tu estrategia en los KPI.

¿Cuántos puntos varió tu indicador seleccionado? ¿Subió? ¿Bajó?

¿Qué y cuánto significa esto para la empresa? (Transforma tu indicador en dinero.)

¡A vender!

Es tiempo de vender tu proyecto y, como sabemos, las decisiones a nivel directivo siempre tienen que estar vinculadas a los resultados financieros.

Para esto te recomiendo que abordes en un documento sencillo lo siguiente:

- Describe la situación actual del negocio

- Resume los puntos clave que el negocio requiere mejorar. (Aquí va tu indicador a mejorar.)

- Menciona los puntos clave

- Describe lo que deseas que suceda con ellos. (Explica con detalle como pueden mejorar.)

- Conecta estos resultados esperados a un cambio en el bienestar de los colaboradores. Responde: ¿cómo es que el bienestar mejora con estos indicadores?

- Presenta tu estrategia. Sé específico al mencionar actividades, recursos requeridos y tiempos implicados.

- Lista los objetivos que deseas alcanzar (indicadores)

- Comunica los indicadores en términos financieros ($)

- Conecta estos indicadores a tu programa de bienestar

- Presenta un resumen de tu diagrama de Gantt

- Breve descripción de los tiempos y quiénes están involucrados

- Ofrece la información financiera

- Inversión económica, de tiempo, recursos actuales

☐ Presenta una conclusión

☐ Resumen de cómo vas a transformar esa inversión financiera en resultados y ahorros al negocio

Puedes presentar esta información en un formato de presentación (Power Point) o en un documento, pero siempre debes estar listo para brindar más detalles si se necesitan.

Nunca estás solo

Recuerda que siempre puedes acudir a la gran comunidad de embajadores del Emotional Paycheck Institute, donde estamos listos para compartir estrategias, ejercicios e ideas para incrementar el salario emocional en la organizaciones. ¿Tienes dudas? ¿Requieres un empujoncito creativo? ¡Contáctanos! Tenemos sesiones de mentoría, consultoría, entrenadores calificados y programas de certificación para que te conviertas en un embajador del salario emocional.

¿Deseas acompañamiento en tu estrategia de salario emocional? Envía un correo a:
info@emotionalpaycheck.com

Jaime con algunos de sus alumnos en el Tec de Monterrey

A los detractores del salario emocional

Como sucede con cualquier idea innovadora, aparecen detractores que, sin comprender mucho del tema, lanzan sus opiniones infundadas. Estas, a pesar de estar mal fundamentadas, logran viralizarse en un mundo cada vez más conectado.

El propósito de este capítulo es el de dar respuesta a las preguntas o acusaciones más frecuentes que he encontrado en mis más de veinte años hablando sobre salario emocional. Algunas las respondí en forma directa durante alguna conferencia y algunas otras fueron recopiladas de medios sociales como Facebook, Linkedin, Instagram, o Twitter.

Si tienes alguna pregunta adicional de un detractor del salario emocional, envíala etiquetando mis redes sociales.

Al incorporar estrategias de salario emocional, ¿solo me pagarán con abrazos?

Este es un comentario que recibo con frecuencia. A pesar de que en un principio pensé que se trataba de un chiste, con el tiempo he conocido algunas personas que en realidad piensan que el salario emocional significa no pagar dinero, sino solo abrazos. Incluso, un caricaturista europeo constantemente presenta dibujos haciendo alusión al respecto.

Como todo embajador sabe, el salario emocional tiene como principal componente el salario económico. Sin duda alguna, el salario económico es fundamental para que se concrete una relación laboral. De lo contrario, sería una relación de voluntariado, ¿correcto?

El salario económico debe ser competitivo, entregado a tiempo y revisado con frecuencia para asegurar que cubra las necesidades básicas del colaborador y que sea acorde a las responsabilidades y funciones del mismo.

El salario emocional no se trata de sustituir al salario económico, se trata de complementarlo. Además de ofrecer un buen salario económico, el mismo se debe entregar con respeto, aprecio y consideración de los distintos aspectos del bienestar que hemos comentado en este libro.

¿Puedo pagar mis deudas con abrazos? Por supuesto que no, pero estoy seguro de que además de que se te pague bien y a tiempo, deseas que el trato de parte de tus jefes y colegas se lleve con respeto. También esperas tener la posibilidad de crecer, realizarte profesionalmente, aprender cosas nuevas y gozar de tus ingresos al lado de las personas que amas en un balance vida/trabajo adecuado, ¿de acuerdo?

De esto se trata el salario emocional, mismo que ni siquiera tiene que incluir los abrazos. Hay muchas otras formas de mostrar aprecio, respeto y reconocimiento que NO incluyen el contacto físico.

Así que, ya lo sabes, no se trata de pagar con abrazos, pero sí de dar V.E.S.O.s (ver la sección del mismo nombre en este libro).

El salario emocional es una estrategia de manipulación para no dar un aumento en el salario económico

Este tema es sumamente delicado. Es muy importante la forma en que se comunica la estrategia de salario emocional. Se busca evitar que algunos de los colaboradores interpreten el esfuerzo de la empresa por incrementar el bienestar como una manipulación para no otorgar un incremento en el salario económico.

Una vez más, el salario emocional no sustituye al salario económico, sino que lo complementa, volviéndolo mucho más enriquecedor. Además, considerando que el lugar de trabajo es el espacio en el que invertimos la mayor parte de nuestro día a día, es de vital importancia que se construya un entorno de bienestar que contribuya a la felicidad.

El primer componente del salario emocional es el salario económico. Aquellas empresas que deseen trabajar en estrategias del salario emocional deberán primero asegurar que su salario económico es competitivo y entregado a tiempo. De lo contrario, se puede generar esta sensación de manipulación.

El salario emocional es una estafa, porque tratar bien a las personas es algo básico que no debería ser un plus ni un beneficio adicional – es un derecho

En un mundo ideal, las personas nos comunicaríamos sin errores o barreras. No tendríamos estereotipos, discriminación, ni sufriríamos de abusos o violencia. Todos estos conceptos son básicos y no deberían ser un plus. Sin embargo, constantemente vemos que en la realidad que habitamos requerimos de capacitación al respecto.

De la misma forma que sigue siendo necesario educar sobre *bullying*, violencia y acoso, es importante seguir educando acerca de bienestar, talentos, competencias, valores y salario emocional.

Ser feliz es un derecho, pero como cualquier otro derecho, se requiere educación para reconocerlo, reclamarlo, valorarlo y experimentarlo.

El salario emocional no debería ser salario, porque no es dinero

Me encanta la gente que se complica la existencia. En realidad el término salario no siempre ha estado relacionado con el dinero. Su origen tiene que ver con la sal. Así es, **el término «salario» tiene su origen en la palabra latina *salarium,* que significa sal.**

Durante el imperio romano, soldados y políticos recibían su pago en sal, un producto sumamente apreciado y valorado en aquellos tiempos. Como sazonador de comida, preventivo de la deshidratación, conservador de alimentos y antiséptico, la sal se recibía en pequeños costales a los que llamaban *salarium*, término que pronto comenzó a difundirse y que evolucionó en el término «salario» que conocemos actualmente.

El salario en realidad es el intercambio de un valor por el trabajo realizado. En este caso, el salario económico sigue entregándose en un «tipo de sal». Así, el salario emocional tiene distintos «tipos de sales»: las expectativas, el balance vida/trabajo, la calidad de las herramientas y equipos, el ciclo de vida del colaborador en la empresa, las relaciones con compañeros, la relación con el jefe inmediato, las expectativas a futuro y la oportunidad de convertirse en una mejor persona. Todos esos elementos del salario emocional sin duda alguna tienen mucho valor. Todos ellos son parte de tu «salario».

En resumen, el salario no solo tiene que ver con dinero, sino con un intercambio de valor y, en un entorno laboral, las emociones se intercambian diariamente.

Las empresas no son responsables de tus emociones, tú eres responsable de tu propia felicidad

Como lo comentamos en la sección *Cinco medios de pago del salario emocional*, existe una parte que le corresponde al colaborador. Es cierto que la felicidad depende de nosotros. Sin embargo, la colaboración de la empresa, sus políticas, capacitación, compañeros de trabajo y jefe inmediato jugarán un rol primordial en qué tan fácil es lograr ser feliz en un entorno laboral.

La felicidad depende de ti, pero es facilitada por todos. Por eso, constantemente menciono en mis charlas que si no facilitamos la felicidad de nuestros colaboradores, al menos no seamos un obstáculo para el logro de la misma.

En resumen, mientras es indispensable que el colaborador busque su felicidad, es importante la participación de todos facilitando el logro de la misma.

A mí no me den salario emocional, solo requiero de salario económico

Esta frase me causa un poco de tristeza. De alguna forma, esta frase demuestra una gran necesidad por el bienestar financiero y un muy bajo conocimiento de la importancia de las emociones. Es decir, que la persona que piensa de esta forma muy probablemente es pobre financieramente y, además, cuenta con muy poca inteligencia emocional. ¡Es doblemente pobre!

¿Aceptarías malos tratos a cambio de un buen sueldo? ¿Qué tal trabajar en un lugar sin posibilidad de crecimiento? ¿Desearías que se te exijan resultados sin brindarte el equipo necesario para lograrlo? Estoy seguro de que has respondido que no a estas preguntas, o al menos eso espero.

El salario emocional es indispensable en un entorno laboral, es parte de la canasta básica de necesidades del colaborador en la empresa.

Jaime entrenando a mandos medios

Conclusión

Como menciono en mi charla TEDx, «el cerebro tiene potencial de basurero». Una de las cosas que a menudo me pregunto cuando una persona muere es, ¿qué sabría esa persona que no compartió? ¿Cuál sería esa pieza de información que se llevó a la tumba? Puede ser algo tan sencillo como una forma especial de cocinar cierto alimento, un «truco» para hacer algo más eficiente, una idea que podría germinar en un invento, incluso una pregunta que nadie se ha hecho. De alguna forma, eso me mantiene despierto por varias noches después de que me entero del fallecimiento de una persona.

En mi caso, desde la primera vez que me hice esa pregunta con respecto a otra persona, me hice la promesa de no llevarme conocimiento no compartido, porque es muy peligroso andar por la vida con conocimiento que no se comparte y que al quedarse atrapado en nosotros, al morir, se perderá en el tiempo para siempre. «Potencial de basurero», ¿recuerdas?

Cumpliendo con esa creencia que decidí instalarme, no me guardo nada en este libro, ni en mis conferencias, talleres o certificaciones. Lo que aquí leíste es lo que hasta el momento sé y hago sobre salario emocional. Es la misma información que comparto para que profesionales como tú faciliten el cambio positivo de miles de colaboradores en empresas alrededor del mundo. Así que, ¡ahora es tu turno! La pelota está de tu lado, y es tiempo de cerrar esta edición del libro sobre el método del salario emocional.

En lo personal, debo admitir que nunca he sido muy bueno con las despedidas, así que no me despediré. Imaginemos que me enviarás un mensaje y pensaré en que seguiremos la conversación por medios electrónicos, ¿te parece?

Te quiero pedir un favor, ¿Me envías una fotografía tuya con el libro por medio de Linkedin o de alguna otra red social? Me encantará saber que lo has leído, pero más aún me gustaría saber qué te ha parecido. ¡Ojalá puedas hacerme ese regalo!

Espero que el método, las ideas y el libro en general te hayan brindado una nueva y mejorada perspectiva sobre el salario emocional. Ahora que la pelota está en tu cancha, es tu momento de anotar un gol, un touchdown o un jonrón. Depende del deporte que prefieras. Es tu momento para convertirte en un embajador del salario emocional y transformar los espacios de trabajo en espacios de mayor bienestar.

Muchas gracias por leerme. Gracias por conectar con estas ideas, realizar todos y cada uno de los ejercicios y reírte de mis chistes, pero sobre todo, gracias por tu interés en el bienestar de las personas. Eres un embajador, y como tal, te considero mi amigo. Si te gustó el contenido de este libro, imagínate lo que podemos hacer durante la certificación de embajadores del instituto. ¡Regístrate a una!

Certifícate como embajador del salario emocional

Si disfrutaste el contenido de este libro y te gustaría explorar más acerca del maravilloso mundo del salario emocional, te invito a que te nos unas en la próxima certificación de embajadores. También puedes organizar una certificación de embajadores del salario emocional en tu empresa y así comenzar una cultura de alto salario emocional en la misma.

En el Emotional Paycheck Institute of Canada contamos con certificaciones presenciales, programas híbridos en línea y cursos completamente virtuales para mejorar el salario emocional de tus colaboradores. Únete a los miles de embajadores que ya formalizaron sus conocimientos.

Te deseo un día con un muy alto salario emocional. ¡Nos leemos mañana!

Catálogo de términos

Semántica: parte de la lingüística que estudia el significado de las expresiones lingüísticas.

Atenuación semántica: figura retórica que consiste en no expresar todo lo que se quiere dar a entender sin que por ello deje de comprenderse la intención del hablante. Especialmente, se niega lo que en realidad se quiere afirmar. Decir que alguien «no es muy listo» en lugar de «es tonto» es una atenuación.

Insensibilización sistemática: es una técnica dirigida a reducir las respuestas de ansiedad y las conductas motoras de evasión ante determinados estímulos. Se trata de una de las técnicas pioneras en modificación de conducta, propuesta por Wolpe en los años cincuenta.

Psicología positiva: es el estudio científico de lo que hace que valga la pena vivir la vida, centrándose en el bienestar tanto individual como social. Estudia la experiencia subjetiva positiva, los rasgos individuales positivos y las instituciones positivas. Su objetivo es mejorar la calidad de vida basado en un mejor bienestar.

Chipote chillón: es un utensilio parecido a un martillo, de color rojo, con el mango amarillo, que aparecía al silbarle y que volaba hacia el *Chapulín Colorado*, el cual también, dependiendo del estado de animo del *Chapulín*, era más fuerte o débil.

Salud financiera: la salud o el bienestar financiero es la medida en que una persona o familia puede gestionar sin problemas sus obligaciones financieras actuales y sentirse segura de su futuro financiero.

Bienestar: estado de la persona cuyas condiciones físicas y mentales le proporcionan un sentimiento de satisfacción y tranquilidad.

Chief Happiness Officer: traducido al español como «director de la felicidad». Es la persona responsable de impulsar y mantener los niveles de felicidad dentro de la organización. Se asegura de que los empleados estén haciendo algo en lo que son buenos; sus gerentes los apoyan y tienen las herramientas que necesitan para hacer su trabajo de manera efectiva.

People Experience: la experiencia del empleado es el conjunto de percepciones de un trabajador sobre su viaje a través de todos los puntos de contacto en una empresa en particular, desde la candidatura laboral hasta la salida de la empresa. El espacio de trabajo físico, la cultura y la tecnología de la empresa son componentes importantes de la experiencia del empleado, que a menudo se abrevia como EX.

People Experience Expert: persona experta en la experiencia del empleado.

Wellness Manager: Los gerentes de bienestar son profesionales que se encargan de desarrollar programas relacionados con la salud y el bienestar para una comunidad u organización corporativa.

Tae Kwon Do: una forma coreana de artes marciales, caracterizada por técnicas de puñetazos y patadas con énfasis en patadas a la altura de la cabeza, patadas giratorias con salto y técnicas de patadas rápidas. La traducción literal de tae kwon do es «patear», «puñetazos» y «el arte o forma de». Tae Kwon Do es el arte de las patadas y los puños.

Terrorista del salario emocional: persona que con sus acciones y actitudes atenta contra el bienestar de los miembros de un equipo de trabajo.

Embajador del salario emocional: persona que conoce y aplica las mejores prácticas de bienestar en la empresa conectándolas a los resultados financieros del negocio.

Clima organizacional: es el ambiente generado por las prestaciones y beneficios de la empresa, las actitudes y habilidades blandas de los líderes de la misma y las prácticas de inteligencia emocional y comunicación de los trabajadores de una empresa. Se materializa en las actitudes que los seres humanos que componen la empresa tienen para relacionarse entre sí.

Microclima organizacional: se define como cualquier área del negocio en la que el clima laboral difiere del clima laboral del entorno total. Los microclimas se dan de forma natural y cubren áreas muy pequeñas (regularmente departamentos que dependen del mismo jefe inmediato o supervisor).

Marro: esta es una herramienta muy semejante a los mazos o martillos Consiste en una gran cabeza metálica introducida en el extremo de un mango de madera más largo, lo que permite ejercer una mayor fuerza en el impacto. Se usa mayormente en las obras de albañilería para romper piedra o concreto.

Chuck: chaleco de lana gruesa blanco y negro usado por los indígenas en la zona montañosa del sureste de México.

Cliente interno: persona que tiene una relación de dependencia con la empresa y consume entornos, flujos o relaciones interpersonales. Se trata de esa persona a la que le das un servicio y que regularmente trabaja dentro de la empresa, (empleados, gerentes, jefes o líderes de área). Todos los clientes internos participan en la cadena de servicio al cliente externo.

Cliente externo: personas que pagan y utilizan los servicios o productos que la empresa ofrece.

Un libro muere cuando se fotocopia, se daña al autor, al artista gráfico, al editor y a todos los profesionales que participan en la creación y distribución de una obra escrita.

Si por alguna razón no puedes pagar el precio de otra copia de este libro y deseas compartirlo con alguien, contáctame. ¡Juntos encontraremos una forma de hacerlo posible!

jaime@emotionalpaycheck.com

Referencias

Aban Tamayo, J., Becerra Pérez, M., Delajara, M., León robles, I. (2020). El estándar de ingreso mínimo en cuatro grandes ciudades de México. Centro de Estudios Espinosa Yglesias. https://ceey.org.mx/el-estandar-de-ingreso- minimo-en-cuatro-grandes-ciudades-de-mexico/

Allen, R. (2013). Poverty Lines in History, Theory, and Current International Practice. No 685, Economics Series Working Papers, University of Oxford, Department of Economics. https://EconPapers.repec.org/RePEc:oxf:wpaper:685.

Allen, R. C. (2017). Absolute poverty: When necessity displaces desire. American Economic Review, 107(12), 3690-3721. https://doi.org/10.1257/aer.20161080

Aquino, T. D. (n.d.). Suma de Teología, I, II, (Vol. q. 2, a. 1-7.)

Aristóteles. (2001). Ética a Nicómaco. (Trad. J. Calvo) (1ra Ed.). Alianza Editorial. (En griego antiguo, 349 a. C.)

Aristóteles / Moral a Nicómaco / versión de Patricio de Azcárate, Madrid. (1873). Filosofia. Recuperado el 5 de abril de 2021 de: https://www.filosofia.org/cla/ari/azc01.htm

Asch, S. E. (1951). Effects of group pressure upon the modification and distortion of judgments. In H. Guetzkow (Ed.), Groups, leadership, and men (pp.177-190). Pittsburgh, PA: Carnegie.

Augustine, S. (1470). The City of God. Trad. Duds, M. Digireads.com.

Aulinas A. (2019). Physiology of the Pineal Gland and Melatonin. [Updated 2019 Dec 10]. In: Feingold KR, Anawalt B, Boyce A, et al., editors. Endotext [Internet]. South Dartmouth (MA): MDText.com, Inc.; 2000-.

Recuperado de: https://www.ncbi.nlm.nih.gov/books/NBK550972/

Ayalon, L. (2017, January 5). Taking a closer look at ageism: self- and other-directed ageist attitudes and discrimination. SpringerLink. https://tinyurl.com/mrf69s7k

Bennis, W., Nanus, B. (1985). Leaders: The Strategies for Taking Charge. Harper & Row; 1st edition. ISBN 978-0060152468.

Benson, A., Li, D., & Shue, K. (2019). Promotions and the Peter Principle*. The Quarterly Journal of Economics, 134(4), 2085–2134. https://doi.org/10.1093/qje/qjz022

Blockbuster Becomes a Casualty of Big Bang Disruption. (2014, August 7). Harvard Business Review. https://hbr.org/2013/11/blockbuster-becomes-a-casualty-of-big-bang-disruption

Buehner, C. W. (1971). Richard Evans' Quote Book. Publisher's Press.

Coneval. (2018). Programas de calculo y bases de datos 2008, 2010, 2012, 2014, 2016 y 2018. Recuperado de: https://www.coneval.org.mx/ Medicion/MP/Paginas/Programas_BD_08_10_1 2_14_16_18.aspx

Council on Communications and Media (2016). Media and Young Minds. Pediatrics, 138(5), e20162591. https://doi.org/10.1542/peds.2016-2591

Cronbach, L. J. (1951). Coeficient alpha and the internal structure of tests. Psychometrika, 16, 297-334.

Csikszentmihalyi, M. (1990). Flow: The psychology of optimal experience. New York: Harper-Perennial.

Diversity is Being Invited to the Party: Inclusion is Being Asked to Dance. (2015, December 10). [Video]. YouTube. https://www.youtube.com/watch?v=9gS2VPUkB3M

Does school prepare students for the real world? This teen speaker says no. (2015, November 8). TED-Ed Blog. https://blog.ed.ted.com/ 2015/08/25/does-school-prepare-students-for-the-real-world-this-teen-speaker-says-no/

Doran, G. T. (1981). "There's a S.M.A.R.T. Way to Write Management's Goals and Objectives", Management Review, Vol. 70, Issue 11, pp. 35-36.

Dudley, G., Banister, D. and Schwanen, T. (2017), The Rise of Uber and Regulating the Disruptive Innovator. The Political Quarterly, 88: 492-499. https://doi.org/10.1111/1467-923X.12373

Dunbar, Robin I. M. (2010). How many friends does one person need?: Dunbar's number and other evolutionary quirks. London: Faber and Faber. ISBN 978-0-571-25342-5

Enciclopedia-juridica.com. (2020). Derecho consuetudinario. Enciclopedia jurídica. Recuperado de: https://bit.ly/3rG4srh

Glassdoor (2017). Glassdoor Survey Finds Americans Forfeit Half Of Their Earned Vacation/Paid Time Off. Glassdoor About Us. https://bit.ly/3Ol9iUR

Global poverty: A first estimation of its uncertainty. (2021, June 1). ScienceDirect. https://shorturl.gg/yhLp

Growth and poverty in developing countries. (1979, January 1). ScienceDirect. https://www.sciencedirect.com/science/article/abs/pii/0304387879900208

Harber VJ, Sutton JR. (1984). Endorphins and exercise. Sports Med. 1984 Mar-Apr;1(2):154-71. doi: 10.2165/00007256-198401020-00004. PMID: 6091217.

Hardy, Q. (2016, November 25). The New Workplace Is Agile, and Nonstop. Can You Keep Up? The New York Times. https://www.nytimes.com /2016/11 /25/technology/the-new-workplace-is-agile-and-nonstop-can-you-keep-up.html

HRD Connect. (2019). Katherine Phillips, Columbia Business School: Why Diverse Teams are Smarter. HRD Live Podcasts. Recuperado de: https://tinyurl.com/yeyfwkrj

Inegi.org (2022). Encuesta Nacional de Ocupación y Empleo (ENOE), población de 15 años y más de edad. Recuperado de: https://www.inegi.org.mx/programas/enoe/15ymas/

Jha, A. K. (2020). Understanding Generation Alpha. https://doi.org/10.31219/osf.io/d2e8g

Kant, I. (2012). Fundamentación para una metafísica de las costumbres. (Trad. R. Rodríguez) (2da Ed.). Alianza Editorial. (Original en alemán, 1785)

Kant, I. (2013). Crítica de la razón práctica. (Trad. R. Rodríguez) (2da Ed.). Alianza Editorial. (Original en alemán, 1788)

Kennedy, S., & Ruggles, S. (2014). Breaking up is hard to count: the rise of divorce in the United States, 1980-2010. Demography, 51(2), 587–598. https://doi.org/10.1007/s13524-013-0270-9

Kohler, S. (2021). Potentials and Limitations of Educational Videos on YouTube for Science Communication. Frontiers. https://www.frontiersin. org/articles/10.3389/fcomm.2021.581302/full

Lao-Tsé. (2017). Tao Te Ching. (Trad. G. García). Alianza editorial. (Original en chino, IV siglo a. C.)

Lapierre, M. A., Piotrowski, J. T., & Linebarger, D. L. (2012). Background television in the homes of US children. Pediatrics, 130(5), 839–846. https://doi.org/10.1542/peds.2011-2581

Lee, H. J., Macbeth, A. H., Pagani, J. H., & Young, W. S., 3rd (2009). Oxytocin: the great facilitator of life. Progress in neurobiology, 88(2), 127–151. Recuperado de: https://doi.org/1 0.1016/j.pneurobio.2009.04.001

Leonhardt, M. (2019, December 30). Millennials are making travel a priority more than previous generations—that's not a bad thing. CNBC. https://www.cnbc.com/2019/08/30/ millennials-m aking-travel-a-priority-more-than-previous-generations.html

Linebarger, D.L., Walker, D. (2005). American behavioral scientist, 2005 – journals.sagepub.com

Malone, T., Laubacher, R., Johns, T. (2011). The Big Idea: The Age of Hyperspecialization. Harvard Business Review. Recuperado de: https://hbr.org/2011/07/the-big-idea-the-age-of-hy perspecialization

Marsh, E., Perez E., Spence A. (2022). The digital workplace and its dark side: An integrative review. Computers in Human Behavior, Volume 128, 107118, ISSN 0747-5632.

Recuperado de: https://doi.org/10.1016/j.chb.2021.107118.

Martín Pérez, F. (2002). San Juan Chamula; imperio de impunidad. El Universal.MX. Recuperado de: https://archivo.eluniversal.com.mx/estados/46066.html

McMahon, D. M. (2006). Happiness: A history. Atlantic Monthly Press. Recuperado de: https://psycnet.apa.org/record/2006-05643-000

Mill, J. S. (1984). El utilitarismo. (Trad. E. Guisán) (1ra Ed.). Alianza Editorial. (Original en inglés, 1863)

Mongrain, M., Anselmo-Matthews, T. (2012). Do Positive Psychology Exercises Work? A Replication of Seligman et al. Journal of clinical psychology. 68. 10.1002/jclp.21839.

Ortega y Gasset, J. (1963). Obras completas de José Ortega y Gasset. Tomo II. (6ta Ed.). Revista de Occidente

Passmore, H., Holder, D. (2017). Noticing nature: Individual and social benefits of a two-week intervention. The Journal of Positive Psychology. 12:6, 537-546, DOI: 10.1080/17439760.2016 .1221126

Peter, L.F., Hull, R. (1969). The Peter Principle. The American Biology Teacher, 31(6), 400. https://doi.org/10.2307/4442678

Pflug, J. (2009). Folk Theories of Happiness: A Cross-Cultural Comparison of Conceptions of Happiness in Germany and South Africa. Social Indicators Research. 92. 551-563. 10.1007/s11 205-008-9306-8.

Platón. (1981). Diálogos I: Apología. Critón. Eutifrón. Ion. Lisis. Cármides. Hipias menor. Hipias mayor. Laques. Protágoras. (Trad. J. Calonge, E. Lledó y C. Gracía) (1ra Ed.) (Vol. 1). Editorial Gredos. (Original en griego, 1578).

Pressat, R. (1967). El análisis demográfico. Fondo de Cultura Económica. México, DF. 440 p.

Quispe Llanos, R. J. (2021). Análisis de la pobreza y distribución del ingreso 2009 -2016. Revista IECOS, 18, 97–142. https://doi.org/10.21754/iecos.v18i0.1178

Radesky, J. S., Schumacher, J., & Zuckerman, B. (2015). Mobile and interactive media use by young children: the good, the bad, and the unknown. Pediatrics, 135(1), 1–3. https://doi.org/1 0.1542/peds.2014-2251

Ramírez, E. (1994). Demografía general: teoría, métodos y comportamientos. Academia Nacional de Ciencias Económicas. Caracas (DC)-Venezuela. 311 p.

Rincón, R. D. (2012). Los indicadores de gestión organizacional: una guía para su definición. Revista Universidad EAFIT, 34(111), 43–59. Recuperado de: https://publicaciones.eafit.edu.co/ index.php/revista-universidad-eafit/article/view/1104

Robison, J. (2008). Turning around employee turnover. Gallup Business Journal.

Recuperado el 21 de junio de 2021 de: https://news.gallup.com/businessjournal/ 106912/turni ng-around-your-turnover-problem.aspx

San Francisco de Sales. (1622). Cartas. Santa Juana de Chantal. Reproducido por Nabu Press (2014). Trad. Bartolomé Alcázar. ISBN 978-1293776896.

Schaefer H. E. (2017). Music-Evoked Emotions-Current Studies. Frontiers in neuroscience, 11, 600. Recuperado de: https://doi.org/10.3389/fnins.2017.00600

SDWorx - Salary swindle. (2017). SDWORX. Recuperado de: https://www.sdworx.com/en/blog/ payroll/the-risks-of-poor-payroll-for-businesses

Seligman, M. E. P. (1972). Learned Helplessness. Annual Review of Medicine, 23(1), 407–412. https://doi.org/10.1146/annurev.me.23.020172.002203

Seligman, M.E.P. (1991). Learned Optimism: How to Change Your Mind and Your Life. New York, NY: Pocket Books.

Seligman, M.E.P., Rashid, T., Parks, A.C. (2006). Positive psychotherapy. American Psychologist, 61: 774-788,

Seligman, M.E.P. (2011). La auténtica felicidad. Barcelona: Ediciones B.

Seligman, M.E.P. (2011). Flourish. New York: Free Press. pp. 16–20. ISBN 9781439190760

Shigehiro, O. (2013). Concepts of Happiness Across Time and Cultures. Personality & social psychology bulletin, 39.

Sin, NL., Lyubomirsky, S. (2009). Enhancing well-being and alleviating depressive symptoms with positive psychology interventions: a practice-friendly meta-analysis. Journal of Clinical Psychology. 2009 May; 65(5): 467-87. DOI: 10.1002/jclp.20593. PMID: 19301241.

Smids, J., Nyholm, S., & Berkers, H. (2019). Robots in the Workplace: a Threat to—or Opportunity for—Meaningful Work? Philosophy & Technology, 33(3), 503–522. https://doi.org/10.1007/s13347-019-00377-4

Sutherland, W., Jarrahi, M. H., Dunn, M., & Nelson, S. B. (2020). Work Precarity and Gig Literacies in Online Freelancing. Work, Employment and Society, 34(3), 457–475. https://doi.org/10.1177/0950017019886511

Taylor, M. K. (2018). Xennials: a microgeneration in the workplace. Industrial and Commercial Training, 50(3), 136–147. https://doi.org/10.1108/ict-08-2017-0065

The Associated Press. (2019, June 7). Bookseller Barnes & Noble, humbled by Amazon, has been sold to a hedge fund. Chicagotribune.Com. https://www.chicagotribune.com/ business/ct-biz -barnes-and-noble-sale-20190607-story.html

The rise of robots and the fall of routine jobs. (2020, October 1). ScienceDirect. https://www.sciencedirect.com/science/article/pii/S0927537120300890

The US Mexico Border. (2001). TIME magazine. Vol. 157 No. 23.

Thoreau, H. D. (2005). Walden (Original en inglés, 1854 ed., Vol. Trad. J. Alcoriza y A. Lastra). Cátedra.

Tomás de Aquino, S. (1988). Suma teológica. (1ra Ed.). Biblioteca de Autores Cristianos.

Torraco, R. J., & Lundgren, H. (2019). What HRD Is Doing—What HRD Should be Doing: The Case for Transforming HRD. Human Resource Development Review, 19(1), 39–65. https://doi.org/10.1177/1534484319877058

Tversky, A. (1972). Elimination by aspects: A theory of choice. Psychological Review, 79(4), 281–299. https://doi.org/10.1037/h0032955

Twain, M., Pinchot, B., & Blackstone Audio, Inc. (2010). Chapters from My Autobiography. Blackstone Audio, Inc.

Vaupel, J. W., Villavicencio, F., & Bergeron-Boucher, M. P. (2021). Demographic perspectives on the rise of longevity. Proceedings of the National Academy of Sciences, 118(9), e2019536118. https://doi.org/10.1073/pnas.2019536118

Veyne, P. (1995). Séneca y el estoicismo. (Trad. M. Utrilla). Fondo de Cultura Económica. (Original en francés, 1993).

Vyas L., Butakhieo, N. (2021).The impact of working from home during COVID-19 on work and life domains: an exploratory study on Hong Kong, Policy Design and Practice, 4:1, 59-76, DOI:10.1080/25741292.2020.1863560

Wolpe, J. (1973). The Practice of Behavior Therapy (General Psychology) (2nd ed.). Pergamon Press.

Woodard, A. (2017). The best and worst HR names. HRM The australian news for HR. Recuperado de: https://www.hrmonline.com.au/section/featured/best-worst-hr-names/

Woodworth, R. J., O'Brien-Malone, A., Diamond, M. R., & Schüz, B. (2016). Happy Days: Positive Psychology interventions effects on affect in an N-of-1 trial. International Journal of Clinical and Health Psychology, 16(1), 21–29.

Recuperado de: https://doi.org/10.1016/j.ijchp.2015.07.006

World Economic Forum. (2021). The Global Risk Report 2021. World Economic Forum. https://www3.weforum.org/docs/WEF_The_Global_Risks_Report_2021.pdf

Yang, L., Holtz, D., Jaffe, S., Suri, S., Sinha, S., Weston, J., Joyce, C., Shah, N., Sherman, K., Hecht, B., & Teevan, J. (2021). The effects of remote work on collaboration among information workers. Nature Human Behaviour, 6(1), 43–54.

https://doi.org/10.1038/s41562-021-01196-4

Yim J. Therapeutic Benefits of Laughter in Mental Health: A Theoretical Review. Tohoku J Exp Med. 2016 Jul;239(3):243-9. doi: 10.1620/tjem.239.243. PMID: 27439375.

Zambrano, C. V. (1995). Religiosidad y resistencia indígenas hacia el fin del milenio de Alicia Barabas (Compiladora). Revista Colombiana de Antropología, 32, 321–323. https: //doi.org/10 .22380/2539472x.1547

Made in the USA
Middletown, DE
31 March 2023